新时代经济管理与审计研究

张 群 郭捧娟 李 立◎著

哈尔滨出版社

图书在版编目（CIP）数据

新时代经济管理与审计研究/张群,郭捧娟,李立著.—哈尔滨:哈尔滨出版社,2023.8
ISBN 978-7-5484-7496-8

Ⅰ.①新… Ⅱ.①张… ②郭… ③李… Ⅲ.①审计—研究—中国 Ⅳ.①F239.22

中国国家版本馆CIP数据核字(2023)第161322号

书　　名：新时代经济管理与审计研究
XIN SHIDAI JINGJI GUANLI YU SHENJI YANJIU

作　　者：张　群　郭捧娟　李　立　著
责任编辑：孙　迪

出版发行：哈尔滨出版社（Harbin Publishing House）
社　　址：哈尔滨市香坊区泰山路82-9号　邮编：150090
经　　销：全国新华书店
印　　刷：北京四海锦诚印刷技术有限公司
网　　址：www.hrbcbs.com
E - mail：hrbcbs@yeah.net
编辑版权热线：（0451）87900271　87900272
销售热线：（0451）87900202　87900203

开　　本：787mm×1092mm　1/16　印张：15　字数：294千字
版　　次：2023年8月第1版
印　　次：2023年8月第1次印刷
书　　号：ISBN 978-7-5484-7496-8
定　　价：68.00元

前　言

随着我国经济体制不断地更新完善，经济管理也经历着改革和创新，对我国社会经济发展的作用也越来越大，还能在一定程度上推动我国社会经济的长远发展。而审计作为经济管理的主要手段，已经成为近年来关注的焦点。在我国审计监督体系中，审计的作用逐渐显现，不仅有助于管理层、决策层对经济做出正确的决策，还能够预防金融风险。

基于此，本书首先介绍经济管理的概述，内容包括经济管理理论、产业组织与结构、生产运作管理、市场营销与财务管理；其次分析审计的基础原理，内容涉及审计的概述、审计的重要性与程序、审计的模式与方法、审计的相关文件；再次论述财政审计的新发展，内容涵盖财政审计的发展依据、财政审计的业务、财政审计的环境、财政审计的新时代发展；然后探索领导者经济责任审计的新发展，内容包括领导者的经济责任、经济责任审计产生与发展、党政领导干部经济责任审计、行政事业单位领导干部经济责任审计、国有企业领导人员经济责任审计；最后从企业、医院、高校三个方面，研究经济管理与审计新发展。

本书体系完整，视野开阔，层次清晰，用通俗易懂的语言、系统明了的结构，紧跟时代步伐，满足用户不断更新的需求，利用科学技术，进一步推动经济管理与审计的新时代发展。本书可供广大经济管理与审计相关从业人员、高校师生与知识爱好者阅读使用，具有一定的参考价值。

本书在写作过程中，得到了许多专家、学者的帮助和指导，在此表示诚挚的谢意。由于笔者水平有限，加之时间仓促，书中所涉及的内容难免有疏漏之处，希望各位读者多提宝贵的意见，以便笔者进一步修改，使之更加完善。

目 录

第一章　经济管理的概述

第一节　经济管理理论

一、经济学与管理学

（一）经济学

资源是稀缺的，该稀缺性决定了人们要以最少消耗取得最大经济效益的愿望。由此产生了经济学。经济学是研究人类社会在各个发展阶段上的各种经济活动和各种相应的经济关系，以及其运行、发展规律的科学。合理配置资源，就是要求在社会经济活动中，以最少的资源消耗取得最大的经济效果。

经济学应该既是实证经济学，又是规范经济学，但在当代经济学中，实证经济学是主流，实证方法是经济分析中最基本的方法。经济学以边际分析为主要工具，以均衡状态为分析依托。

（二）管理学

管理是人类生活中最基本、最重要的活动之一。每个组织的产生一定有其特定的目标，管理活动就是实现组织既定目标，引导和协同组织成员的行动。管理是动态的、发展的概念。管理对象不同、内外部环境不同、分析问题角度不同，会导致管理实践的差异。人们管理实践的差异导致人们对管理产生不同的理解和认识。管理是在特定的环境下，通过有效的计划、组织、领导、控制和创新活动，对组织所拥有的资源进行分配和协调，以实现组织目标的过程。

1. 管理的性质

（1）管理的自然属性与社会属性。管理的自然属性是由一定的生产力状况所决定的，管理与生产力、社会化大生产相联系，具有组织技术属性（自然属性）。管理的自然属性，是指管理中对物的资源、物的要素的管理，如成本管理、质量管理、财务管理、技术管理等。这些管理的规律是客观的、不因社会制度和社会文化的不同而变化，由此产生的与之相适应的管理手段、管理方法是通用的、共性的。管理活动只有遵循这些规律，利用这些方法与手段才能有效，才能保证组织活动的顺利进行。

管理的社会属性是由一定的生产关系所决定的另一方面，管理与生产关系、企业制度相联系，具有社会经济属性（社会属性）。管理的社会属性，是因为管理是人类的活动，而人都生存在一定的生产关系和社会文化中，必然受到生产关系的制约和社会文化的影响。不同的生产关系、不同的社会文化都会使管理思想、管理目的、管理方式、管理方法有一定的差别，从而使管理具有特殊性和个性，这种属性与意识形态相关，这就是管理的社会属性。

一方面，管理的自然属性为人们学习、借鉴发达国家先进的管理经验和方法提供了理论依据，国外成熟、先进的管理技术都可以为我所用；另一方面，管理的社会属性则要求人们不能全盘照搬国外做法，必须结合自己的实际情况进行调整，灵活运用，才能收到好的效果。

（2）管理的科学性与艺术性。管理学作为一门独立的应用科学体系，具有普遍应用价值的管理规律和管理原则，以及一套反映客观规律、合乎逻辑的管理理论和知识体系，这是管理学的科学性。同时，为高效率地实现组织目标，则要求管理者必须灵活、熟练地应用相关的知识和技巧，创造性地对管理对象进行管理协调，因此管理学又具有明显的艺术性特征。管理的科学性和艺术性是相互作用、相互影响的。管理艺术必须建立在管理科学的基础上，不具有科学性的管理也不可能具有真正的艺术性。管理的艺术性是对管理科学理论的合理发挥，而管理艺术性的结果在普遍适用之后也就成为科学的理论。因此，只有既懂得科学的管理理论和方法，又掌握高超管理艺术的人，才能成为有效的管理者。

2. 管理学科的研究方法

（1）辩证法。辩证法教导人们要善于观察和分析事物的矛盾运动，并根据这种分析找出解决矛盾的方法。管理活动中充满着各种矛盾，如组织系统与组织系统外部社会环境间的适应和不适应的矛盾，组织系统内部存在的管理者与被管理者的矛盾，管理者之间的矛盾，被管理者之间的矛盾，人与物之间的矛盾，人与技术之间的矛盾，管理各环节（如部门与部门、层次与层次）之间的矛盾，组织系统的目标与手段、资源之间的矛盾，寻求如何较好地解决各种矛盾所引申出有关管理的具体原则、方法和途径。管理学内容的具体展开，充分体现着这一研究方法的导向作用。

（2）归纳法。归纳法是人们在先观察某些现象的基础上，对其进行归纳并得到结论的过程，是将特殊陈述上升为一般陈述（或定律定理原理）的方法。具体是指对于非常复杂、详细、大量的实际资料，经过分类及归纳出重要的概念，并简化成几个抽象程度较高的重要因素，描述、定义出它们之间的因果关系，进而形成理论模式的过程。

（3）演绎法。演绎法则是应用一般陈述（或公理定律定理原理）导出特殊陈述或从一种陈述导出另一种陈述的方法。演绎法是由一般到特殊的推理，是指利用已有理论模式内的因果关系进行推断、预测一个事件的因果关系。人们掌握一般原理、原则、概念和范畴，目的就是面对管理的具体的实际情况，将其变成认识和解决管理具体问题的方法和操作手段。

在学习管理学的一般原理、原则、观点时，不要忘却这些一般的东西是以大量的具体管理事实为基础的；在学习管理学的具体管理方法和操作手段时，也不要忘记这些具体的东西是从一般原理、原则引申而来的，力求自觉地将一般与特殊有机结合起来。

（4）案例方法。案例分析方法是理论联系实际在方法上的较典型的形式。所谓“案例分析”，就是运用管理学上的一般原理、原则、方法和观点去透视其事实，从中引出可以借鉴或可以效仿的东西。每个组织都存在管理，而且也都可能存在值得借鉴的经验。要对每一个组织的管理活动进行研究显然是不可能的。在众多的组织中挑选有代表性的个案，从整体或局部对它在管理实践中取得的成功或失败进行深入的个案剖析，发现可借鉴的规律和原则，便成为管理研究的重要方法。案例分析有助于提高运用管理基本原理和方法去发现管理问题、分析管理问题、解决管理问题的能力。案例分析并非简单的经验总结，它强调分析成功或失败的原因，鼓励人们思考并依据案例所提供的资料自行做出决策。

（5）实验方法。在管理活动中，实验方法已成为摸索经验、进行决策的强有力的工具。首先，实验方法是帮助管理者发现管理问题的原因并采取有效措施予以解决的有力工具。通过实验，可以使管理者找到影响事物发展变化的主要因素，发现问题产生的主要原因，进而有针对性地采取相应的管理措施。其次，实验方法是保证管理决策科学有效的重要途径。最后，实验方法是创立先进管理理论的重要手段，如泰勒的科学管理理论和一系列提高生产效率的措施、行为科学理论都是管理先驱们通过实验摸索总结出来，并通过实验予以验证和推广的。

（三）经济学与管理学的关系

经济学研究的是抽象的企业，它所涉及的决策大多属于价格和产量决策。而在实际管理中，要决策的问题很多，如企业的生产技术、生产规模、产品组合、广告和投资等。

经济学对企业行为的研究，是以追求最大化利润为前提的。而现实的企业则不同，它的目标是多样化的，除了利润之外，还把扩大市场份额、发展新产品和承担社会责任等作为一定时期的目标，因为企业的经营活动不能离开股东、顾客、职工、政府和公众，如果企业不能适当满足这些人的要求，企业本身就会很难发展。管理者在决策时，除了要以利润的多少作为决策的准则外，还必须兼顾其他目标和条件，这样做出的决策就可能是满意的利润，而不是最大化的利润。

经济学研究的企业以它们所处环境的全部信息为已知的、确定的作为假设，而现实的企业则通常是在一个环境十分复杂、信息很不确定的情况下经营的。这种情况要求管理经济学在研究决策时，还要借用来自其他学科的各种分析工具和概念，以便收集必要的信息，并在不确定的条件下选择最优的方案。

经济学主要研究企业的经济活动，但是也要考虑企业的外部经济环境，特别是宏观经济活动与运行状态，直接影响着企业的外部条件。企业在进行决策时，特别是在制定长期投资与发展规划时，必须考虑到国家宏观经济政策的基本倾向、国家的利率政策、货币金融政策等。而在这些管理决策中，需要应用到宏观经济学的理论研究成果。好的管理的本质是决定采取一种实践会不会增加企业的价值。

二、需求理论

需求是指在一定的时间内，面对某一商品的各种价格，消费者愿意并且能够购买的数量。

需求的影响因素如下：

第一，商品本身的价格。商品本身的价格是影响需求的最重要、最灵敏的因素。通常情况下，需求量随价格的变化而做相反方向的变化。商品的需求量随着价格的上涨而减少，随着价格的下降而增加，这就是需求定理。

第二，相关商品的价格。某种商品的相关商品可以分为两种类型，即替代品和互补品。替代品。替代品是指两种商品之间具有某种程度的相似性，即在某些方面具有相同或相似的使用价值，可以相互替代使用。互补品。互补品是指两种商品之间存在着某种消费依存关系。

第三，消费者的收入水平。一般而言，需求和消费者的收入水平呈相同方向变化。收入水平的提高既可能引起消费者对某种产品的需求的提高，也可能引起需求的降低。

第四，消费者的偏好。人们的偏好会因为商品的风格变化而变化，也会因为品位、时尚和习惯的变化而变化。在其他变量保持不变的情况下，消费者对一种商品的偏好增加，会提升市场上此类商品的需求；消费者的偏好降低，会导致商品的市场需求减少。

第五，人口的数量与结构。一般而言，人口数量的增加会使需求增加，人口数量的减少会使需求减少。人口结构的变动主要影响需求的结构，进而影响某些商品的需求。

第六，政府的经济政策。偏紧的财政政策和货币政策会抑制消费需求，而鼓励消费的消费信贷制度则会刺激消费需求。

第七，消费者对未来的预期。消费者对自己的收入水平和商品价格水平的预期往往会改变他们当期的购买决策。

总之，需求管理是完整管理模式中的一环，指明了系统开发所要做和必须做的每一件事，指明了所有设计应该提供的功能和必然受到的制约。需求管理的过程，从需求获取开始贯串整个项目生命周期，力图实现最终产品同需求的最佳结合。通过对需求管理在项目进程中实施的不同任务进行分析，人们可以看出需求管理所起的作用。

三、供给理论

供给是指企业在一定时期内，在每一价格水平上愿意而且能够提供的商品量。供给也是供给欲望与供给能力的统一。供给能力既可以是当期新生产出来的产品，也可以是存货。应该指出的是，供给不同于某一价格水平或特定价格意义上的供给量，它反映的是价格与企业的供给量这两个变量之间的组合关系。

（一）供给的影响因素

第一，商品本身的价格。由于企业的目标是追求利润最大化，在其他条件不变的情况下，如果某种商品的价格上涨，企业就会减少其他产品的生产而将生产资源更多地投入到这种商品的生产，从而这种商品的供给量就会增加。反之，企业就会将生产资源转用于其他相对价格较高的商品的生产，从而该商品的供给量减少。换言之，在影响供给的其他因素不变的情况下，商品的供给量与价格之间存在正向的依存关系。这种现象普遍存在，被称为供给定理。

第二，相关商品的价格。两种互补品之间，一种商品价格下跌会减少另一种商品的供给；而两种替代品之间，一种商品的价格下跌会使另一种商品的供给增加。

第三，生产要素的价格。当一种或者多种用于生产这种商品的生产要素和中间投入品价格变化以后，企业生产这种商品的成本会发生变化。一般地，原材料等生产要素和中间投入品价格上升，会提高这种商品的生产成本。当产品的市场价格给定时，成本上升将导致该商品的盈利性下降，厂商们所愿意提供的产品的数量也就会下降。相反，中间投入品价格下降导致成本降低时，该商品的盈利性就会增强，厂商在同等的价格下也就愿意生产更多的产品。

第四，生产技术和管理水平的变动。在经济学意义上，技术是指生产某种产品或服务的所有手段和方法的知识总和。技术不仅仅是指科学理论的应用，由于多数情况下技术往往先于科学理论，许多生产中使用的方法还无法运用精确的科学理论加以解释，但在实践中可能已经运用了很长一段时间。此外，除了生产产品和服务的方法外，技术的表现形式还有组织和管理的方法和技能。当技术水平提高时，会降低产品的制造成本，从而增加这种产品的市场供给量。在资源既定的条件下，生产技术的提高会使资源得到更为充分的利用，使生产过程更为经济有效，从而使供给增加。在管理技术方面，当厂商发明了一种新的分销方式时，也能大大地降低生产和营运成本，从而增加这种产品的市场供给量。

第五，企业的目标。经济学一般假设企业的目标是实现利润最大化，即利润大小决定企业供给的多少。如果企业以产量最大，或销售收入最大，或其他政治的或社会道义的责任为目标，那么供给就会与利润最大化目标下的供给有极大的不同。

第六，企业对未来的预期。如果企业对未来持乐观的预期，则会增加供给；反之，则会减少供给。

第七，市场中生产这种产品的企业数目。当每一个企业的生产能力给定时，市场中同类企业的数目增加，在任意的价格水平上都将会有更多的商品或服务进入市场；反之，在其他因素不变时，企业数目减少，市场中这类产品的供给量就会下降。

第八，政府的政策。若政府施行鼓励投资和生产的政策（如实行减税、降低利率等政策），就可以刺激生产，增加供给；反之，若政府施行抑制投资和生产的政策（如实行增税、提高利率等政策），则会抑制生产，减少供给。另外，自然条件、社会条件、政治制度等因素也可能影响到企业的供给变动。

（二）供给定理与供求定理

第一，供给定理。供给定理是说明商品本身价格与其供给量之间的关系的理论。其基本内容是：在其他条件不变的情况下，某种商品的供给量与价格之间呈同方向变动，即供给量随着商品本身价格的上升而增加，随着商品本身价格的下降而减少。

第二，供求定理。既然市场均衡是由市场需求和市场供给共同决定的，那么因为非价格因素发生变动，引起两者之间的任意一方发生变化或两者同时变化，都会导致市场均衡点的变动。

一般来说，在竞争市场上，市场价格向供求相等的均衡价格收敛的状况被称为供求定理。供求定理基本可分解为四个方面：①需求的增加引起均衡价格的上升和均衡数量的增加；②需求的减少引起均衡价格的下降和均衡数量的减少；③供给的增加引起均衡价格的下降和均衡数量的增加；④供给的减少引起均衡价格的上升和均衡数量的减少。总之，需求的变动与均衡价格和均衡数量同方向变动；供给的变动与均衡数量同方向变动，而与均衡价格反方向变动。

四、生态经济理论

生态经济理论是相关理论与新时代中国特色社会主义具体实际相结合的产物，该理论的各组成部分不同程度地体现着对中华优秀传统生态经济思想的吸收与发展。

随着科学技术的发展，人类对自然的认识不断加深，人与自然是生命共同体、人与自然和谐共生理念，体现出生态经济关系认识的升华；强调尊重自然、顺应自然、保护自然，建立严格的生态经济法律制度体系等思想，体现出对尊重自然保护生态思想的吸收；推动形成绿色生产生活方式思想体现出对崇尚节俭的生态生产生活理念的发扬；系统推进生态环境保护和治理、全面推动绿色低碳循环发展等思想，体现出对传统生态经济管理方法的创新运用。

中国借助传统文化诠释现代生态理念，倡导将传统文化融入美丽中国建设、在传承创新中激活中华优秀传统生态文化生命力等，体现出对中华优秀传统生态经济思想的创造性转化、创新性发展。新时代大力弘扬中华优秀传统生态文化，将为推动中国特色生态经济发展提供持久动力。

五、新时代经济管理理论创新

社会主义现代化的快速发展，推动我国建设成富强、民主、文明、和谐、美丽的社会主义现代化强国，进而实现中华民族伟大复兴的中国梦。因此，站在第二个百年目标的历史起点上，我国的经济管理需要探索出一套符合社会经济发展的新的管理体系和管理模式，为我国今后的国民经济发展开好端、布好局。我国的大国地位在国际社会中逐渐得到普遍认可，这也对我国在新的历史时期，针对经济管理的板块进行深入发展，提出了新的历史要求，进而使其为我国在今后更好地屹立于世界之林创造出更好的发展条件。

创新是发展的一大动力，创新经济管理理论是新时代我国经济社会发展的新命题，它要求我国社会的发展顺应国家经济社会发展的战略要求，进而在此基础上实现国民经济由社会主义市场经济到社会主义现代化经济体系的转型升级。在今后国民经济建设发展的过程中，只有将提高经济管理质量与效益作为未来国民经济发展的主要立足点，明确效益优先与质量第一的原则，实现我国国民经济的发展由粗放型向集约型的过渡，实现从之前经济发展看重数量到今后更注重质量的转变，顺应新时代经济管理更加细化的要求，才能使今后经济管理的效果更好。

第一，供给体系要求我国必须深化供给侧结构性改革，通过供给侧结构性改革，使国民经济社会发展所需要的产品及物资能够通过国内市场得到有效的保障。这便要求在供给侧结构性改革的过程中，必须将国民经济发展的重点放在实体经济上，确保提升供给体系下产品的质量水准，并做好资源流动的管控，将建设、科教、航天、网络、技术、交通、教育与贸易等多方面元素融合，才能使供给体系的覆盖范围更广，使现代化经济体系的可控性得以显著提升。

第二，创新是驱动发展的第一动力。创新体系的建设要求产品与技术在综合方面得到提升。创新是新时代赋予国民经济发展永葆生机的新的内涵，其作为经济发展的动力支持，要求我国在今后的经济管理中重视经济发展过程中技术性指标的提升，从新兴领域挖掘国民经济发展的潜力，保证创新为经济发展提供源源不断的动力支持，保障国民经济的管理模式在新时代的背景下不断优化和升级。基于此，在今后的国民经济发展过程中，必须重视科技创新力量的投入，做好科学领域基础研究工程的不断完善，加强创新领域应用技术的研究，从各个方面为我国创新体系的建设提供合理有效的策略和方法支持，重视高新技术产业应用和发展。同时，在创新经济管理过程中，还要以创新为基点，加强创新型人才的培养工作，为经济管理的转型提供源源不断的人才支撑和人才储备。

第三，针对之前我国在历史发展过程中所造成的区域间发展不平衡的问题，应该加强对口支援战略的不断完善，落实区域帮扶战略，站在新的历史起点上，我国国民经济的发展要以国内大循环为主体，形成国内国外循环良好互动的局面，最终在国内循环中形成东西互济的局面，推动区域间的平衡发展。同时，要重视“一带一路”建设的辐射作用，以其为核心，积极带动我国各个区域经济发展的同步提升，为我国国民经济总产值的再创新高提供不竭的动力支持。

总之，站在新的历史起点上，我国今后的经济管理不仅要求汲取之前经济管理过程中的历史经验和教训，还需要展望未来，结合时代的特点，遵循新发展理念的内涵，从创新、协调、绿色、开放、共享的各个方面，探寻经济发展的新思路，顺应时代的变化对我国经济管理所提出的新要求，为我国能够在未来的长久发展中屹立于世界之林提供管理层面的动力支撑。

经济管理创新理论的有效落实，不仅能够使我国国民经济的发展以当前国家经济社会发展的实际情况为立足点，为现代化经济发展提供更坚实的技术支持和市场支撑，还能够使经济管理模式更加多元化，为国民经济的稳定向好发展提供有效的策略支持和收入来源支持。因此，在明确新时代经济管理理论创新的时代背景下，必须明确新时代的到来对我国经济管理所提出的新要求和新目标，明确这些新要求在具体实践落实的过程中将要面临的困境和问题，并为此提供相应的解决策略，才能够为今后我国国民经济的发展提供源源不断的动力支持和更加全面的民生保障，实现始终以人民为中心的发展。

第二节　产业组织与结构

一、产业组织

产业组织理论是产业经济学的微观基础和核心内容，研究的焦点主要集中于产业与市场的关系，以及在此基础上形成的产业组织形式和企业组织形式。产业组织理论除了市场行为、市场结构、市场绩效外，还包括产业组织理论的延伸部分，即产业组织政策。

（一）市场行为

市场行为是指企业在充分考虑市场的供求条件和其他企业关系的基础上，所采取的各种决策行为；或者说是企业为实现其既定目标而采取的适应市场要求的调整行为。

产业组织理论中的市场行为主要包括市场竞争行为和市场协调行为，具体包括企业定价行为、广告行为、创新行为、兼并行为、协调行为等。市场竞争行为主要有三个具体行为：定价行为、广告行为和兼并行为。市场协调行为主要就是涉及价格协调行为①。

市场行为的研究方法——博弈论方法。博弈是指一些相互依赖、相互影响的决策行为及其结果的组合。研究相互依赖、相互影响的决策主体的理性决策行为以及这些决策的均衡结果的理论，称为博弈论。博弈论可以分为合作博弈和非合作博弈。博弈论特别强调参与人的理性行为及其相互关系，强调决策信息和决策时序对决策行为及其后果的影响，这与现代经济学发展趋势是一致的，其严密的逻辑结构和分析方法更是为现代经济学的理论研究提供了有效的分析工具。

（二）市场结构

结构是指构成某一系统的各要素之间的内在联系及其特征。在产业组织理论中，产业市场结构是指企业市场关系的特征和形式。市场结构的影响因素有市场集中度、产品差别化程度、市场进入和退出壁垒、市场需求的增长率、市场需求的价格弹性，以及短期的固定费用和可变费用的比例等。其中，前三项是影响市场结构或市场竞争和垄断关系的三个主要因素。决定市场结构的上述诸因素是相互影响的，当决定市场结构的某一因素发生变化时，就会导致市场结构中其他因素的变化，从而使该产业整个市场结构的特征发生

---

① 价格协调，就是企业间关于价格调整的协定和共同行为。最基本的价格协调形式是卡特尔和价格领导制。

变化。

市场结构根据竞争和垄断程度的不同，并参照厂商数目、产品差别程度、进入市场的难易程度以及厂商对产量和价格的控制程度等因素，可以划分为以下类型：

第一，完全竞争市场。完全竞争，又叫纯粹竞争，是指不受任何障碍和干扰，没有外力控制的竞争类型。完全竞争市场是不存在垄断、竞争程度最高的市场。完全竞争市场的特点包括：产业集中度很低；产品同一性很高；不存在任何进入与退出的壁垒；完备的市场信息。

第二，垄断竞争市场。垄断竞争市场是一种既有垄断因素又有竞争因素，既不是完全垄断又不是完全竞争的一种垄断和竞争并存的市场类型，它是处于完全竞争与完全垄断但更接近于前者的一种市场。垄断竞争市场的特点包括：①产品的“差别性”；②市场集中度较低；③进入和退出壁垒较低；④非价格竞争。

第三，寡头垄断市场。寡头垄断市场是一种较为普遍的市场组织，寡头垄断是一种同时包含垄断因素和竞争因素，但更接近于完全垄断的市场结构。寡头垄断市场的特点包括：市场集中度高；产品基本同质或差别较大；进入和退出壁垒较高、寡头厂商之间的相互依存性，这是寡头垄断市场特有、其他市场结构所没有的一个重要特征。

第四，完全垄断市场。完全垄断是指没有相近替代品的某种产品的唯一供给者，或称为垄断卖主。在完全垄断市场上，作为该种产品的唯一供给者的垄断厂商，面对向下倾斜的需求曲线并在边际成本之上决定价格，而不必考虑其他厂商削减其价格的可能性。结果，其销售量小于竞争市场下（价格等于边际成本）的销售量并存在对社会的净损失。实际上，垄断厂商本身就构成一个行业，因为在该市场上只有它一家厂商。

完全垄断市场的特点：①产业的绝对集中度为100%，因为市场上只有一个提供产品的企业。②没有替代产品。完全垄断企业出售的产品没有直接替代产品，所以，其产品的需求交叉弹性为零。③进入壁垒非常高。完全垄断和完全竞争一样，是一种罕见的市场结构，一般邮政、铁路等可以视为完全垄断。

（三）市场绩效

市场绩效是市场行为的综合反映，其优劣不仅仅指资源配置优劣，还包括技术进步、社会福利、社会公平、社会稳定等许多方面。因此，评价市场绩效不能单靠某一个指标，而要和追求的目标以及市场的实际情况相结合，综合考虑和评价。衡量市场绩效的方法很多，常用的主要有以下几种：

第一，利润率。利润率指标是衡量市场绩效的一个常用指标，该指标的数值越大，表明市场的垄断程度可能越高；反之，则完全竞争的程度就越大。在完全竞争市场上，各种资源在产业间、企业间的自由流动，各产业的利润率趋于平均化，所有的企业都只能获得正常利润，不存在垄断利润。因此，产业间是否形成了平均利润率是衡量产业内市场结构效率是否达到最优的基本指标。

第二，勒纳指数。勒纳指数度量市场绩效是通过计算价格与边际成本的偏离率进行的，该方法避免了有关收益率计算的问题。勒纳指数本身反映的是当市场存在支配能力时，价格与边际成本的偏离程度，但是难以反映企业为了谋取巩固垄断地位而采取的限制性定价和掠夺性定价行为所产生的结果。

第三，贝恩指数。贝恩把利润分为会计利润和经济利润两种，克服了简单利润率计算的弊端。贝恩指数的理论依据是：市场中如果持续存在超额利润（或者说经济利润），那么一般情况下就表明该市场上存在垄断势力，且超额利润越高，垄断力量越强。

第四，托宾 g 值。托宾 g 值是衡量市场资源配置的指标，指一家企业资产的市场价值（通过已公开发行并售出的股票和债券来衡量）与这家企业资产的重置成本的比率。托宾 g 值根据企业资产价值的变化来衡量市场绩效的高低。当 $g>1$ 时，说明企业以股票和债券计量的市场价值大于以当前市场价格评估的资产重置成本，意味着企业在市场中能获得垄断利润。g 值越大，企业能获得的垄断利润越大，社会福利损失越大，市场绩效越低。

使用托宾 g 值的优点是避免了估计收益率或边际成本的困难。另一方面，为了使 g 值具有意义，企业资产的市场价值和企业资产的重置成本都需要精确衡量，前者数据容易获得（加总已发行的股票和债券市场即可），后者取值就困难得多了。因此，这一指数不如其他方法常用。

第五，X 非效率。X 非效率是指在垄断企业的组织内部存在着资源配置的非效率状态。产生 X 非效率的主要原因有：①企业内不同利益集团的目标不一致。股东、职业经理、一般雇员等不同利益集团都试图追求各自利益的最大化，行为目标发生分化，导致企业效率下降。②科层组织层次多，信息沟通的速度和质量下降，致使管理成本上升，效率下降。大企业团队工作复杂，成员“搭便车”的动机强烈，对此进行监督和激励的成本高昂。③由于没有外在竞争的压力，企业缺乏成本最小化的动机，很难避免低效率的选择和行为。

（四）产业组织政策

产业组织政策，是指为了获得理想的市场绩效，由政府制定的干预和调整产业的市场结构和市场行为，调节企业间关系的公共政策。其实质是政府通过协调竞争与规模经济的关系，建立正常的市场秩序。

产业组织政策的主要任务就是正确处理竞争与规模经济这个被称为“马歇尔冲突”的

矛盾。它既要享受规模经济的效益，又要维护市场的有效竞争，并通过协调市场经济规模和市场竞争效率，建立正常的市场秩序，取得现实的利益。产业组织政策的类型：①竞争促进政策，即鼓励竞争、限制垄断，主要有反垄断政策或反托拉斯政策、反不正当竞争行为政策及中小企业政策等，它着眼于维持正常的市场秩序。②产业合理化政策，主要适用于自然垄断产业，鼓励专业化和规模经济，它着眼于限制过度竞争，直接表现为政府的规制政策。③市场结构控制政策，是从市场结构方面禁止或限制垄断的政策，如控制市场集中度、降低市场进入壁垒等。④市场行为控制政策，是从市场行为角度防范或制止限制竞争和不公正交易行为的发生，以及不道德商业行为的发生。

产业组织政策的目标可以细化为以下六个方面：①企业应达到并有效地利用经济规模，市场的供给主要应由达到经济规模的企业承担，同时企业应有较高的开工率；②不应出现某些产业或企业长期获得超额利润或长期亏损的情况，从较长的时间看，各产业的资本利润率应是比较均等的；③较快的技术进步，主要是指技术和产品的开发、革新等活动有效且比较充分；④不存在过多的销售费用；⑤产品的质量和服务水平较高，并具有多样性，以适应提高大众福利和消费水平的要求；⑥能够有效地利用自然资源。上述六项具体目标可以作为制定和评估产业组织政策的理论依据。实现产业组织政策目标的手段主要包括控制市场结构、调整市场行为和直接控制市场绩效以改善不合理的资源配置状况等。

二、产业结构

产业结构理论主要研究产业结构的演变及其对经济发展的影响。它主要从经济发展的角度研究产业间的资源占有关系、产业结构的层次演化，从而为制定产业结构的规划与优化的政策提供理论依据。产业结构的研究一般不涉及过于细致的产业分类及产业之间中间产品的交换、消费、占有问题，所以，可以被视为看产业经济学的“宏观”部分。产业结构理论一般包括：对影响和决定产业结构的因素的研究，对产业结构演化规律的研究，对产业结构优化的研究，对战略产业的选择和产业结构政策的研究等。产业结构理论除了讨论上述各国产业结构演化的一般规律外，还涉及产业结构规划和产业结构调整等应用性的研究。

（一）产业分类

产业分类就是为了进行产业研究和管理，按照一定的标准，把具有不同特点的产业划分成各种不同的类型。在产业分类方法中，比较重要的产业分类方法如下：

第一，生产结构分类法。生产结构分类法，是依据再生产过程中各产业间的关系而进行的分类方法。

第二，三次产业分类法。中国的三次产业分类法，即第一产业指农林牧渔；第二产业指工业和建筑业；第三产业是指两者之外的产业，如服务业、金融、房地产、信息产业等。第一产业保障人们基本的饮食需求，第二产业使经济变得强大，第三产业促进社会财富的流动。

第三，标准产业分类法。标准产业分类法是为统一国民经济统计口径而由权威部门制定和颁布的一种产业分类方法。全面的、精确的、统一的经济活动统计对经济理论的探讨和整个国民经济问题的研究，对政府制定经济政策和进行国民经济的宏观管理，都是十分必要的。经济管理的经济统计基础就是产业分类的标准化，即进行标准产业分类。标准产业分类的优点在于对全部经济活动进行分类，并且使其规范化，具有很强的可比性，有利于分析各国各地的产业结构，而且与三次产业分类法联系密切。

第四，其他分类法。其他分类法包括：①生产要素集约分类法。分为劳动密集型产业、资本密集型产业、技术密集型产业和知识密集型产业。②产业地位分类法。分为基础产业、瓶颈产业、支柱产业、主导产业、战略产业和先行产业等类型。这种划分方法又称为产业的功能分类法。③产业发展状况分类法。

（二）产业结构政策

产业结构政策，是指一国政府依据本国在一定时期内产业结构的现状，遵循产业结构演进的一般规律，规划产业结构逐渐演进的目标，并分阶段地确定重点发展的战略产业，实现资源的重点配置，引导国家经济向新的广度和深度发展的政策。

产业结构政策总的功能是促进产业结构的合理化、高度化和高效化，促进社会经济持续、稳定和协调发展。具体地说，产业结构政策有以下主要功能：促进产业协调发展的功能、促进产业结构转换的功能、推动产业技术水平提高的功能、引导资源配置结构合理化的功能。

为了保证经济快速、持续、稳定发展，产业结构政策的制定和实施必须明确产业结构调整目标和产业发展目标，产业结构政策的设置必须遵循以下原则：符合经济持续发展原则、实现产业结构优化升级原则、促进产业结构合理化原则、坚持创新和特色原则。

（三）产业结构的转型升级

近年来，中国产业结构发展已经形成了初步成效，包括：①产业结构优化改善人民生活水平；②产业体系现代化程度明显提高；③产业区域布局不断优化。

1. 产业结构优化的时代意义

（1）产业结构优化为实现第二个百年目标持续注入经济活力。经济现代化是社会主义现代化强国的应有之义，现代化经济体系要以现代化产业体系为基础。推动经济高质量发展，要把重点放在推动产业结构转型升级上，实体经济、科技创新、现代金融、人力资源协同发展的产业体系将是经济高质量发展的重要支撑，也是中国式现代化的必然要求。面对世界百年未有之大变局，产业结构优化将为我国经济长期发展提供更可持续的动力来源，使我国经济发展更加安全、更加自主、更具竞争力。

产业结构优化促进经济高质量发展是中国式现代化蓝图的历史刻画；经济发展是社会进步的基础，经济高质量发展是大国经济的应有之义，也是基于中国超大经济总量的实际情况而做出的选择。在庞大的经济总量面前，我国要想使经济实力再进一步，要想如期实现第二个百年奋斗目标，就需要向产业结构要动力，实现经济发展从总量增长到质量提升的根本性转变，让农业基础地位更加稳固、让工业向高端制造业加速升级、让服务业“脱虚向实”，提高各产业部门现代化建设水平，让现代化产业体系成为经济高质量发展的“底盘”。

经济高质量发展是富强民主文明和谐美丽的社会主义现代化强国的重要特征。进入经济结构转型、经济增速换挡的后工业化阶段，我国必须把握新发展机遇，增强产业基础能力，推动产业层次从中低端转向中高端，重塑产业国际竞争新优势。这既是我国在世界百年未有之大变局中保持经济发展自主性的现实需要，也是发掘我国经济发展新增长点的主要途径，更是实现经济长远发展、让社会主义现代化强国行稳致远的重要保障。

产业结构优化为实现经济高质量发展提供新动力；科技创新推动产业内部生产流程和外部生产环境发生变革，既可以直接应用在生产过程中推动产业结构优化，还可以推动经济体制、企业管理、政策实施等方面的转型。随着我国经济的发展，土地、劳动力、能源等生产要素逐渐表现出数量和动力上的双重有限性，但科技创新能够为经济发展提供了无限的增长空间和丰富的可能性。充分发挥创新驱动作用，可以从产业层面实现生产力的解放和发展，推动经济高质量发展。

（2）中国经济高质量发展之路为世界经济发展贡献中国方案。中国与其他发展中国家同样面临经济全球化的机遇和挑战，是世界经济格局的参与者和贡献者。推动世界经济的复苏与繁荣；探索发展中国家经济强国新道路。中国仅用几十年时间就走过了他们经过几百年才完成的工业化历程，开创了具有世界历史性的经济总量飞跃和跨越式发展奇迹。这背后蕴含了中国作为后起国家独立实现“弯道超车”的战略方法，能够为其他发展中国家的经济建设提供新的道路。

我国拥有门类齐全、独立完整的现代工业体系，就拥有了构建以国内大循环为主体的新发展格局所必需的产业基础。优先发展工业也解决了我们中长期的资金问题，近年来，我国用于科技攻关的投入连年增加，尖端科技攻关的完成只是时间问题。这为后起国家破解科技落后的生产约束、实现技术创新的“弯道超车”提供了中国方略。

2. 经济高质量驱动下中国产业结构优化策略

产业结构优化是走向经济高质量发展的必由之路，是基于我国生产力和生产关系的发展现状做出的战略抉择。因此，经济高质量驱动下中国产业结构优化策略如下：

（1）出台优惠、鼓励政策，我国产业结构发展转变为集约型，产业间技术联系结构转变为“环线型”，因此出台优惠、鼓励政策不仅能为我国资本技术密集型产业的发展创造良好的环境，还能以此来激励产业之间资源和信息等要素的流动，从而促进产业发展呈现多元化和精细化。

（2）加大力度发展第三产业，在产业结构“三、二、一”发展阶段，应提升第三产业的内生性以及关联性发展，尤其是知识密集型服务业中的教育事业以及卫生、社会保障和社会福利业均较低，因此需要加大教育质量改革，提升社会福利等措施，同时，通过前文分析可知金融保险业以及租赁和商务服务业对高新技术的使用更为频繁，对高素质劳动力的吸纳能力也逐渐增强，逐渐成为服务业转型升级的重要方向，因此需要进一步加大技术设备、资金和高技术人才的投入。

（3）着重发展核心产业部门，以此来带动其他产业部门协同发展，化学工业，通用、专用设备制造业，交通运输、仓储和邮政业，金融保险业等资本技术密集型产业，在中国产业结构中的核心地位较强，具有较强的成长能力和关联能力，也具有较强的不被控制能力和控制能力，由此可知与之关联的产业数较多，具有资源控制能力，因此着重发展该类产业不仅能避免其成为我国经济发展的瓶颈产业，还能促进整个关联网络的发展从而使整体产业结构优化升级。

（4）关注边缘产业的融合发展，提高整体产业关联结构的抗风险能力，加大传统制造业与其他技术含量高的产业部门之间的技术、资金和劳动力等生产要素的流动性，加大产业之间的融合程度，逐渐将边缘化消除，提高整体产业关联的稳定性。

第三节　生产运作管理

生产是人类最基本的活动，世界上大多数人都在从事各种生产活动。只是生产方式、领域和为社会提供的产品不同而已。生产运作管理是对生产运作系统的设计、运行与维护过程的管理，它包括对生产运作活动进行计划、组织和控制。生产运作管理是企业管理的一个职能领域，它对企业提供主要产品或服务的系统进行设计、运行、评价和改进，其核心是实现价值增值。生产运作管理围绕提高价值的程度、提高价值增值效应而展开。

一、生产过程组织

生产过程组织就是要以最佳的方式，将企业输入的各种生产要素在时间上和空间上有机地结合起来，对生产中的各个环节、各个方面有效地加以组织，使其形成一个相互协调、匀速的生产系统。实现产品在生产过程中行程最短，占用和耗费最小，而又能取得尽可能高的生产效率和经济效益的目标。

（一）生产过程组织的基本要求

合理组织生产过程就是将输入企业的各种生产要素在生产过程的各个阶段和各个环节合理地安排，从而使产品在生产过程中行程最短，时间最省，耗费最小，又能按市场的需要提供优质产品和满意服务。要实现这一目的，在生产过程的组织中就必须满足以下几个基本要求：

第一，连续性。生产过程的连续性是指生产过程各阶段的物流处于不停的运动中，且流程尽可能短。生产过程的连续性好，可以缩短产品的生命周期，降低再制品库存，加速资金周转，提高资金利用率。为保证生产过程的连续性，首先要合理布置企业的各个生产单位，使物料流程合理。其次要组织好生产过程的各个环节，包括投料、运输、检验、工具准备和设备维修等，使物料始终按工艺流程不停地运动着，尽量消除迂回和停歇。

第二，比例性。生产过程的比例性是指生产过程中，基本生产与辅助生产之间，基本生产中各车间、各工段和各工序之间，以及各种设备之间，在生产能力上具有并保持符合产品制造数量与质量要求的比例关系。比例性好，有利于充分利用企业的各种资源。

第三，平行性。生产过程的平行性是指生产过程的各个环节平行地进行作业。例如不同产品同时生产，一批零件在不同工序上同时加工，各工艺阶段平行作业等。增加生产过程的平行性，可以大大缩短产品的生产周期。

第四，均衡性。生产过程的均衡性是指产品在生产过程中各个阶段，从投料到最后完工入库，都能保证按计划、有节奏地均衡进行。要求在相同的时间间隔内，生产大致相同的数量或递增数量的产品。保持生产过程的均衡性，能充分地利用生产能力，稳定生产正常秩序。

第五，准时性。生产过程的准时性是指生产过程的各阶段、各工序都按后续阶段和工序的需要进行生产。即在需要的时候，按需要的数量生产产品或零部件。准时性不仅将企业的生产过程与市场紧密联系起来，而且也是生产过程组织合理性的综合检验。

第六，适应性。适应性是指企业生产过程系统能适应外界环境变化的要求。企业生产过程系统能经常与外部环境保持最佳适应状态，才有生命力。

（二）生产过程的空间与时间组织

1. 生产过程的空间组织

生产过程的空间组织，就是根据生产的需要和经济合理的原则，研究企业内部生产单位如何设置以及生产单位及其设施在空间上如何布置等问题，使之形成一个既有分工又有密切协作的有机整体。其中，企业内部各生产单位应该按照什么专业化形式来设置，是生产过程空间组织要研究和解决的基本问题。

企业内部的车间、工段、班组等生产单位的设置，通常有三种基本组织原则，相应地存在着三种专业化组织形式。

（1）工艺专业化形式。工艺专业化是按照生产工艺性质的不同来建立生产单位的一种专业化形式。在工艺专业化的生产单位里，集中着同种类型的机器设备和同工种的工人，对各种制品（产品、零部件）进行相同工艺的加工。即加工对象是多样的，但工艺方法是同类的。由于是同种设备集中在一起，故这样生产单位又称“机群式”生产单位。

按照工艺专业化形式组织的生产单位具有以下优点：对产品品种的变换有较强的适应性；有利于充分利用生产设备和生产面积；有利于进行专业化的技术管理和技术指导工作。

（2）对象专业化形式。对象专业化是按照劳动对象的不同来设置生产单位的一种生产组织形式。在对象专业化的生产单位里，集中着为制造某种制品所需要的各种设备和各工种的工人，对同种制品进行不同工艺方法的加工。即加工对象是一定的，工艺方法是多样化的。在一个生产单位里可以完成制品的全部或大部分工艺过程工艺，不必跨越生产单位去进行加工，故工艺过程是封闭的，因而也称为“封闭式”的生产系统。例如，机械制造企业中的齿轮车间、发动机车间、减速器车间等。

在对象专业化形式的生产单位里，由于相同的加工对象集中在一起，按顺序地进行各种不同工艺方法的连续加工，所以具有以下优点：节约运输费用；缩短了生产周期，减少再制品和资金占用量及中间仓库；便于采用先进的生产组织形式，从而大幅度提高生产效率，并有利于保证产品质量；简化了各项管理和经济核算等工作。

（3）混合形式。在实际工作中，工艺专业化和对象专业化两种形式往往是结合起来使用的，称为“混合形式”。它吸收了上述两种形式的优点，同时又尽可能地避免其缺点，是一种较为灵活的生产单位的组织形式。它主要有两种具体形式：一种是在对象专业化的基础上，局部采用工艺专业化形式建立生产单位，如一电子元件厂按对象专业化形式建立电阻车间、电容车间等，而这些加工对象的表面处理则集中在按工艺专业化形式建立的表面处理车间中进行；另一种是在工艺专业化的基础上，局部采用对象专业化形式组成车工段、钳工段、铣工段、磨工段等，而标准件因产量大而专门组成标准件工段。

2. 生产过程的时间组织

合理生产过程，不仅要求企业的各生产单位在空间上合理布置，而且要求加工对象在车间之间、工段之间、工作地之间的运动在时间上也应紧密衔接，从而使生产过程满足连续性和节奏性的要求，以提高劳动生产率和设备利用率，缩短生产周期。对于一批制品在各工序间移动，有顺序、平行、平行顺序三种移动方式。下面通过一个具体的实例说明三种移动方式的特点、加工周期的计算及适用条件。

（三）常用的生产组织形式

1. 流水线

流水线，又称流水生产，是指加工对象在生产过程中，按照规定的工艺路线和一定的速度，顺序地、连续不断地通过各个工作地进行加工并出产产品的生产组织形式。流水线具有以下基本特点：工作地的专业化程度高；生产具有明显的节奏性；工艺过程基本封闭；生产具有高度的连续性；各工序的生产能力基本平衡。

在流水线上，可以采用先进工艺和高效率的技术装备；能够充分利用工时和设备，提高劳动生产率；还可以改善产品质量，缩短生产周期，减少再制品数量，加速资金周转，降低产品成本，获得更好的经济效益。流水线在大量生产类型企业中占有十分重要的地位。采用流水线的前提条件：①产品品种稳定，产量足够大；②产品结构和工艺相对稳定；③其他条件能够满足组织流水线生产的需要，如厂房建筑生产面积允许安装流水线；④原材料协作件符合标准，并能够保证及时供应；⑤机器设备经常处于完好状态等。

2. 生产线

生产线是按对象专业化形式组织起来的多品种生产单位。它拥有或基本拥有完成某几种产品一定加工阶段的机器设备，这些设备是按生产线上多数产品或主要产品的工艺路线和工序劳动量比例来排列和配备的。在不具备组织流水生产条件下，通过采用生产线的组织形式，也能达到良好的经济效益。生产线是流水生产的初级组织形式。

同流水线相比，生产线具有以下基本特点：一是没有严格的节拍，不需要大量采用专用的高效率的技术设备；二是一条生产线上可生产多个品种，即使品种发生变化，但只要有同类型零件，生产线可不需调整或仅做小的调整，就可以进行生产。因此，生产线虽无流水线那样高度的生产连续性，生产效率比流水线低，但它却有较大的灵活性，能够适应多品种生产的需要。尤其是在品种规格比较复杂，而每种产品的产量又不大的情况下，组织生产线有明显的优越性，正因为这些特点，生产线这种形式在品种规格繁多，生产不够稳定的中小批生产企业中得到了广泛的应用。

3. 自动线

自动线是由自动化机械体系实现产品工艺过程的一种生产组织形式。在自动线上，按工艺顺序排列若干台自动设备，自动地进行加工、检测、装卸和运输。它是一种高度连续的完全自动化的生产组织形式。自动线是在连续流水线基础上进一步发展起来的，是流水线的高级形式。

同流水线相比，自动线有两个基本特点：一是整个生产过程具有高度的连续性；二是生产过程完全自动化。自动线的不足之处在于：投资较大且回收期长；维修技术和生产管理水平要求较高；调整产品、变动工艺较困难，容易因其一小的故障造成整条生产线停顿。

总之，自动线适用于品种工艺稳定、产量较大、生产技术复杂、质量要求很高或劳动环境恶劣、劳动力资源稀缺的情况。自动线的发展也是一个技术和工艺水平逐步提高的过程。最初是个别联动机和操作自动化，后来过渡到部分生产过程的自动化，再进一步向全部生产过程的车间自动化或全厂自动化发展。在加工对象上，从单一品种的自动线向具有可调性的适应多品种生产的自动线发展。近代自动线的发展是自动线与以电子计算机为中心的自动控制系统结合成一个整体，成为自动化车间或自动化工厂。这种形式已在汽车制造、炼油、化工、水泥等生产过程连续性较强的企业得到应用。

二、生产运作能力

生产运作能力是企业制订生产经营计划的重要依据，企业的生产能力在一定时期内是相对稳定的。但随着生产的发展和技术组织条件的变化，生产能力将发生相应的变化。以制造企业的生产能力为例，解读生产能力的类型、因素、核定与开发。

（一）生产能力的类型

根据生产能力核定时所依据的条件及其用途不同，一般可把生产能力划分为设计能力、查定能力和计划能力三种类型。

第一，设计能力。设计能力是指企业进行新建、改建或扩建等基本建设时，由设计任务书和技术文件所规定的生产能力。它是根据设计中确定的企业产品生产方案全部技术装备和各种设计数据计算出来的，需要等企业建成投产后，经过一段熟悉和掌握生产技术的过程，才能达到的生产能力。

第二，查定能力。查定能力是指在企业没有设计能力或虽有设计能力，但企业的产品生产方案及生产条件已经发生了很大的变化时，经过重新调查核定后确定的生产能力。通常以企业现有固定资产等条件为依据，综合考虑查定时期内各种技术组织措施的效果，然后确定的生产能力。

第三，计划能力。计划能力也称现实能力，是指企业在计划期内能够达到的生产能力，是根据企业现有生产条件和计划期内采取的相应技术组织措施，通过计算所确定的生产能力。计划能力又可分为年初能力、年末能力和年平均能力。

上述三种生产能力，反映了不同时期、不同生产技术组织条件下企业生产能力的不同水平。三种生产能力分别有不同的用途。设计能力和查定能力主要用于确定企业的生产规模，编制长期计划，安排基本建设规划和确定重大的技术组织措施项目；计划能力主要用于编制生产计划。

（二）影响生产能力的基本因素

机械制造企业生产能力水平受多种因素影响，这些因素可归纳为三个基本因素，即固定资产的数量、固定资产的工作时间、固定资产的生产效率。

第一，固定资产的数量。固定资产的数量是指企业拥有的可用于生产的所有机器设备数量和生产面积（厂房和其他生产性建筑物的面积）数量。机器设备包括：正在运转、正在修理或等待修理、正在安装调试的设备。已经判定报废的、不配套的、留作备用的、封存待处理的机器设备，不列入生产能力的计算范围之内。生产面积的数量，除了计算车间的生产面积之外，还要考虑辅助面积与生产面积相配套。生产面积的数量对于铸造、铆焊、装配等车间计算生产能力有重要意义。但一切非生产用房和场地都不应列入生产能力的计算范围。

第二，固定资产的工作时间。固定资产的工作时间分为制度工作时间和有效工作时间。制度工作时间是在企业工作制度的规定下，固定资产可工作（利用）的时间，它等于制度工作日数与每日制度工作小时数的乘积。

第三，固定资产的生产效率。固定资产的生产效率包括设备的生产效率和生产面积的生产效率。设备的生产效率可以用设备的产量定额（单位设备在单位时间内的产量）来表示，也可以用产品的时间定额（制造单位产品的台时消耗）来表示。生产面积的生产效率是指单位产品占用生产面积的大小和占用时间长短定额，它有两种表示方法，即单位产品占用平方米小时定额和单位平方米小时的产量定额。

在影响生产能力的三个基本因素中，固定资产的生产效率是最易变化且变化幅度较大的一项因素，因而是最难确定的一项因素，也是决定生产能力水平的最重要的因素。在核定生产能力时，必须正确确定这些定额水平，使之先进合理，只有这样才能使生产能力保持在先进、适宜的水平上。

（三）生产能力的核定

生产能力的核定是指根据影响生产能力的三个基本因素，在查清现状和采取措施的基础上，对企业车间工段（小组），或联动机在一定时期内的生产能力水平进行计算和确定。通过生产能力的核定，可以掌握企业的生产能力状况，为改进技术、改善组织、克服生产中的薄弱环节指明方向，从而充分挖掘潜在的生产能力，有效地利用现有生产能力提高生产能力水平，并为企业决定投资方向、确定生产任务、编制年度生产计划提供依据。

核定生产能力要同确定企业专业方向和生产纲领工作结合起来，在明确了企业生产的产品品种和各种产品数量的基础上，从基层开始按照自下而上的程序进行。即先计算设备或设备组的生产能力，而后确定生产线及工段（小组）的生产能力，然后计算各车间的生产能力，最后确定企业的生产能力。

（四）生产能力的开发

基于企业自身发展的需要或战略考虑，或因市场需求的变化，企业会适时地对生产能力做出必要的调整。

1. 生产能力扩充时间的选择

对于生产能力扩充的时间，一般是基于决策者对生产能力的浪费或短缺的态度不同而做出不同的选择。通常来说，生产能力扩充时间的选择有三种典型策略：

（1）生产能力扩充超前于市场需求。该策略是一种积极的生产能力扩充选择策略，是指决策者将企业的生产能力水平始终保持在超过市场需求的水平上。该策略比较适合处于不断扩张的产业或者生产能力短缺、成本高于生产能力建设成本的情形。但是该策略可能会造成生产能力资源闲置，导致生产成本增加。

（2）生产能力扩充同步于平均市场需求。该策略是指决策者每一次调整生产能力，都是将企业生产能力水平调整到该阶段的平均市场需求的水平。在该策略下，生产能力闲置或短缺相对较小，是一种相对稳妥的中间策略。生产能力闲置成本与生产能力不足的机会成本相当时，选择该策略比较合适。

（3）生产能力扩充滞后于市场需求。选择该策略，生产能力的短缺将会在一定时期不断增加，是一种相对保守的生产能力扩充策略。一般不会出现生产能力闲置现象，但会造成市场机会的损失，甚至会损害企业的长期市场份额。

2. 提升企业生产能力的途径

提升企业生产能力的途径有：①增加设备和生产面积的数量；②增加有效工作时间；③提高设备和生产面积的利用程度；④提高生产系统各环节的均衡性。

三、生产运作计划

规划生产运作计划系统是一项复杂的工作，它以需求预测为起点，将生产任务由粗至细层层落实，最后形成车间、班组，直至个人的具体的操作任务。生产运作计划系统包含了综合生产计划、主生产计划、生产作业计划的编制。

第一，综合生产计划。综合生产计划是在工厂设施规划、资源规划和长期预测的基础上做出来的，它是指导企业各部门生产经营活动的纲领性文件，因此也被称作生产计划大纲。综合生产计划只考虑总量的做法方便衡量企业的生产能力资源能否满足总的需求，同时也方便计算可能实现的经济效益。综合生产计划的目标可以归结为用最小的成本、最大限度地满足需求。

第二，主生产计划。在制造企业中，主生产计划是根据客户订单与市场需求预测，将综合计划中的产品系列具体化，确定各项具体的最终产品在具体时间段内生产数量的安排。主生产计划是展开物料需求计划的主要依据，起到了从综合生产计划向物料需求计划过渡的承上启下的作用。

第三，生产作业计划。企业的生产作业计划以综合生产计划、主生产计划及物料需求计划为依据，对每个生产单位（车间、工段、班组等），在每个具体的时期（月、旬、班、小时等）内的生产任务做出详细规定，使生产计划得到落实，它是企业日常生产活动的行为指南。

生产作业计划的工作内容包括：①制定合理的期量标准；②编制各级生产作业计划；③进行生产能力的核算与平衡；④检查生产作业准备；⑤生产作业控制。

四、生产系统设计与运行

生产运作管理的内容概括起来包括两个方面，即生产系统的设计和生产系统的运行。

（一）生产系统的设计

生产系统的设计包括对产品或服务的选择和设计、生产设施的定点选择、生产设施的布置、服务交付系统设计和工作设计等内容。生产系统设计工作一般在设施建造阶段进行，但在生产系统的生命周期内，不可避免地要对生产系统进行更新或改造，包括扩建设施、增加新设备或者由于产品或服务的变化，需要对生产设备进行调整和重新布置。在这些情况下，都会遇到生产系统的设计问题。生产系统的设计对其运作有先天性的影响，生产系统的设计取决于所生产的产品和提供的服务。

（二）生产系统的运行

生产系统的设计工作完成以后，就是生产系统的运作，它主要是指在现行的生产系统基础上，如何适应市场变化，按用户的要求生产合格产品和提供满意的服务。生产系统的运行主要涉及对企业日常生产活动的计划、组织和控制三方面工作。

第一，对生产活动的计划。计划主要解决生产什么，生产多少，质量如何和何时投入及产出的问题。它包括预测对本企业产品或服务的需求，确定计划期的产品或服务的品种、质量、产量和产值指标，生产系统中各方面的平衡，设置产品交货期和服务的提供方式等。具体包括生产计划和生产作业计划的编制等工作。

第二，对生产活动的组织。组织主要解决如何合理地组织各种生产要素，使有限的资源得到充分而合理利用的问题。生产要素主要包括劳动者、劳动资料和劳动对象等。生产管理在组织上主要包括两方面工作：一是生产过程的组织，具体来说是时间组织和空间组织工作；二是劳动组织工作，具体说来就是劳动者在时间上和空间上的合理安排与利用，并密切配合，使生产系统成为一个有机整体，并保证生产系统的顺利进行。

第三，对生产活动的控制。控制主要解决如何保证按计划完成生产任务的问题。生产管理中的控制是对企业生产过程实行的全面控制。具体来讲，包括接受订货控制、投料控制、生产进度控制、库存控制、质量控制和成本控制等方面工作。

第四节　市场营销与财务管理

一、市场营销

市场是指某种产品的实际购买者和潜在购买者的集合。市场营销是在创造、沟通、传播和交换产品中，为顾客、客户、合作伙伴以及整个社会带来价值的活动、过程和体系。主要是指营销人员针对市场开展经营活动、销售行为的过程。市场营销概念始于美国，传入我国后，伴随着我国市场经济的成熟和发展，逐渐在我国市场企业和行业中占据着十分关键的地位。

（一）市场营销管理的任务

根据需求水平、时间和性质不同，可归纳出八种不同的需求状况。在不同的需求状况下，市场营销管理的任务有所不同。

第一，无需求。无需求是指目标市场对某种产品毫无兴趣或漠不关心的一种需求状况。在无需求的情况下，市场营销管理的任务是刺激市场营销，即通过大力促销及其他市场营销措施，努力将产品所能提供的利益与人的自然需要和兴趣联系起来。

第二，潜伏需求。潜伏需求是指相当一部分消费者对某种产品有强烈的需求，而现有产品或服务无法使之满足的一种需求状况。在潜伏需求情况下，市场营销管理的任务是开发市场营销，即通过开展市场营销研究和潜在市场范围的测量，进而开发有效的物品和服务来满足这些需求，将潜伏需求变为现实需求。

第三，等于预期的需求水平和时间的一种需求状况。在充分需求的情况下，市场营销管理的任务是维持市场营销，即努力保持产品质量，经常测量消费者满意程度，通过降低成本来保持合理价格，并激励推销人员和经销商大力推销，千方百计维持目前需求水平。

第四，不规则需求。不规则需求是指某些物品或服务的市场需求在一年的不同季节，或一周的不同日子，甚至一天的不同时间内上下波动很大的一种需求状况。在不规则需求的情况下，市场营销管理的任务是协调市场营销，即通过灵活定价、大力促销及其他刺激手段来改善需求的时间模式，使物品或服务的市场供给与需求在时间上协调一致。

第五，过量需求。过量需求是指某种物品服务的市场需求超过了企业所能供给或所愿供给水平的一种需求状况。在过量需求状况下，市场营销的任务是降低市场营销，即通过提高价格、合理分销产品、减少服务和促销等措施暂时或永久地降低市场需求水平，或者是设法降低盈利较少的市场的需求水平。

第六，下降需求。下降需求是指市场对一个或几个产品的需求量呈下降趋势的一种需求状况。在下降需求的情况下，市场营销管理的任务是重振市场营销，即分析需求衰退的原因，进而开拓新的目标市场，改进产品特色和外观，或采用更有效的沟通手段来重新刺激需求，使老产品开始新的生命周期，并通过创造性的产品再营销来扭转需求下降趋势。

第七，有害需求。有害需求是指市场对某些有害物品或服务的一种需求状况。对于有害需求，市场营销管理的任务是反市场营销，即劝说喜欢有害产品或服务消费者放弃这种需求，大力宣传有害产品或服务的严重危害性，大幅度提高价格以及停止生产供应等。

第八，负需求。负需求是指绝大多数对某种产品感到厌恶，甚至愿意出钱回避它的一种需求状况。在负需求情况下，市场营销管理的任务是改变市场营销，即分析市场为什么不喜欢这种产品以及是否可以通过产品重新设计、降低价格和积极的促销方案来改善市场的信念和态度，将负需求转变为正需求。

（二）市场营销管理过程

企业的市场营销管理就是对市场营销活动实施控制，其一般包括市场机会的识别、选择细分市场、制定营销战略、设计营销战术以及实施并控制营销计划等环节。

1. 市场机会识别

市场机会应当是一种消费者尚未得到满足的潜在需要。从市场机会的产生和存在形式来看，大体上可以分为以下四种：①显在的市场机会，即已经存在于市场上的，所有企业都能看到的那部分潜在需要。②前兆型市场机会，即可通过市场上存在的某些迹象预示到的未来可能产生的某些潜在需要。③突发型市场机会，即由于环境因素某种突然变化而引发的潜在需要。④诱发型市场机会，即消费者本身不能自觉意识，而必须通过营销者加以启发诱导才能发现的潜在需要。

企业要准确、及时地把握和利用市场机会，一般应具备以下三个基本条件：①对自身资源和能力的正确估价；②对市场信息资料的广泛收集；③具有强烈的进取心和高度的敏感性。

2. 选择细分市场

对同样需要的满足，不同人群所要求的满足形式、程度和成本等是不一样的，企业只有认识了这些对需要满足方式所存在的差异，才能提供最受欢迎的满足方式，去满足一个或几个消费群体的特定需要，从而在市场上建立起自己的相对优势。这就需要对市场进行细分、选择目标市场和进行市场定位。

3. 制定营销战略

营销战略是指业务单位意欲在目标市场上用以达成其各种营销目标的普遍原则。营销战略的内容主要由三部分构成，包括目标市场战略、营销组合战略以及营销费用预算。营销战略的选择必须从企业实际的市场地位和竞争实力出发。企业通常会处于不同的市场地位，如领导者、挑战者、追随者和弥缺者等，企业只有从实际的市场地位出发去选择相应的营销战略，才可能取得成功。

4. 设计营销战术

营销战略的实施必须转化为具体的营销方案。营销战术规定了营销活动的每一个步骤和每一个细节，从而可付诸实施。营销方案中一般至少应包括以下四项内容：

（1）具体的营销活动。包括产品的开发、价格的制定、渠道的选择、后勤的保障、人员的推销、广告和新闻宣传以及营业推广活动等。营销计划不仅应当对各项活动做出具体的设计和安排，而且还应当强调它们之间的协调与配合，以形成整合效应。其中关键在于设计。

（2）市场营销组合。它是指企业可以控制的各种市场营销手段的综合运用。一个企业要有效地进行市场营销活动，必须针对不同的内外环境，针对目标市场的实际情况把企业可以控制的各种市场营销手段，即产品、定价、销售渠道和促销进行最佳组合，使之相互配合，综合发挥作用。

（3）营销的费用预算。要达到营销目标，必然需要相应的营销费用的投入。

（4）营销资源的分配。在具体的营销计划中，应当对营销资源（包括营销费用）在各项具体的营销中进行合理的分配，以形成整合营销的效果。

5. 实施并控制营销计划

经过前几个环节，企业就基本形成了自己的营销计划以及保证营销计划执行的营销组织。在现实的营销活动中，由于未来环境多数是未知的，企业执行计划往往会出现许多意外的情况，这就使营销活动不能完全按照营销计划进行，这时企业就必须要有相应的控制程序，以对计划本身或者计划的实施过程进行必要的调整，这样才能保证企业营销目标的实现。

（三）市场营销组织的形式与策略

1. 市场营销组织的形式

市场营销是通过一定的组织机构来进行的，因此有效地制定和实施市场营销战略必须以完善的市场营销组织为基础。市场营销组织就是为了实现企业营销目标，而对企业的全部市场营销活动从整体上进行平衡协调的有机结合体。市场营销组织的基本形式有以下四种：

（1）功能性组织。这是最常见的市场营销组织形式，即按不同的营销活动功能建立职能部门以开展市场营销活动。功能性组织简便易行，但随着营销产品的增加和市场的扩大，过于专业化的分工会导致部门之间的冲突和协调难度加大，从而难以协调企业全部的营销活动。

（2）地区性组织。一个企业的营销范围如果是跨地区的，就可以按照地理区域安排市场营销组织，这种组织形式中通常设有专门负责全部销售业务的销售主管经理，并下辖各个地区的销售经理，从而形成一个销售网络。地区性组织结构适于在全国以及国际市场销售产品的企业，但是应注意地区层次的划分既必须有利于产品的销售，又必须有利于企业的统一管理。

（3）产品管理型组织结构。生产多种产品或多种不同品牌产品的企业，往往按产品或品牌建立管理组织。即在一名产品经理的领导下，按每类产品分设一名经理，再按每一具体品种设一名经理，分层管理。在这种组织结构中，产品经理的作用是制订产品的计划，监督产品计划的执行，检查执行结果并采取必要的调整措施，以及制定竞争战略等。

（4）市场管理型组织形式。企业还可以按照市场的不同划分建立市场管理组织。这种组织形式由副总经理统一领导，协调各职能部门的活动，其中市场主管经理又监督管理若干个具体的市场经理。这种组织结构与产品管理型组织结构基本相同，只是由面对不同类型的产品改为面对不同类型的市场，所以有类似的特点。市场经理要为自己负责的市场制订长期计划和年度计划，分析市场趋势及所需要的产品。

2. 市场营销组合策略

市场营销组合是企业综合利用并优化组合多种营销变量，以实现预期营销目标的活动总称。市场营销组合策略如下：

（1）产品策略。产品策略，是指企业以向目标市场提供各种适合消费者需要的有形和无形产品的方式来实现其营销目标，其中包括与产品有关的品种、规格、式样、质量、包装、特色、品牌以及各种服务措施等可控因素的组合和运用。

第一，产品与产品组合。产品整体是指能够提供给市场以满足需要和欲望的任何东西。它可以划分为三个层次核心产品、形式产品、附加产品。产品组合是指某一企业所生产或销售的全部产品大类、产品项目的组合，产品大类又称产品线，产品线由产品项目组成。产品组合调整策略包括：扩大产品的组合策略（平行式扩展、系列式扩展、综合利用式扩展），缩减产品的组合策略（削减产品系列、减少产品项目、增加产品产量），产品的延伸策略（向下延伸、向上延伸、双向延伸）。

第二，产品生命周期。产品生命周期是指产品从最初投入市场到最终退出市场的全过程，包括导入期、成长期、成熟期和衰退期。

导入期可采取的营销策略有快速掠取策略、缓慢掠取策略、快速渗透策略、缓慢渗透策略。

成长期可采取的营销策略有：根据用户需求和其他市场信息，不断提高产品质量，努力发展产品的新款式、新型号，增加产品的新用途；加强促销环节，树立强有力的产品形象。促销策略应从以建立产品知名度为中心转移到以树立产品形象为中心，主要目标是建立品牌偏好，争取新的顾客；重新评价渠道选择决策，巩固原有渠道，增加新的销售渠道，开拓新的市场，扩大产品销售；在价格决策上，应选择适当的时机调整价格，以争取更多顾客。

成熟期可采取的营销策略有：①市场改良策略，即开发新市场，寻求新用户；开发产品的新用途，寻求新的细分市场；刺激现有顾客，增加使用频率；重新为产品定位，寻求新的买主。让产品改良策略，也称为“产品再推出”，即可以进行品质、特性、式样、服务等方面的改进。③营销组合改良策略，即通过改变定价、销售渠道及促销方式来延长产品的成熟期。

衰退期可采取的营销策略有：集中策略，即把资源集中使用在最有利的细分市场、最有效的销售渠道和最易销售的品种、款式上；维持策略，即保持原有的细分市场和营销组合策略，把销售维持在一个低水平上；榨取策略，即大大降低销售费用，以增加眼前利润。

第三，新产品开发策略。新产品是指采用新技术、新工艺、新材料和新方法所生产的市场上从未有过的产品。依据产品的创新程度，新产品可分为独创型新产品、换代型新产品、改进型新产品、仿制型新产品等。新产品开发经历的阶段，即创意产生、创意筛选、概念发展和测试、营销战略、产业分析、产品开发、市场试销、商品化八个环节。

第四，品牌与包装策略。品牌是指用来识别出售者产品或劳务的某一名词、标记、符号、图案和颜色，或它们的组合。其基本的功能是使企业的产品或劳务与其他竞争者区别开来。品牌具有识别功能、保护功能、促销功能、增值功能等。企业在进行品牌决策时，有以下几种策略可供选择（见表 1-1）：

表 1-1　品牌策略

品牌策略	策略解读
品牌有无策略	企业决定是否给其产品规定品牌名称。产品是否选用品牌，要根据产品的具体特点来决定
品牌使用者策略	制造商在决定对产品使用品牌后，还要决定如何使用品牌。制造商的产品在品牌的使用上有三种选择：制造商品牌策略、中间商品牌策略和混合策略
统分品牌策略	企业决定采用自己的品牌，还要进一步决定其产品是分别使用不同的品牌，还是使用统一的品牌。一般有以下两种选择：一是统一品牌，即企业对自己生产的多种产品统一使用同一个品牌名称；二是个别品牌，即企业对不同产品分别使用不同的品牌名称
品牌延伸策略	企业利用已成功品牌的声誉来推出改良产品或新产品
多品牌策略	企业为一种产品设计两个或两个以上互相竞争的品牌的策略
品牌重新定位策略	随着时间的推移，由于消费者的偏好发生了变化或竞争者推出了新的品牌，此时企业品牌的需求会减少。此时企业应重新评价原品牌与细分市场，对品牌进行重新定位

包装是指对某一品牌商品设计并制作容器或包扎物的一系列活动。产品包装策略包括：统一包装策略、综合包装策略、复用包装策略、附赠品包装、等级包装策略、改变包装策略。以上是常用的几种包装策略，实际中如何使用应视具体情况而定。

（2）价格策略。产品定价是企业营销组合策略的重要内容，也是不断开拓市场的重要手段。产品价格的合理与否，很大程度上决定了购买者是否接受这个产品，直接影响产品和企业的形象，影响企业在市场竞争中的地位。因此，从营销的角度出发，企业应尽可能合理地制定价格，并随着环境的变化，及时对价格进行调整。

定价策略包括：①新产品定价策略。新产品定价策略包括以下三种：取脂定价策略、渗透定价策略、温和定价策略。②产品组合定价策略。产品组合定价策略包括以下几种：产品线定价、选择品定价、互补产品定价、副产品定价、产品系列定价。③心理定价策略。心理定价策略包括以下几种：尾数定价、整数定价、小计量单位定价、声望定价和招徕定价。招徕定价是指零售商利用消费者的求廉心理，特意将某几种商品的价格定得较低以招徕顾客。④地区性定价策略。地区性定价策略是指企业依据商品的特性、所在地区的市场情况、交货条件、费用分摊等不同情况，对不同的地区实行不同价格的策略。地区性定价策略包括原产地定价、统一交货定价、分区定价、基点定价和运费免收定价。⑤折扣与让价策略。折扣与让价策略是企业为了更有效地吸引顾客，鼓励顾客购买自己的产品，而给予顾客一定比例的价格减让的策略。主要包括现金折扣、数量折扣、功能折扣（交易折扣）、季节性折扣等。

（3）促销策略。促销是指企业把产品或服务向目标消费者及其对目标消费者的消费行为具有影响的群体进行宣传、说服、诱导、唤起需求，并最终促使其采取购买行为的活动。促销组合是指有计划、有目的地对促销要素、促销工具的综合运用。促销策略包括：广告策略、人员推销策略、营业推广策略、公共关系策略。

（4）网络营销。网络营销是市场营销的重要组成部分，其本质与市场营销是相同的，在技术手段和应用背景上又有其特点。网络营销的职能不仅表明了网络营销的作用和网络营销工作的主要内容，同时也说明了网络营销应该实现的效果。通过对网络营销实践应用的归纳总结，网络营销的基本职能表现在以下八个方面：网络品牌、网站推广、信息发布、网上销售、销售促进、顾客服务、顾客关系和网上调研。网络营销策略包括：网络营销产品策略、网络营销价格策略、网络营销渠道策略、网络营销促销策略。

二、财务管理

财务就是与资金相关的事务或活动，财务管理是企业管理的一个组成部分，它是根据财经法规制度，按照财务管理的原则组织企业的财务活动，处理财务关系的一项经济管理工作。“财务管理作为市场营销中的重要环节和手段之一，在市场营销中发挥着不可替代的作用。”①

（一）企业的财务经济关系

企业的财务关系是指企业在组织财务活动的过程中与有关方面形成的经济关系，主要

① 杨斌．市场营销中的财务管理的运用［J］．中外企业家，2020，（08）：47．

有以下方面：

第一，企业与企业所有者之间的财务关系。企业所有者按照出资比例、章程或合同规定履行出资义务，向企业投入资金，形成企业的所有者权益。企业在实现利润后，应向企业所有者分配利润。

第二，企业与债权人、债务人之间的财务关系。这三个经济主体的财务关系主要是通过债权与债务的对立统一而形成的经济联系，主要包括企业之间由于购销商品、提供劳务等形成的资金结算关系，以及与债权人或债务人之间的借款、付息还款等资金借贷关系。

第三，投资企业与被投资企业之间的财务关系。他们之间的财务关系主要是指企业将闲置资金投放于其他企业股票、固定资产或无形资产所形成的经济关系。企业按出资比例或合同章程的规定，参与被投资单位的利润分配和经营管理。

第四，企业与员工个体之间的财务关系。企业与个人的财务关系相对简单，主要是指企业应根据员工工作产量、质量及能力付以对应的工资、津贴、奖金等发生的资金结算关系，以及企业根据国家有关政策的规定为员工缴纳的养老保险、医疗保险和住房公积金等。

（二）财务管理的内容

企业的财务活动包括筹资、投资、经营和分配活动。企业日常经营活动中既包括投资也包括筹资，而企业的分配活动实质上是企业筹资决策的一部分。因为内部积累是企业非常重要的资金来源，而内部积累的多少取决于企业的利润分配，所以分配活动实际上属于企业的内部筹资问题。因此，企业的财务活动其实就是投资和筹资活动。

按资金使用时间的长短，筹资可以分为长期筹资和短期筹资。投资活动也可以分为长期投资和短期投资。由于短期投资和短期筹资密切相连，通常合并在一起讨论，称为营运资本管理。为了更好地理解财务管理活动，通常将财务管理的基本内容分为长期筹资管理、长期投资管理和营运资本管理三部分。

1. 长期筹资管理

长期筹资是指企业筹集生产经营所需要的、使用时间在 1 年以上的长期资本，包括权益资本和长期债务资本。即对资产负债表右下方有关项目的管理。一般来说，长期筹资管理主要解决以下几个问题：①筹资方式是权益筹资还是长期债务筹资，以及两者的比例关系，即资本结构问题；②具体筹资工具的选择，如企业长期债务筹资是选择长期借款还是长期债券等；③股利分配决策。

2. 长期投资管理

长期投资包括两部分内容：长期证券资产和长期经营性资产。长期证券资产管理主要解决的是如何对长期证券资产进行估值的问题。长期经营性资产管理是指对固定资产投资的管理，通常是通过资本预算方式来实现的，故又称为资本预算或项目投资管理。项目投资管理主要包括以下几个方面的决策内容：①做什么，即投资方向的选择；②做多少，即投资额的确定；③何时做，即投资时机的选择；④怎样做，即以什么样的生产方式和资产形式完成所选定的生产经营活动。企业必须根据股东财富最大化或企业价值最大化的原则，对投资项目进行认真的分析，并做出科学的决策。长期投资管理是对资产负债表左下方有关项目的管理。

3. 营运资本管理

营运资本是指流动资产和流动负债的差额，营运资本管理即对资产负债表上方有关项目的管理。企业进行营运资本管理应遵循以下原则：①满足合理的资金需求；②提高资金使用效率；③节约资金使用成本；保持足够的短期偿债能力。

营运资本管理分为营运资本投资管理和营业资本筹资管理两部分。营运资本投资管理主要是制定营运资本投资策略，以及如何对各项具体营运资产（如应收账款和存货等）进行日常管理。营运资本筹资管理主要包括制定营运资本筹资策略以及对各项短期筹资方式（如商业信用和银行信用等）进行管理。

（三）财务管理的职能

财务管理的职能是指财务管理所具有的职责和功能。企业财务管理的基本职能主要有财务分析、财务预测、财务决策、财务计划等。

第一，财务分析。财务分析是以财务报告及其他相关资料为依据，采用一系列专门的分析技术和方法，对企业过去有关筹资活动、投资活动、经营活动、分配活动进行分析。财务分析的目的是为企业及其利益相关者了解企业过去、评价企业现状、预测企业未来、做出正确决策提供准确的信息或依据。

第二，财务预测。财务预测是根据财务活动的历史资料，考虑现实的要求和条件，对未来的财务活动和财务成果做出较为具体的预计和测算的过程。财务预测的目的是测算企业投资、筹资各项方案的经济效益，为财务预测提供依据，预计财务收支的发展变化情况，为编制财务计划服务。

第三，财务决策。财务决策是对财务方案进行比较和分析，并做出决定。财务决策的目的在于确定合理可行的投资或筹资方案，其是对财务预测结果的分析与选择。财务决策是多标准的综合决策，可能既有货币化、可计量的经济标准，又有非货币化、不可计量的非经济标准，因此决策方案往往是多种因素综合平衡的结果。

第四，财务计划。财务计划是以货币的形式协调与安排计划期内的投资、筹资，即财务成果的文件。制订财务计划的目的是为财务管理确定具体量化的目标。财务计划包括长期计划和短期计划。长期计划是指 1 年以上的计划，企业通常制订为期 5 年的长期计划，作为实现企业战略的规划。短期计划是指一年一度的财务预算。

上述财务管理的四项基本职能相互联系，财务分析和财务预测是财务决策和财务计划的基础条件，财务决策和财务计划是财务分析和财务预测的延续。

第二章　审计的基础原理

第一节　审计的概述

一、审计的含义

审计是指由专设机关依照法律对国家各级政府及金融机构、企业事业组织的重大项目和财务收支进行事前和事后的审查的独立性经济监督活动。审计作为一种监督机制，其实践活动历史悠久。审计的含义可以从以下几个方面加以理解：

第一，审计的用户是财务报表的预期使用者。即审计可以用来有效满足财务报表预期使用者的需求。

第二，审计的目的是改善财务报表的质量或内涵，增强预期使用者对财务报表的信赖程度，即以合理保证的方式提高财务报表的可信度，而不涉及为如何利用信息提供建议。

第三，合理保证是一种高水平保证。当注册会计师获取充分、适当的审计证据，将审计风险降至可接受的低水平时，就获取了合理保证。由于审计存在固有限制，注册会计师据以得出结论和形成审计意见的大多数审计证据是说服性而非结论性的，因此，审计只能提供合理保证，不能提供绝对保证。

第四，审计的基础是独立性和专业性。审计通常由具备专业胜任能力和独立性的注册会计师来执行，注册会计师应当独立于被审计单位和预期使用者。

第五，审计的最终产品是审计报告。注册会计师针对财务报表是否在所有重大方面按照财务报告编制基础编制并实现公允反映发表审计意见，并以审计报告的形式予以传达。注册会计师按照审计准则和相关职业道德要求执行审计工作，能够形成这样的意见。

二、审计的目标

（一）审计的总体目标

在执行财务报表审计工作时，注册会计师的总体目标如下：

第一，对财务报表整体是否不存在由于舞弊或错误导致的重大错报①获取合理保证，使注册会计师能够对财务报表是否在所有重大方面按照适用的财务报告编制基础编制发表审计意见。

第二，按照审计准则的规定，根据审计结果对财务报表出具审计报告，并与管理层和治理层沟通。在任何情况下，如果不能获取合理保证，并且在审计报告中发表保留意见，也不足以实现向预期使用者报告的目的，注册会计师应当按照审计准则的规定出具无法表示意见的审计报告，或者在法律法规允许的情况下终止审计业务或解除业务约定。

注册会计师是否按照审计准则的规定执行了审计工作，取决于注册会计师在具体情况下实施的审计程序，由此获取的审计证据的充分性和适当性，以及根据总体目标和对审计证据的评价结果而出具审计报告的恰当性。

审计准则作为一个整体，为注册会计师执行审计工作以实现总体目标提供了标准。审计准则规范了注册会计师的一般责任以及在具体方面履行这些责任时的进一步考虑。每项审计准则都明确了规范的内容、适用的范围和生效的日期。在执行审计工作时，除遵守审计准则外，注册会计师可能还需要遵守其他法律法规的规定。

每项审计准则通常包括总则、定义、目标、要求（在审计准则中，对注册会计师提出的要求以“应当”来表述）和附则。总则提供了与理解审计准则相关的背景资料。每项审计准则还配有应用指南。每项审计准则及应用指南中的所有内容都与理解该项准则中表述的目标和恰当应用该准则的要求相关。应用指南对审计准则的要求提供了进一步解释，并为如何执行这些要求提供了指引。应用指南提供了审计准则所涉及事项的背景资料，更为清楚地解释审计准则要求的确切含义或所针对的情形，并举例说明适合具体情况的程序。应用指南本身并不对注册会计师提出要求，但与恰当执行审计准则对注册会计师提出的要求是相关的。

（二）审计的具体目标

注册会计师了解认定后，就很容易确定每个项目的具体审计目标，并以此作为评估重大错报风险以及设计和实施进一步审计程序的基础。

1. 与所审计期间各类交易和事项相关的审计目标

（1）发生。由发生认定推导的审计目标是确认已记录的交易是真实的。发生认定所要解决的问题是管理层是否把那些不曾发生的项目列入财务报表，它主要与对财务报表的组成要素被高估有关。

---

① 错报，是指某一财务报表项目的金额、分类、列报或披露，与按照适用的财务报告编制基础应当列示的金额、分类、列报或披露之间存在的差异。

（2）完整性。由完整性认定推导的审计目标是确认已发生的交易确实已经记录。发生和完整性两者强调的是相反的关注点。发生目标针对潜在的高估，而完整性目标则针对漏记交易（低估）。

（3）准确性。由准确性认定推导出的审计目标是确认已记录的交易是按正确金额反映的。准确性与发生、完整性之间存在区别。例如，若已记录的销售交易是不应当记录的（如发出的商品是寄销商品），则即使发票金额是准确计算的，仍违反了发生目标。再如，若已入账的销售交易是对正确发出商品的记录，但金额计算错误，则违反了准确性目标，没有违反发生目标。在完整性与准确性之间也存在同样的关系。

（4）截止。由截止认定推导出的审计目标是确认接近于资产负债表日的交易记录于恰当的期间。

（5）分类。由分类认定推导出的审计目标是确认被审计单位记录的交易经过适当分类。

2. 与期末账户余额相关的审计目标

（1）存在。由存在认定推导的审计目标是确认记录的金额确实存在。

（2）权利和义务。由权利和义务认定推导的审计目标是确认资产归属于被审计单位，负债属于被审计单位的义务。

（3）完整性。由完整性认定推导的审计目标是确认已存在的金额均已记录。

（4）计价和分摊。资产、负债和所有者权益以恰当的金额包括在财务报表中，与之相关的计价或分摊调整已恰当记录。

3. 与列报和披露相关的审计目标

（1）发生以及权利和义务。将没有发生的交易、事项，或与被审计单位无关的交易和事项包括在财务报表中，则违反该目标。例如，复核董事会会议记录中是否记载了固定资产抵押等事项，询问管理层固定资产是否被抵押，就是对列报的权利认定的运用。如果被审计单位拥有被抵押的固定资产，则需要将其在财务报表中列报，并说明与之相关的权利受到限制。

（2）完整性。如果应当披露的事项没有包括在财务报表中，则违反了该目标。例如，检查关联方和关联交易，以验证其在财务报表中是否得到充分披露，就是对列报的完整性认定的运用。

（3）分类和可理解性。财务信息已被恰当地列报和描述，且披露内容表述清楚。例如，检查存货的主要类别是否已披露，是否将一年内到期的长期负债列为流动负债，就是对列报的分类和可理解性认定的运用。

（4）准确性和计价。财务信息和其他信息已公允披露，且金额恰当。例如，检查财务报表附注是否分别对原材料、在产品和产成品等存货成本核算方法做了恰当说明，即是对列报的准确性和计价认定的运用。

三、审计业务的三方关系

三方关系人分别是注册会计师、被审计单位管理层（责任方）、财务报表预期使用者。注册会计师对由被审计单位管理层负责的财务报表发表审计意见，以增强除管理层之外的预期使用者对财务报表的信赖程度。由于财务报表是由被审计单位管理层负责的，因此，注册会计师的审计意见主要是向除管理层之外的预期使用者提供的。

由于审计意见有利于提高财务报表的可信性，有可能对管理层有用，因此，在这种情况下，管理层也会成为预期使用者之一，但不是唯一的预期使用者。例如，管理层是审计报告的预期使用者之一，但同时预期使用者还包括企业的股东、债权人、监管机构等。因此，是否存在三方关系，是判断某项业务是否属于审计业务或其他鉴证业务的重要标准之一。如果某项业务不存在除责任方之外的其他预期使用者，那么，该业务不构成一项审计业务或其他鉴证业务。

（一）注册会计师

注册会计师是指取得注册会计师证书并在会计师事务所执业的人员，通常是指项目合伙人或项目组其他成员，有时也指其所在的会计师事务所。

按照审计准则的规定对财务报表发表审计意见是注册会计师的责任。为履行这一职责，注册会计师应当遵守相关职业道德要求，按照审计准则的规定计划和实施审计工作，获取充分、适当的审计证据，并根据获取的审计证据得出合理的审计结论，发表恰当的审计意见。

注册会计师通过签署审计报告确认其责任。

如果审计业务涉及的特殊知识和技能超出了注册会计师的能力，注册会计师可以让专家协助执行审计业务。在这种情况下，注册会计师应当确信包括专家在内的项目组整体已具备执行该项审计业务所需的知识和技能，并充分参与该项审计业务和了解专家所承担的工作。

（二）被审计单位管理层（责任方）

责任方是指对财务报表负责的组织或人员，即被审计单位管理层。管理层是指对被审计单位经营活动的执行负有经营管理责任的人员。在某些被审计单位，管理层包括部分或全部的治理层成员，如治理层中负有经营管理责任的人员，或参与日常经营管理的业主

（以下简称业主兼经理）。

治理层是指对被审计单位战略方向以及管理层履行经营管理责任负有监督责任的人员或组织。治理层的责任包括监督财务报告过程。与管理层和治理层责任相关的执行审计工作的前提（以下简称执行审计工作的前提），是指管理层和治理层（如适用）认可并理解其应当承担下列责任，这些责任构成注册会计师按照审计准则的规定执行审计工作的基础：①按照适用的财务报告编制基础编制财务报表，并使其实现公允反映（如适用）；②设计、执行和维护必要的内部控制，以使财务报表不存在由于舞弊或错误导致的重大错报；③向注册会计师提供必要的工作条件，包括允许注册会计师接触与编制财务报表相关的所有信息（如记录、文件和其他事项），向注册会计师提供审计所需的其他信息，允许注册会计师在获取审计证据时不受限制地接触其认为必要的内部人员和其他相关人员。

财务报表审计并不减轻管理层或治理层的责任。财务报表编制和财务报表审计是财务信息生成链条上的不同环节，两者各司其职。法律法规要求管理层和治理层对编制财务报表承担责任，有利于从源头上保证财务信息质量。同时，在某些方面，注册会计师与管理层和治理层之间可能存在信息不对称的情况。管理层和治理层作为内部人员，对企业的情况更为了解，更能做出适合企业特点的会计处理决策和判断，因此，管理层和治理层理应对编制财务报表承担完全责任。尽管在审计过程中，注册会计师可能向管理层和治理层提出调整建议，甚至在不违反独立性的前提下为管理层编制财务报表提供协助，但管理层仍然对编制财务报表承担责任，并通过签署财务报表确认这一责任。如果财务报表存在重大错报，而注册会计师通过审计没有发现，也不能因为财务报表已经被注册会计师审计这一事实而减轻管理层和治理层对财务报表的责任。

（三）财务报表预期使用者

预期使用者是指预期使用审计报告和财务报表的组织或人员。如果审计业务服务于特定的使用者或具有特殊目的，注册会计师可以很容易地识别预期使用者。

注册会计师可能无法识别使用审计报告的所有组织和人员，尤其在各种可能的预期使用者对财务报表（鉴证对象信息）存在不同的利益需求时。此时，预期使用者主要是指那些与财务报表（鉴证对象信息）有重要和共同利益的主要利益相关者，例如，在上市公司财务报表审计中，预期使用者主要是指上市公司的股东。注册会计师应当根据法律法规的规定或与委托人签订的协议识别预期使用者。

审计报告的收件人应当尽可能地明确为所有的预期使用者，但在实务中往往很难做到这一点。原因很简单，有时审计报告并不向某些特定组织或人员提供，但这些组织或人员也有可能使用审计报告。例如，注册会计师为上市公司提供财务报表审计服务，其审计报告的收件人为“××股份有限公司全体股东”，但除了股东之外，公司债权人、证券监管机构等显然也是预期使用者。

第二节　审计的重要性与程序

一、审计的重要性

审计的重要性是指被审计单位会计报表中存在的错报或漏报的严重程度，这一程度在特定环境下可能会影响会计报表使用者的判断或者决策。审计重要性需要注册会计师职业判断。可分为审计计划的重要性、实际执行的重要性。整个审计过程都需要重要性的判断。在审计计划、审计实施、审计报告阶段均需要运用审计重要性。

（一）重要性的理解与辨别

重要性的概念理解：①如果合理预期错报（包括漏报）单独或者汇总起来可能影响财务报表使用者依据财务报表做出的经济决策，则通常认为错报是重大的。②对重要性的判断是根据具体环境做出的，并受错报的金额或性质的影响，或受两者共同作用的影响。③判断某事项对财务报表使用者是否重大，是在考虑财务报表使用者整体共同的财务信息需求的基础上做出的。由于不同财务报表使用者对财务信息的需求可能差异很大，因此不考虑错报对个别财务报表使用者可能产生的影响。④对重要性的评估需要运用专业判断。⑤审计过程中必须运用重要性原则。⑥运用重要性时，应当考虑错报或漏报的金额和性质。

注册会计师对重要性的确定属于职业判断，受注册会计师对财务报表使用者对财务信息需求的认识的影响。就审计而言，注册会计师针对财务报表使用者做出下列假定是合理的：①拥有经营、经济活动和会计方面的适当知识，并有意愿认真研究财务报表中的信息；②理解财务报表是在运用重要性水平基础上编制、列报和审计的；③认可建立在对估计和判断的应用以及对未来事项的考虑的基础上的会计计量具有固有的不确定性；④依据财务报表中的信息做出合理的经济决策。

（二）实际执行的重要性

第一，实际执行的重要性目的。注册会计师应当确定实际执行的重要性，以评估重大错报风险并确定进一步审计程序的性质、时间安排和范围。

第二，实际执行的重要性概念。实际执行的重要性，是指注册会计师确定的低于财务报表整体的重要性的一个或者多个金额，旨在将未更正和未发现错报的汇总数超过财务报表整体的重要性的可能性降至适当的低水平。如果适用，实际执行的重要性，还指注册会计师确定的低于特定类别的交易、账户余额或披露的重要性水平的一个或多个金额。

第三，实际执行的重要性影响因素。确定实际执行的重要性水平，需要职业判断并考虑以下因素：①对被审计单位的了解（这些了解可能在实施风险评估过程中得到更新）；②前期审计工作中识别出的错报的性质和范围；③根据前期识别出的错报对本期错报做出的预期。

第四，实际执行的重要性相关指标。实际执行的重要性通常为财务报表整体重要性的50%~70%。如果存在下列情况，可以考虑较低的百分比确定实际执行的重要性：①首次接受委托的审计项目；②连续审计项目，以前年度审计调整较多；③项目总体风险较高，例如处于高风险行业，管理层能力欠缺，面临较大的市场竞争压力及业绩压力等；④存在或预期存在值得关注的内部控制缺陷。

如果存在以下情况，可考虑较高的百分比，即财务报表整体重要性的75%，来确定实际执行的重要性：①连续审计项目，以前年度审计调整较少；②项目总体风险为低至中等，例如处于非高风险行业，管理层有足够能力，面临较低的市场竞争压力和业绩压力等；③以前期间的审计经验表明，内部控制运行有效。

（三）审计的重要性水平

审计的重要性水平，是指重要性程度在特定环境下可能影响会计报表使用者的判断或者决策，其在数量上的表现。对重要性水平的判断是注册会计师的一种专业判断。不同的注册会计师对同一会计报表的重要性的判断可能存在差异。

1. 初步评估重要性水平考虑的因素

初步评估重要性水平需要考虑以下因素：①以往的审计经验；②有关法规对财务会计的要求；③被审计单位的经营规模及业务性质；④内部控制与审计风险的评估结果。

2. 报表层次的重要性水平

制定总体审计策略时，需要确定财务报表整体的重要性。

（1）财务报表整体的重要性的概念。财务报表整体的重要性是指，如果一项错报单独或者连同其他错报可能影响财务报表使用者依据财务报表做出的经济决策，则该项错报是重大的，这个影响财务报表使用者经济决策的错报临界值，即财务报表整体的重要性。

（2）确定财务报表整体的重要性的方法。确定财务报表整体的重要性需要运用专业判断。通常先选定一个基准，再乘以某一个百分比，作为财务报表整体的重要性。选择基准时，需要考虑以下五个因素：①单位性质、经济环境、所在行业、生命周期；②所有权结构、融资方式；

③报表要素；④特定会计主体报表使用者特别关注的项目；⑤基准的波动性。

（3）计算财务报表整体的重要性的方法。计算财务报表整体的重要性的方法有固定比例法和变动比例法。

（4）会计报表层次的重要性水平的选取。选取会计报表层次的重要性水平时，要选取同一会计期间会计报表重要性水平最低的。会计报表尚未编制完成时，重要性水平以推算、修正到完成编制报表的水平，加以确定。

3. 账户或交易层次的重要性水平

（1）适用情形。根据被审计单位的特定情况，如果存在一个或多个特定类别的交易、账户余额或披露，其发生的错报金额虽然低于财务报表整体的重要性，但合理预期可能影响财务报表使用者依据财务报表做出的经济决策，注册会计师还应当确定适用于这些交易、账户余额或披露的一个或多个重要性水平。

（2）确定账户或交易层次的重要性水平常用的方法。确定账户或交易层次的重要性水平常用的方法主要有分配的方法和不分配的方法。确定各账户或各类交易的重要性水平时，应当考虑的主要因素有：①各账户或各类交易的性质及错报或者漏报的可能性。②各账户或各类交易重要性水平与会计报表层次重要性水平的关系。

（四）审计重要性的运用

第一，计划和执行审计工作时，注册会计师使用整体重要性水平的目的有：①决定风险评估程序的性质、时间和范围；②识别和评估重大错报风险；③确定进一步审计程序的性质、时间和范围。

第二，在审计过程中，可以根据信息，不断更新重要性。注册会计师可能修改财务报表整体的重要性和特定类别交易、账户余额或披露的重要性水平（如果适用）。存在以下情况，可能需要修改财务报表整体的重要性和特定类别交易、账户余额或披露的重要性水平（如果适用）：①审计过程中情况发生重大变化；②获取新信息；③通过实施进一步审计程序，对被审计单位及其经营所了解的情况发生变化。

第三，完成审计工作，审计结论形成时，使用重要性水平和为特定交易类别、账户余额和披露而确定的较低金额的重要性水平，评价已识别的错报对财务报表影响和评价未更正错报对审计报告中审计意见的影响。

二、审计的程序

（一）审计程序的作用

注册会计师面临的主要决策之一，就是通过实施审计程序，获取充分适当的审计证据，以满足对财务报表发表意见的需要。受到成本的约束，注册会计师不可能检查和评价所有可能获取的证据，因此对审计证据充分性、适当性的判断是非常重要的。注册会计师利用审计程序获取审计证据涉及以下四个方面的决策：①选用何种审计程序；②对选定的审计程序，应当选取多大的样本规模；③应当从总体中选取哪些项目；④何时执行这些程序。

审计程序是指注册会计师在审计过程中的某个时间，对将要获取的某类审计证据如何进行收集的详细指令。在设计审计程序时，注册会计师通常使用规范的措辞或术语，以使审计人员能够准确地理解和执行。注册会计师在选定了审计程序后，确定的样本规模可能在所测试的总体范围内随机变化。

（二）审计程序的种类

在审计过程中，注册会计师可根据需要单独或综合运用以下审计程序，以获取充分、适当的审计证据。

1. 检查

检查是指注册会计师对被审计单位内部或外部生成的，以纸质、电子或其他介质形式存在的记录和文件进行审查，或对资产进行实物审查。检查记录或文件可以提供可靠程度不同的审计证据，审计证据的可靠性取决于记录或文件的性质和来源，而在检查内部记录或文件时，其可靠性则取决于生成该记录或文件的内部控制的有效性。

某些文件是表明一项资产存在的直接审计证据，如构成金融工具的股票或债券，但检查此类文件并不一定能提供有关所有权或计价的审计证据。此外，检查已执行的合同可以提供与被审计单位运用会计政策（如收入确认）相关的审计证据。

检查有形资产可为其存在提供可靠的审计证据，但不一定能够为认定权利和义务或计价等提供可靠的审计证据。对个别存货项目进行的检查，可与存货监盘一同实施。

2. 观察

观察是指注册会计师查看相关人员正在从事的活动或实施的程序。例如，注册会计师对被审计单位人员执行的存货盘点或控制活动进行观察。观察可以提供执行有关过程或程序的审计证据，但观察所提供的审计证据仅限于观察发生的时点，而且被观察人员的行为可能因被观察而受到影响，这也会使观察提供的审计证据受到限制。

3. 询问

询问是指注册会计师以书面或口头方式，向被审计单位内部或外部的知情人员获取财务信息和非财务信息，并对答复进行评价的过程。作为其他审计程序的补充，询问广泛应用于整个审计过程中。

知情人员对询问的答复可能为注册会计师提供尚未获悉的信息或佐证证据。另外，对询问的答复也可能提供与注册会计师已获取的其他信息存在重大差异的信息，例如，关于被审计单位管理层凌驾于控制层之上的可能性的信息。在某些情况下，对询问的答复为注册会计师修改审计程序或实施追加的审计程序提供了基础。

尽管对通过询问获取的审计证据予以佐证通常特别重要，但在询问管理层意图时，获取的支持管理层意图的信息可能是有限的。在这种情况下，了解管理层过去所声称意图的实现情况、选择某项特别措施时声称的原因以及实施某项具体措施的能力，可以为佐证通过询问获取的证据提供相关信息。

针对某些事项，注册会计师可能认为有必要向管理层和治理层（如适用）获取书面声明，以证实对口头询问的答复。

4. 函证

函证，是指注册会计师直接从第三方（被询证者）获取书面答复以作为审计证据的过程，书面答复可以采用纸质、电子或其他介质等形式。当针对的是与特定账户余额及其项目相关的认定时，函证常常是相关的程序。但是，函证不必仅仅局限于账户余额。例如，注册会计师可能要求对被审计单位与第三方之间的协议和交易条款进行函证。注册会计师可能在询证函中询问协议是否做过修改，如果做过修改，要求被询证者提供相关的详细信息。此外，函证程序还可以用于获取不存在某些情况的审计证据，如不存在可能影响被审计单位收入确认的“背后协议”。

5. 重新计算与执行

重新计算是指注册会计师对记录或文件中的数据计算的准确性进行核对。重新计算可通过手工方式或电子方式进行。

重新执行是指注册会计师独立执行原本作为被审计单位内部控制组成部分的程序或控制。

6. 分析程序

分析程序，是指注册会计师通过分析不同财务数据之间以及财务数据与非财务数据之间的内在关系，对财务信息做出评价。分析程序还包括在必要时对识别出的、与其他相关信息不一致或与预期值差异重大的波动或关系进行调查。

注册会计师实施分析程序的目的如下：

（1）用作风险评估程序，以了解被审计单位及其环境。注册会计师实施风险评估程序的目的在于了解被审计单位及其环境并评估财务报表层次和认定层次的重大错报风险。在风险评估过程中使用分析程序也服务于这一目的。分析程序可以帮助注册会计师发现财务报表中的异常变化，或者预期发生而未发生的变化，识别存在潜在重大错报风险的领域。

分析程序还可以帮助注册会计师发现财务状况或盈利能力发生变化的信息和征兆，识别那些表明被审计单位持续经营能力问题的事项。

（2）当使用分析程序比细节测试能更有效地将认定层次的检查风险降至可接受的水平时，分析程序可以用作实质性程序。在针对评估的重大错报风险实施进一步审计程序时，注册会计师可以将分析程序作为实质性程序的一种，单独或结合其他细节测试，收集充分、适当的审计证据。此时运用分析程序可以减少细节测试的工作量，节约审计成本，降低审计风险，使审计工作更有效率和效果。

（3）在审计结束或临近结束时对财务报表进行总体复核。在审计结束或临近结束时，注册会计师应当运用分析程序，在已收集的审计证据的基础上，对财务报表整体的合理性进行最终把关，评价报表仍然存在重大错报风险而未被发现的可能性，考虑是否需要追加审计程序，以便为发表审计意见提供合理基础。

分析程序运用的不同目的，决定了分析程序运用的具体方法和特点。值得说明的是，注册会计师在风险评估阶段和审计结束时的总体复核阶段必须运用分析程序，在实施实质性程序阶段可选用分析程序。

第三节 审计的模式与方法

一、审计的模式

从审计发展历程，特别是审计技术发展进程看，国内外的审计模式主要有三种类型：账项基础审计、制度基础审计、风险导向审计。

第一，账项基础审计。账项基础审计，是指审计人员主要围绕被审计单位会计账簿、会计报表编制过程进行的一种审计方法和程序。账项基础审计为财政财务审计提供工作思路，即重要概念、准则来源于账项基础审计。账项基础审计是基础性的审计模式，其他类型的审计模式以此模式为基础。风险导向审计模式没有完全脱离账项基础审计模式的核心技术、方法。

第二，制度基础审计。制度基础审计，又称系统导向审计，是以内部控制制度测试为基础的抽样审计，以了解与测试内部控制作为审计的起点，将被审计单位有关的内部控制制度是否健全、执行是否有效等作为重点审计内容，得出审计结论，并进行审计评价。

第三，风险导向审计。风险是一种不确定性。审计风险是因客观和主观原因导致审计活动过程或者结果的不确定性。风险导向审计，是指以审计风险模型为基础，以风险评估为起点，以战略观和系统观思想指导重大错报风险评估和整个审计流程的审计。其核心思想可以概括为：审计风险主要来源于企业财务报告的重大错报风险，重大错报风险主要来源于整个企业的经营风险和舞弊风险。

风险导向审计的特点包括：①将客户置于一个宏观经济环境中，运用立体观察理论判断影响因素，从企业所处的商业环境、条件到经营方式和管理机制等内外部各方面来分析评估审计风险水平。②将审计风险评价贯穿审计全过程。

二、审计的方法

审计方法是指为完成审计任务、实现审计目标而采用的一系列技术和方式的总称。审计方法包括基本方法和技术方法。基本方法包括确定审计顺序的方法、确定审计数量的方法和确定财务报表项目划分标准的方法三类。审计技术方法主要是指在审计职业领域专门使用的，具体用以查明或证实审计项目真实性、合法性及正确性的各种专门方法。

（一）审计基本方法

第一，确定审计顺序的方法。确定审计顺序的方法包括顺查法与逆查法。顺查法（正查法）是指按照经济活动运行的步骤或时间的先后顺序依次审查会计资料或其他资料的方法。逆查法（倒查法）是指逆着经济活动运行的步骤和时间的先后顺序审查会计资料和其他资料的方法。

第二，确定审计数量的方法。确定审计数量的方法包括详查法与抽查法。详查法（精查法）是指对被审计单位一定时期内全部或某一部分经济活动的有关资料进行全面、细致、彻底的审查的一种方法。抽查法是从被审计单位一定时期内全部或部分经济活动的有关资料中抽取一部分为样本进行审查，据以推断总体资料的正确性、公允性的一种方法。抽查法按照抽取样本的方法不同又分为任意抽样法、判断抽样法、统计抽样法。

第三，确定财务报表项目划分标准的方法。确定财务报表项目划分标准的方法包括报表项目法与业务循环法。报表项目法是按报表项目组织财务报表审计的方法。该方法优点是操作方便。业务循环法是按业务循环组织财务报表审计的方法，评估被审计单位重大错报风险，实施进一步审计程序，发表审计意见。其优点是内部控制与实质测试程序衔接较好。

（二）审计技术方法

1. 审阅法

审阅法是指审计人员对被审计单位的会计资料及其他有关资料进行仔细审查和详细阅

读，以判断这些资料所反映的经济活动是否符合国家法律和被审计单位以及其他方面相关规定的一种审计方法。利用审阅法可审查会计凭证、会计账簿、会计报表及其他资料。

审阅法是几乎所有审计方法的基础方法，没有一定的审阅能力，审计工作几乎是寸步难行。根据审计目标、审计对象不同，审阅内容侧重点不同。需要审计人员把握要点，注重审计能力培养。

2. 查询法

查询法是指通过查实和询问取得必要资料，获得真实可靠的审计证据的方法。查询法包括询问法和函证法。

（1）询问法。询问法是指审计人员在审计过程中，以口头的方式向被审计单位有关人员提出问题，并将他们的口头回答整理成询问笔录的审计方法。利用询问法可对会计凭证、会计账簿、会计报表及其他资料中存在的问题进行询问。

（2）函证法。函证法是指审计人员为查清被审计单位的某项记录正确与否，通过发函到被审计单位或有关人员进行查对，以取得证明材料的一种调查方法。函证法主要包括两种类型：肯定式（积极式）函证、否定式（消极式）函证。

函证时应注意以下几个问题：①将被询证者的名称、地址、账户余额或其他信息与被审计单位有关记录核对；②询证函经被审计单位盖章后，由注册会计师直接发出；③在询证函中指明直接回函给执行审计业务的会计师事务所；④将发函和回函情况记录于审计工作底稿，并汇总统计函证结果；⑤已传真回函的，要求对方寄回原件。

3. 观察法与分析法

（1）观察法。观察法是指审计人员亲临现场对被审计单位的经济管理及业务活动进行实地观察，借以查明被审计事项的事实真相的一种审计方法。

（2）分析法。分析法（分析性程序）是指在审计过程中，对审计事项相关指标进行对比、分析和评价，以便发现其中有无异常，为下一步审计指明方向、提供线索的方法。分析法在审计计划、审计实施、审计报告三个阶段均可运用。分析法的具体方法有简易比较、比率分析、结构百分比分析、趋势分析等方法。①将被审计单位本期数据（报表余额、明细资料、各种财务比率）与前期数据进行比较；②将被审计单位数据与所在行业数据进行比较；③将被审计单位实际数据与其计划或预算进行比较；④将被审计单位实际数据与审计人员预期结果进行比较；⑤将被审计单位实际数据与利用非财务数据得出的预期结果进行比较。

4. 盘存法与核对法

（1）盘存法。盘存法（盘点法或实物清查法），指审计人员通过实地盘点来审查以实物形态存在的有形资产。盘存法按组织方式不同分为直接盘存法和间接盘存法。

（2）核对法。核对法是指在相关资料之间进行相互对照比较，以认定其内容是否一致，记录是否正确的一种审计方法。审阅法与核对法同时结合运用，效果更佳。审计在某种程度上就是核对，即将有关事实与国家法律法规及其他审计标准进行深入、切合实际的核对。利用核对法可对财务信息进行证证、账证、账账、账实、账表、表表核对。

5. 鉴定法与调节法

（1）鉴定法。鉴定法是指通过物理、化学、技术鉴别等手段来确定实物资产的性能、质量和书面资料真伪的一种方法。

（2）调节法。调节法是指为验证某一项目数据的正确性，使两个独立和各自分离的相关数据，通过调整而趋于一致的审计方法。调节法用到的公式如下：

被查日存量=盘点日存量+被查日至盘点日发出量-被查日至盘点日收入

量调节法的应用范围：①证实财产物资账实是否相符；②证实相关数据能否趋于一致。

第四节 审计的相关文件

一、书面声明

作为审计证据的重要来源，书面声明，是指管理层向注册会计师提供的书面陈述，用以确认某些事项或支持其他审计证据。

（一）针对管理层责任的书面声明

针对财务报表的编制，注册会计师应当要求管理层提供书面声明，确认其根据审计业务约定条款，履行了按照适用的财务报告编制基础编制财务报表并使其实现公允反映（如适用）的责任。

针对提供的信息和交易的完整性，注册会计师应当要求管理层就下列事项提供书面声明：

第一，按照审计业务约定条款，已向注册会计师提供所有相关信息，并允许注册会计师不受限制地接触所有相关信息以及被审计单位内部人员和其他相关人员。

第二，所有交易均已记录并反映在财务报表中。如果未从管理层获取其确认已履行责任的书面声明，注册会计师在审计过程中获取的有关管理层已履行这些责任的其他审计证据是不充分的。这是因为，仅凭其他审计证据不能判断管理层是否在认可并理解其责任的基础上，编制和列报财务报表并向注册会计师提供了相关信息。例如，如果未向管理层询问其是否提供了审计业务约定条款中要求提供的所有相关信息，也没有获得管理层的确认，注册会计师就不能认为管理层已提供了这些信息。

（二）其他书面声明

1. 关于财务报表的额外书面声明

除了针对财务报表的编制，注册会计师应当要求管理层提供基本书面声明，以确认其履行了责任外，注册会计师可能认为有必要获取有关财务报表的其他书面声明。其他书面声明可能是对基本书面声明的补充，但不构成其组成部分。其他书面声明，可能包括针对下列事项做出的声明：

（1）会计政策的选择和运用是否适当。

（2）是否按照适用的财务报告编制基础对下列事项（如相关）进行了确认、计量、列报或披露：①可能影响资产和负债账面价值或分类的计划或意图；②负债（包括实际负债和或有负债）；③资产的所有权或控制权，资产的留置权或其他物权，用于担保的抵押资产；④可能影响财务报表的法律法规及合同（包括违反法律法规及合同的行为）。

2. 与向注册会计师提供信息有关的额外书面声明

除了针对管理层提供的信息和交易的完整性的书面声明外，注册会计师可能认为有必要要求管理层提供书面声明，确认其已将注意到的所有内部控制缺陷向注册会计师通报。

（三）关于特定认定的书面声明

在获取有关管理层的判断和意图的证据时，或在对判断和意图进行评价时，注册会计师可能考虑下列一项或多项事项：①被审计单位以前对声明的意图的实际实施情况；②被审计单位选取特定措施的理由；③被审计单位实施特定措施的能力；④是否存在审计过程中已获取的、可能与管理层的判断或意图不一致的任何其他信息。

注册会计师可能认为有必要要求管理层提供有关财务报表特定认定的书面声明，尤其是支持注册会计师针对管理层的判断或意图或者完整性认定，从其他审计证据中获取的了解。尽管这些书面声明能够提供必要的审计证据，但其本身并不能为财务报表特定认定提供充分、适当的审计证据。

（四）书面声明的日期和涵盖的期间

书面声明的日期应当尽量接近对财务报表出具审计报告的日期，但不得在审计报告日后。书面声明应当涵盖审计报告针对的所有财务报表和期间。

由于书面声明是必要的审计证据，在管理层签署书面声明前，注册会计师不能发表审计意见，也不能签署审计报告。而且，由于注册会计师关注截至审计报告日发生的、可能需要在财务报表中做出相应调整或披露的事项，书面声明的日期应当尽量接近对财务报表出具审计报告的日期，但不得在其之后。

二、审计证据

审计证据是指注册会计师为了得出审计结论、形成审计意见而使用的所有信息。“审计证据是审计质量的基石，是恰当的审计评价和明确问题定性的重要依据。”① 审计证据包括构成财务报表基础的会计记录所含有的信息和其他信息。证据是一个适用性较广的概念，不仅注册会计师执行审计工作需要证据，科学家和律师也需要证据。在科学实验中，科学家获取证据，以得出关于某项理论的结论；在法律案件中，法官需要根据严密确凿的证据，以提出审判结论；同样，注册会计师也必须在每项审计工作中获取充分、适当的审计证据，以满足发表审计意见的要求。

（一）会计记录中含有的信息

依据会计记录编制财务报表是被审计单位管理层的责任，注册会计师应当测试会计记录以获取审计证据。会计记录主要包括原始凭证、记账凭证、总分类账和明细分类账，未在记账凭证中反映的对财务报表的其他调整，以及支持成本分配、计算、调节和披露的手工计算表和电子数据表。上述会计记录是编制财务报表的基础，构成注册会计师执行财务报表审计业务所需获取的审计证据的重要部分。这些会计记录通常是电子数据，因而要求注册会计师对内部控制予以充分关注，以获取这些记录的真实性、准确性和完整性。进一步说，电子形式的会计记录可能只在特定时间获取，如果不存在备份文件，特定期间之后有可能无法再获取这些记录。

会计记录取决于相关交易的性质，它既包括被审计单位内部生成的手工或电子形式的凭证，也包括从与被审计单位进行交易的其他企业收到的凭证。除此之外，会计记录还可能包括：①销售发运单和发票、顾客对账单以及顾客的汇款通知单；②附有验货单的订购单、购货发票和对账单；③考勤卡和其他工时记录、工薪单、个别支付记录和人事档案；④支票存根、电子转移支付记录（EFTS）、银行存款单和银行对账单；⑤合同记录；⑥记账凭证；⑦分类账账户调节表。将这些会计记录作为审计证据时，其来源和被审计单位内部控制的相关强度（对内部生成的证据而言）都会影响注册会计师对这些原始凭证的信赖程度。

---

① 陈清明. 关于审计证据与问题定性的法律思考［J］. 中国内部审计，2023，(03)：87.

（二）其他信息

会计记录中含有的信息本身并不足以提供充分的审计证据作为注册会计师对财务报表发表审计意见的基础，注册会计师还应当获取用作审计证据的其他信息。可用作审计证据的其他信息包括注册会计师从被审计单位内部或外部获取的会计记录以外的信息，如被审计单位会议记录、内部控制手册、询证函的回函、分析师的报告、与竞争者的比较数据等；通过询问、观察和检查等审计程序获取的信息，如通过检查存货获取的证据等；以及自身编制或获取的可以通过合理推断得出结论的信息，如注册会计师编制的各种计算表、分析表等。

财务报表依据的会计记录中包含的信息和其他信息共同构成了审计证据，两者缺一不可。如果没有前者，审计工作将无法进行；如果没有后者，可能无法识别重大错报风险。只有将两者结合在一起，才能将审计风险降至可接受的低水平，为注册会计师发表审计意见提供合理基础。

必要审计证据的性质与范围取决于注册会计师对何种证据与实现审计目标相关做出的职业判断。这种判断受到重要性评估水平、与特定认定相关的审计风险、总体规模以及影响账户余额的各类经常性或非经常性交易的影响。

注册会计师要获取不同来源和不同性质的审计证据，不过，审计证据很少是绝对的，从性质上来看，反而是说服性的，并能佐证会计记录中所记录信息的合理性。因此，在确定报表公允表达时，注册会计师最终评价的正是这种累计的审计证据。注册会计师将不同来源和不同性质的审计证据综合起来考虑，这样能够反映出结果的一致性，从而佐证会计记录中记录的信息。如果审计证据不一致，而且这种不一致可能是重大的，注册会计师应当扩大审计程序的范围，直到不一致得到解决，并针对账户余额或各类交易获得必要保证。

（三）审计证据的充分性与适当性

注册会计师应当保持职业怀疑态度，运用职业判断，评价审计证据的充分性和适当性。

1. 审计证据的充分性

审计证据的充分性是对审计证据数量的衡量，主要与注册会计师确定的样本量有关。例如，对某个审计项目实施某一选定的审计程序，从 200 个样本项目中获得的证据要比从 100 个样本项目中获得的证据更充分。获取的审计证据应当充分，足以将与每个重要认定相关的审计风险限制在可接受的水平。

注册会计师需要获取的审计证据的数量受其对重大错报风险评估的影响（评估的重大

错报风险越高，需要的审计证据可能越多），并受审计证据质量的影响（审计证据质量越高，需要的审计证据可能越少）。然而，注册会计师仅靠获取更多的审计证据可能无法弥补其质量上的缺陷。

2. 审计证据的适当性

审计证据的适当性，是对审计证据质量的衡量，即审计证据在支持审计意见所依据的结论方面具有的相关性和可靠性。相关性和可靠性是审计证据适当性的核心内容，只有相关且可靠的审计证据才是高质量的。

（1）审计证据的相关性。相关性，是指用作审计证据的信息与审计程序的目的和所考虑的相关认定之间的逻辑联系。用作审计证据的信息的相关性可能受测试方向的影响。

特定的审计程序可能只为某些认定提供相关的审计证据，而与其他认定无关。例如，检查期后应收账款收回的记录和文件可以提供有关存在和计价的审计证据，但未必提供与截止测试相关的审计证据。类似地，有关某一特定认定（如存货的存在认定）的审计证据，不能替代与其他认定（如该存货的计价认定）相关的审计证据。但另一方面，不同来源或不同性质的审计证据可能与同一认定相关。

控制测试旨在评价内部控制在防止或发现并纠正认定层次重大错报方面的运行有效性。设计控制测试以获取相关审计证据，包括识别一些显示控制运行的情况（特征或属性），以及显示控制未恰当运行的偏差情况。然后，注册会计师可以测试这些情况是否存在。

实质性程序旨在发现认定层次重大错报，包括细节测试和实质性分析程序。设计实质性程序包括识别与测试目的相关的情况，这些情况构成相关认定的错报。

（2）审计证据的可靠性。审计证据的可靠性是指证据的可信程度。例如，注册会计师亲自检查存货所获得的证据，就比被审计单位管理层提供给注册会计师的存货数据更可靠。

审计证据的可靠性受其来源和性质的影响，并取决于获取审计证据的具体环境。注册会计师在判断审计证据的可靠性时，通常会考虑下列原则：

第一，从外部独立来源获取的审计证据比从其他来源获取的审计证据更可靠。从外部独立来源获取的审计证据未经被审计单位有关职员之手，从而减少了伪造、更改凭证或业务记录的可能性，因而其证明力最强。此类证据如银行询证函回函、应收账款询证函回函、保险公司等机构出具的证明等。相反，从其他来源获取的审计证据，由于证据提供者与被审计单位存在经济或行政关系等原因，其可靠性应受到质疑。此类证据，如被审计单位内部的会计记录、会议记录等。

第二，内部控制有效时内部生成的审计证据比内部控制薄弱时内部生成的审计证据更可靠。如果被审计单位有着健全的内部控制且在日常管理中得到一贯的执行，会计记录的可信赖程度将会增加。如果被审计单位的内部控制薄弱，甚至不存在任何内部控制，被审计单位内部凭证记录的可靠性就大为降低。例如，如果与销售业务相关的内部控制有效，注册会计师就能从销售发票和发货单中取得比内部控制不健全时更加可靠的审计证据。

第三，直接获取的审计证据比间接获取或推论得出的审计证据更可靠。

第四，以文件、记录形式（无论是纸质、电子还是其他介质）存在的审计证据比口头形式的审计证据更可靠。在一般情况下，口头证据往往需要得到其他相应证据的支持。

第五，注册会计师可审查原件是否有被涂改或伪造的迹象，排除伪证，提高证据的可信赖程度。而传真件或复印件容易是篡改或伪造的结果，可靠性较低。

注册会计师在按照上述原则评价审计证据的可靠性时，还应当注意可能出现的重要例外情况。例如，审计证据虽然是从独立的外部来源获得，但如果该证据是由不知情者或不具备资格者提供，审计证据也可能是不可靠的。同样，如果注册会计师不具备评价证据的专业能力，那么即使是直接获取的证据，也可能不可靠。

（3）充分性和适当性之间的关系。充分性和适当性是审计证据的两个重要特征，两者缺一不可，只有充分且适当的审计证据才是有证明力的。

注册会计师需要获取的审计证据的数量也受审计证据质量的影响。审计证据质量越高，需要的审计证据数量可能越少。也就是说，审计证据的适当性会影响审计证据的充分性。例如，被审计单位内部控制健全时生成的审计证据更可靠，注册会计师只需获取适量的审计证据，就可以为发表审计意见提供合理的基础。

需要注意的是，尽管审计证据的充分性和适当性相关，但如果审计证据的质量存在缺陷，那么注册会计师仅靠获取更多的审计证据可能无法弥补其质量上的缺陷。例如，注册会计师应当获取与销售收入完整性相关的证据，实际获取到的却是有关销售收入真实性的证据，审计证据与完整性目标不相关，即使获取的证据再多，也证明不了收入的完整性。同样的，如果注册会计师获取的证据不可靠，那么证据数量再多，也难以起到证明作用。

（四）审计证据的类型划分

审计实务中，审计证据的种类繁多，其外在形式、取得方式、取得途径、证明力的强弱等方面均有不同。对审计证据进行合理、科学的分类，有利于有效地搜集、恰当地使用和评价审计证据。

1. 根据审计证据的外在具体形态划分

审计证据根据审计证据的外在具体形态，可以将其划分为实物证据、书面证据、口头证据、环境证据。

（1）实物证据。实物证据是指通过实际观察或有形资产检查所取得的、用以确定某些实物资产是否确实存在的证据。例如，库存现金的数额可以通过有形资产检查加以验证，各种存货和固定资产可以通过有形资产检查的方式证明其是否确实存在。实物证据通常是证明实物资产是否存在的非常有说服力的证据，但实物资产的存在并不能完全证实被审计单位对其拥有所有权。

（2）书面证据。书面证据是注册会计师所获取的各种以书面文件为形式的一类证据。它包括与审计有关的各种原始凭证、会计记录（记账凭证、会计账簿和明细表）、会议记录和文件、合同、通知书等。在审计过程中，注册会计师往往要大量地获取和利用书面证据，因此书面证据是审计证据的主要组成部分，也可称为基本证据。

（3）口头证据。口头证据是被审计单位职员或其他有关人员对注册会计师的提问进行口头答复所形成的一类证据。通常在审计过程中，注册会计师会向被审计单位的有关人员询问会计记录、文件的存放地点，采用特别会计政策和方法的理由等。对于这些问题的口头答复，就构成了口头证据。一般而言，口头证据本身并不足以证明事情的真相，但注册会计师往往可以通过口头证据发掘出一些重要的线索，从而有利于对某些需审核的情况做进一步的调查，以搜集到更为可靠的证据。

（4）环境证据。环境证据是指对被审计单位产生影响的各种环境事实。具体而言，它包括以下几种：

第一，有关行业和宏观经济的运行情况。宏观经济的运行和有关政策的变动直接关系到企业的生存和发展，获取相关的证据将有助于注册会计师对被审计单位的财务报表重大错报风险的评估，有利于开展进一步的审计工作。

第二，有关内部控制情况。如果被审计单位有着良好的内部控制，就可增强其会计资料的可信赖程度。内部控制越健全、越严密，所需的其他各类审计证据就越少，否则，注册会计师就必须获取较大数量的其他审计证据。

第三，被审计单位管理人员的素质。被审计单位管理人员的素质越高，其所提供的证据发生差错的可能性就越小。例如，当被审计单位管理人员的素质较高时，其会计记录就不容易发生错误。因此，会计人员的素质对会计资料的可靠性会产生影响。

2. 按证据支持审计结论程度分类

根据获取的证据对审计结论的支持程度，可以将审计证据分为直接证据和间接证据。

（1）直接证据。直接证据是指与被证实项目及具体审计项目直接有关的证据。例如，通过函证的方式验证应收账款余额是否正确，所获取的证据可以直接说明报表项目中应收账款余额是否正确，该证据属于直接证据。

（2）间接证据。间接证据是指与被证实项目及具体审计项目无直接关系的证据。例如，上述环境证据就是间接证据，无法直接说明某一报表项目是否正确。

三、审计工作底稿

审计工作底稿，是指注册会计师对制定的审计计划、实施的审计程序、获取的相关审计证据以及得出的审计结论做出的记录。审计工作底稿是审计证据的载体，是注册会计师在审计过程中形成的审计工作记录和获取的资料。它形成于审计过程，也反映整个审计过程。

（一）审计工作底稿的性质

1. 审计工作底稿的存在形式

审计工作底稿可以以纸质、电子或其他介质形式存在。随着信息技术的广泛运用，审计工作底稿的形式从传统的纸质形式扩展到电子或其他介质形式。但无论审计工作底稿以哪种形式存在，会计师事务所都应当针对审计工作底稿设计和实施适当的控制，以实现下列目的：①使审计工作底稿清晰地显示其生成、修改及复核的时间和人员；②在审计业务的所有阶段，尤其是在项目组成员共享信息或通过互联网将信息传递给其他人员时，保护信息的完整性和安全性；③防止未经授权改动审计工作底稿；④允许项目组和其他经授权的人员为适当履行职责而接触审计工作底稿。

为便于会计师事务所内部进行质量控制和外部执业质量检查或调查，以电子或其他介质形式存在的审计工作底稿，应与其他纸质形式的审计工作底稿一并归档，并应能通过打印等方式，转换成纸质形式的审计工作底稿。

2. 审计工作底稿通常包括的内容

审计工作底稿通常包括总体审计策略、具体审计计划、分析表、问题备忘录、重大事项概要、询证函回函和声明、核对表、有关重大事项的往来函件（包括电子邮件），注册会计师还可以将被审计单位文件记录的摘要或复印件（如重大的或特定的合同和协议）作为审计工作底稿的一部分。

此外，审计工作底稿通常还包括业务约定书、管理建议书、项目组内部或项目组与被审计单位举行的会议记录、与其他人士（如其他注册会计师、律师、专家等）的沟通文件及错报汇总表等。但是，审计工作底稿并不能代替被审计单位的会计记录。

（二）审计工作底稿的格式、要素和范围的影响因素

在确定审计工作底稿的格式、要素和范围时，注册会计师应当考虑下列因素：

第一，被审计单位的规模和复杂程度。通常来说，对大型被审计单位进行审计形成的

审计工作底稿，通常比对小型被审计单位进行审计形成的审计工作底稿要多；对业务复杂的被审计单位进行审计形成的审计工作底稿，通常比对业务简单的被审计单位进行审计形成的审计工作底稿要多。

第二，拟实施审计程序的性质。通常，不同的审计程序会使得注册会计师获取不同性质的审计证据，因此，注册会计师可能会编制不同的审计工作底稿。

第三，识别出的重大错报风险。识别和评估的重大错报风险水平的不同可能导致注册会计师实施的审计程序和获取的审计证据不尽相同。

第四，已获取的审计证据的重要程度。注册会计师通过执行多项审计程序，可能会获取不同的审计证据，有些审计证据的相关性和可靠性较高，有些质量则较差，注册会计师可能区分不同的审计证据进行有选择性的记录，因此，审计证据的重要程度也会影响审计工作底稿的格式、内容和范围。

第五，识别出的例外事项的性质和范围。有时注册会计师在执行审计程序时会发现例外事项，因此，可能导致审计工作底稿在格式、内容和范围方面的不同。

第六，当从已执行审计工作或获取审计证据的记录中不易确定结论或结论的基础时，有记录结论或结论基础的必要性在某些情况下，特别是在涉及复杂的事项时，注册会计师仅将已执行的审计工作或获取的审计证据记录下来，并不容易使其他有经验的注册会计师通过合理的分析，得出审计结论或结论的基础。此时注册会计师应当考虑是否需要进一步说明并记录得出结论的基础（即得出结论的过程）及该事项的结论。

第七，审计方法和使用的工具。审计方法和使用的工具可能影响审计工作底稿的格式、内容和范围。

（三）审计工作底稿的编制目的

第一，审计工作底稿在计划和执行审计工作中发挥着关键作用。它提供了审计工作实际执行情况的记录，是形成审计报告的基础。审计工作底稿也可用于质量控制复核、监督会计师事务所对审计准则的遵循情况以及第三方的检查等。在会计师事务所因执业质量而涉及诉讼或有关监管机构进行执业质量检查时，审计工作底稿能够提供证据，证明会计师事务所是否按照相关现行规定执行了审计工作。

第二，注册会计师及时编制审计工作底稿的目的。①提供充分、适当的记录，作为出具审计报告的基础；②提供证据，证明注册会计师已按照审计准则和相关法律法规的规定计划和执行了审计工作；③有助于项目组计划和执行审计工作；④有助于负责督导的项目组成员按照相关现行规定，履行指导、监督与复核审计工作的责任；⑤便于项目组说明其执行审计工作的情况；⑥保留对未来审计工作持续产生重大影响的事项的记录；⑦便于会计师事务所按照相关现行规定，实施质量控制复核与检查；⑧便于监管机构和注册会计师协会根据相关法律法规或其他相关要求，对会计师事务所实施执业质量检查。

（四）审计工作底稿的归档

1. 审计工作底稿归档工作的性质

在出具审计报告前，注册会计师应完成所有必要的审计程序，取得充分、适当的审计证据并得出适当的审计结论。由此，在审计报告日后将审计工作底稿归整为最终审计档案是一项事务性的工作，不涉及实施新的审计程序或得出新的结论。

如果在归档期间对审计工作底稿做出的变动属于事务性的，注册会计师可以做出变动，主要包括：①删除或废弃被取代的审计工作底稿；②对审计工作底稿进行分类、整理和交叉索引；③对审计档案归整工作的完成核对表签字认可；④记录在审计报告日前获取的、与项目组相关成员进行讨论并达成一致意见的审计证据。

2. 审计档案的结构

对每项具体审计业务，注册会计师应当将审计工作底稿归整为审计档案。

（1）典型的审计档案结构。

第一，沟通和报告相关工作底稿。①审计报告和经审计的财务报表；②与主审注册会计师的沟通和报告；③与治理层的沟通和报告；④与管理层的沟通和报告；⑤管理建议书。

第二，审计完成阶段工作底稿。①审计工作完成情况核对表；②管理层声明书原件；③重大事项概要；④错报汇总表；⑤被审计单位财务报表和试算平衡表；⑥有关列报的工作底稿（如现金流量表、关联方和关联交易的披露等）；⑦财务报表所属期间的董事会会议纪要；⑧总结会会议纪要。

第三，审计计划阶段工作底稿。①总体审计策略和具体审计计划；②对内部审计职能的评价；③对外部专家的评价；④对服务机构的评价。

（2）被审计单位提交资料清单。

第一，特定项目审计程序表。①舞弊；②持续经营；③对法律法规的考虑；④关联方。

第二，进一步审计程序工作底稿。①有关控制测试工作底稿；②有关实质性程序工作底稿（包括实质性分析程序和细节测试）。

3. 审计工作底稿归档的期限

如果注册会计师未能完成审计业务，审计工作底稿的归档期限为审计业务中止后的60天内。

如果针对客户的同一财务信息执行不同的委托业务，出具两个或多个不同的报告，会计师事务所应当将其视为不同的业务，根据会计师事务所内部制定的政策和程序，在规定的归档期限内分别将审计工作底稿归整为最终审计档案。

4. 审计工作底稿归档后的变动

在完成最终审计档案的归整工作后，注册会计师不应在规定的保存期限届满前删除或废弃任何性质的审计工作底稿。

（1）需要变动审计工作底稿的情形。注册会计师发现有必要修改现有审计工作底稿或增加新的审计工作底稿的情形主要有以下两种：

第一，注册会计师已实施了必要的审计程序，取得了充分、适当的审计证据并得出了恰当的审计结论，但审计工作底稿的记录不够充分。

第二，审计报告日后，发现例外情况要求注册会计师实施新的或追加审计程序，或导致注册会计师得出新的结论。例外情况主要是指审计报告日后发现与已审计财务信息相关，且在审计报告日已经存在的事实，该事实如果被注册会计师在审计报告日前获知，可能影响审计报告。

（2）变动审计工作底稿时的记录要求。在完成最终审计档案的归整工作后，如果发现有必要修改现有审计工作底稿或增加新的审计工作底稿，无论修改或增加的性质如何，注册会计师均应当记录下列事项：①修改或增加审计工作底稿的理由；②修改或增加审计工作底稿的时间和人员，以及复核的时间和人员。

四、审计报告

审计报告，是指注册会计师根据审计准则的规定，在执行审计工作的基础上，对财务报表发表审计意见的书面文件。审计报告是注册会计师在完成审计工作后向委托人提交的最终产品。

（一）审计意见的形成

为了形成审计意见，针对财务报表整体是否不存在由于舞弊或错误导致的重大错报，注册会计师应当得出结论，确定是否已针对此获取合理保证。在得出结论时，注册会计师应当考虑问题如下：

第一，按照相关现行的规定，是否已获取充分、适当的审计证据。在得出总体结论之前，注册会计师应当根据实施的审计程序和获取的审计证据，评价对认定层次重大错报风险的评估是否仍然适当。在形成审计意见时，注册会计师应当考虑所有相关的审计证据，无论该证据与财务报表认定相互印证还是相互矛盾。

如果对重大的财务报表认定没有获取充分、适当的审计证据，注册会计师应当尽可能获取进一步的审计证据。

第二，按照相关现行规定，未更正错报单独或汇总起来是否构成重大错报在确定时，注册会计师应当考虑以下两点：①相对特定类别的交易、账户余额或披露以及财务报表整体而言，错报的金额和性质以及错报发生的特定环境；②与以前期间相关的未更正错报对相关类别的交易、账户余额或披露以及财务报表整体的影响。

第三，评价财务报表是否在所有重大方面按照适用的财务报告编制基础编制注册会计师应当依据适用的财务报告编制基础特别评价下列内容：①财务报表是否充分披露了选择和运用的重要会计政策。②选择和运用的会计政策是否符合适用的财务报告编制基础，并适合被审计单位的具体情况。会计政策是被审计单位在会计确认、计量和报告中采用的原则、基础和会计处理方法。在考虑被审计单位选用的会计政策是否适当时，注册会计师还应当关注重要的事项。

重要事项包括重要项目的会计政策和行业惯例、重大和异常交易的会计处理方法、在新领域和缺乏权威性标准或共识的领域采用重要会计政策产生的影响、会计政策的变更等。

第三，管理层做出的会计估计是否合理。会计估计通常是指，被审计单位以最近可利用的信息为基础对结果不确定的交易或事项所做的判断。由于会计估计的主观性、复杂性和不确定性，管理层做出的会计估计发生重大错报的可能性较大。因此，注册会计师应当判断管理层做出的会计估计是否合理，确定会计估计的重大错报风险是不是特别风险，是否采取了有效的措施予以应对。

第四，财务报表列报的信息是否具有相关性、可靠性、可比性和可理解性。财务报表反映的信息应当符合信息质量特征，具有相关性、可靠性、可比性和可理解性。注册会计师应当根据适用的财务报告编制基础的规定，考虑财务报表反映的信息是否符合信息质量特征。

第五，财务报表是否做出充分披露，使财务报表预期使用者能够理解重大交易和事项对财务报表所传递的信息的影响。按照通用目的编制基础编制的财务报表通常反映被审计单位的财务状况、经营成果和现金流量。对于通用目的财务报表，注册会计师需要评价财务报表是否做出充分披露，以使财务报表预期使用者能够理解重大交易和事项对被审计单位财务状况、经营成果和现金流量的影响。

第六，财务报表使用的术语（包括每一财务报表的标题）是否适当。在评价财务报表是否在所有重大方面按照适用的财务报告编制基础编制时，注册会计师还应当考虑被审计单位会计实务的质量，包括表明管理层的判断可能出现偏向的迹象。

管理层需要对财务报表中的金额和披露做出大量判断。在考虑被审计单位会计实务的质量时，注册会计师可能注意到管理层判断中可能存在的偏向。注册会计师可能认为，缺乏中立性产生的累积影响，连同未更正错报的影响，导致财务报表整体存在重大错报。管理层缺乏中立性，可能影响注册会计师对财务报表整体是否存在重大错报的评价。

第七，评价财务报表是否实现公允反映。在评价财务报表是否实现公允反映时，注册会计师应当考虑下列内容：①财务报表的整体列报、结构和内容是否合理；②财务报表（包括相关附注）是否公允地反映了相关交易和事项。

第八，评价财务报表是否恰当提及或说明适用的财务报告编制基础。管理层和治理层（如适用）编制的财务报表需要恰当说明适用的财务报告编制基础。由于这种说明向财务报表使用者告知编制财务报表所依据的编制基础，因此非常重要。但只有财务报表符合适用的财务报告编制基础（在财务报表所涵盖的期间内有效）的所有要求，声明财务报表按照该编制基础编制才是恰当的。在对适用的财务报告编制基础的说明中使用不严密的修饰语或限定性的语言（如“财务报表实质上符合国际财务报告准则的要求”）是不恰当的，因为这可能误导财务报表使用者。

（二）审计报告的特征

第一，注册会计师应当按照审计准则的规定执行审计工作。

第二，注册会计师在实施审计工作的基础上才能出具审计报告。

第三，注册会计师通过对财务报表发表意见，履行业务约定书约定的责任。

第四，注册会计师应当以书面形式出具审计报告。注册会计师应当根据由审计证据得出的结论，清楚表达对财务报表的意见。无论是出具标准审计报告，还是非标准审计报告，注册会计师一旦在审计报告上签名并盖章，就表明对其出具的审计报告负责。

审计报告是注册会计师对财务报表是否在所有重大方面按照财务报告编制基础编制并实现公允反映发表审计意见的书面文件，因此，注册会计师应当将已审计的财务报表附于审计报告之后，以便于财务报表使用者正确理解和使用审计报告，并防止被审计单位替换、更改已审计的财务报表。

（三）审计报告的作用

注册会计师签发的审计报告，主要具有鉴证、保护和证明三方面的作用。

1. 鉴证作用

注册会计师签发的审计报告，不同于政府审计和内部审计的审计报告，是以第三者身份，对被审计单位财务报表合法性、公允性发表意见。这种意见，具有鉴证作用，得到了政府及其各部门和社会各界的普遍认可。政府有关部门，如财政部门、税务部门等了解、掌握企业的财务状况和经营成果的主要依据是企业提供的财务报表。财务报表是否合法、公允，主要依据注册会计师的审计报告做出判断。股份制企业的股东，主要依据注册会计师的审计报告来判断被投资企业的财务报表是否公允地反映了财务状况和经营成果，以进行投资决策等。

2. 保护作用

注册会计师通过审计可以对被审计单位财务报表出具不同类型审计意见的审计报告，以提高或降低财务报表使用者对财务报表的信赖程度，能够在一定程度上对被审计单位的财产、债权人和股东的权益及企业利害关系人的利益起到保护作用。如投资者为了减少投资风险，在进行投资之前，需要查阅被投资企业的财务报表和注册会计师的审计报告，了解被投资企业的经营情况和财务状况。投资者根据注册会计师的审计报告做出投资决策，可以降低其投资风险。

3. 证明作用

审计报告是对注册会计师审计任务完成情况及其结果所做的总结，它可以表明审计工作的质量并明确注册会计师的审计责任。因此，审计报告可以对审计工作质量和注册会计师的审计责任起证明作用。通过审计报告，可以证明注册会计师在审计过程中是否实施了必要的审计程序，是否以审计工作底稿为依据发表审计意见，发表的审计意见是否与被审计单位的实际情况相一致，审计工作的质量是否符合要求。通过审计报告，可以证明注册会计师对审计责任的履行情况。

（四）审计报告的类型

审计报告分为标准审计报告和非标准审计报告。

第一，标准审计报告。标准审计报告是指不含有说明段、强调事项段、其他事项段或其他任何修饰性用语的无保留意见的审计报告。其中，无保留意见，是指当注册会计师认为财务报表在所有重大方面按照适用的财务报告编制基础编制并实现公允反映时发表的审计意见。包含其他报告责任段，但不含有强调事项段或其他事项段的无保留意见的审计报告也被视为标准审计报告。

第二，非标准审计报告。非标准审计报告是指带强调事项段或其他事项段的无保留意见的审计报告和非无保留意见的审计报告。非无保留意见的审计报告包括保留意见的审计报告、否定意见的审计报告和无法表示意见的审计报告。

（五）审计报告的内容

第一，标题。审计报告应当具有标题，统一规范为“审计报告”。

第二，收件人。审计报告的收件人，是指注册会计师按照业务约定书的要求致送审计报告的对象，一般是指审计业务的委托人。审计报告应当按照审计业务的约定载明收件人的全称。

注册会计师应当与委托人在业务约定书中约定致送审计报告的对象，以防止在此问题上发生分歧或审计报告被委托人滥用。针对整套通用目的财务报表出具的审计报告，审计报告的致送对象通常为被审计单位的股东或治理层。

第三，引言段。审计报告的引言段应当包括下列几个方面：①指出被审计单位的名称；②说明财务报表已经审计；③指出构成整套财务报表的每一财务报表的名称；④提及财务报表附注（包括重要会计政策概要和其他解释性信息）；⑤指明构成整套财务报表的每一财务报表的日期或涵盖的期间。

第四，管理层对财务报表的责任段。审计报告应当包含标题为“管理层对财务报表的责任”的段落，用以描述被审计单位中负责编制财务报表的人员的责任。管理层对财务报表的责任段应当说明，编制财务报表是管理层的责任，这种责任包括以下两项：①按照适用的财务报告编制基础编制财务报表，并使其实现公允反映；②设计、执行和维护必要的内部控制，以使财务报表不存在由于舞弊或错误导致的重大错报。

第五，注册会计师的责任段。审计报告应当包含标题为“注册会计师的责任”的段落。注册会计师的责任段应当说明的内容。①注册会计师的责任是在执行审计工作的基础上对财务报表发表审计意见。②注册会计师按照中国注册会计师审计准则的规定执行了审计工作。中国注册会计师审计准则要求注册会计师遵守中国注册会计师职业道德守则，计划和执行审计工作，对财务报表是否存在重大错报获取合理保证。③审计工作涉及实施审计程序，以获取有关财务报表金额和披露的审计证据。审计工作还包括评价管理层选用会计政策的恰当性和做出会计估计的合理性，以及评价财务报表的总体列报。④注册会计师相信获取的审计证据是充分、适当的，为其发表审计意见提供了基础。

第六，审计意见段。①审计报告应当包含标题为“审计意见”的段落。②适用的财务报告编制基础。在审计意见段中指出适用的财务报告编制基础，旨在告知审计报告使用者注册会计师发表审计意见的背景。③其他报告责任。审计准则规定的注册会计师对财务报表出具审计报告的责任外，相关法律法规可能对注册会计师设定了其他报告责任。这些责任是注册会计师按照审计准则对财务报表出具审计报告的责任的补充。

第七，注册会计师的签名和盖章。审计报告应当由注册会计师签名和盖章。注册会计师在审计报告上签名和盖章，有利于明确法律责任。①会计师事务所应当建立健全全面质量控制政策与程序以及各审计项目的质量控制程序，严格按照有关规定和本通知的要求在审计报告上签名盖章。②审计报告应当由两名具备相关业务资格的注册会计师签名盖章并经会计师事务所盖章方为有效。合伙会计师事务所出具的审计报告，应当由一名对审计项目负最终复核责任的合伙人和一名负责该项目的注册会计师签盖章。有限责任会计师事务所出具的审计报告，应当由会计师事务所主任会计师或其授权的副主任会计师和一名负责该项目的注册会计师签名盖章。

第八，会计师事务所的名称、地址和盖章。审计报告应当载明会计师事务所的名称和地址，并加盖会计师事务所公章。注册会计师承办业务，由其所在的会计师事务所统一受理并与委托人签订委托合同。因此，审计报告除了应由注册会计师签名和盖章外，还应载明会计师事务所的名称和地址，并加盖会计师事务所公章。注册会计师在审计报告中载明会计师事务所地址时，标明会计师事务所所在的城市即可。在实务中，审计报告通常载于会计师事务所统一印刷的、标有该所详细通信地址的信笺上，因此，无须在审计报告中注明详细地址。

第九，报告日期。审计报告应当注明报告日期。审计报告日不应早于注册会计师获取充分、适当的审计证据（包括管理层认可对财务报表的责任且已批准财务报表的证据），并在此基础上对财务报表形成审计意见的日期。在确定审计报告日时，注册会计师应当确信已获取下列两方面的审计证据：①构成整套财务报表的所有报表（包括相关附注）已编制完成；②被审计单位的董事会、管理层或类似机构已经认可其对财务报表负责。审计报告的日期向审计报告使用者表明，注册会计师已考虑其知悉的、截至审计报告日发生的事项和交易的影响。

（六）非标准审计报告

1. 非无保留意见的审计报告

非无保留意见，是指保留意见、否定意见或无法表示意见。当存在下列情形之一时，注册会计师应当在审计报告中发表非无保留意见：

（1）根据获取的审计证据，得出财务报表整体存在重大错报的结论。在得出结论时，注册会计师应评价未更正错报对结论的影响。

财务报表的重大错报可能源于以下几种情况：

第一，选择的会计政策的恰当性。在选择的会计政策的恰当性方面，当出现下列情形时，财务报表可能存在重大错报：①选择的会计政策与适用的财务报告编制基础不一致；②财务报表（包括相关附注）没有按照公允列报的方式反映交易和事项。财务报告编制基础通常包括对会计处理、披露和会计政策变更的要求。如果被审计单位变更了重大会计政策，且没有遵守这些要求，财务报表可能存在重大错报。

第二，对所选择的会计政策的运用。在对所选择的会计政策的运用方面，当出现下列情形时，财务报表可能存在重大错报：①管理层没有按照适用的财务报告编制基础的要求一贯运用所选择的会计政策，包括管理层未在不同会计期间或对相似的交易和事项一贯运用所选择的会计政策（运用的一致性）；②不当运用所选择的会计政策（如运用中的无意错误）。

第三，财务报表披露的恰当性或充分性。在财务报表披露的恰当性或充分性方面，当出现下列情形时，财务报表可能存在重大错报：①财务报表没有包括适用的财务报告编制基础要求的所有披露；②财务报表的披露没有按照适用的财务报告编制基础列报；③财务报表没有做出必要的披露以实现公允反映。

（2）无法获取充分、适当的审计证据，不能得出财务报表整体不存在重大错报的结论。如果注册会计师能够通过实施替代程序获取充分、适当的审计证据，则无法实施特定的程序并不构成对审计范围的限制。

下列情形可能导致注册会计师无法获取充分、适当的审计证据（也称为审计范围受到限制）：

第一，超出被审计单位控制的情形。①被审计单位的会计记录已被毁坏；②重要组成部分的会计记录已被政府有关机构无限期地查封。

第二，与注册会计师工作的性质或时间安排相关的情形。①被审计单位需要使用权益法对联营企业进行核算，注册会计师无法获取有关联营企业财务信息的充分、适当的审计证据，以评价是否恰当运用了权益法。②注册会计师接受审计委托的时间安排，使注册会计师无法实施存货监盘。③注册会计师确定仅实施实质性程序是不充分的，但被审计单位的控制是无效的。

第三，管理层施加限制的情形。管理层对审计范围施加的限制致使注册会计师无法获取充分、适当的审计证据的情形。①管理层阻止注册会计师实施存货监盘；②管理层阻止注册会计师对特定账户余额实施函证。管理层施加的限制可能对审计产生其他影响，如注册会计师对舞弊风险的评估和对业务保持的考虑。

（3）确定非无保留意见的类型。

第一，取决的事项。注册会计师确定恰当的非无保留意见类型，取决于下列事项：①导致非无保留意见的事项的性质，是存在重大错报，还是在无法获取充分、适当的审计证据的情况下，财务报表可能存在重大错报；②注册会计师针对导致非无保留意见的事项对财务报表产生或可能产生影响的广泛性做出的判断。

广泛性是描述错报影响的术语，用以说明错报对财务报表的影响，或者由于无法获取充分、适当的审计证据而未发现的错报（如存在）对财务报表可能产生的影响。根据注册会计师的判断，对财务报表的影响具有广泛性的情形包括：①不限于对财务报表的特定要素、账户或项目产生影响；②虽然仅对财务报表的特定要素、账户或项目产生影响，但这些要素、账户或项目是或可能是财务报表的主要组成部分；③当与披露相关时，产生的影响对财务报表使用者理解财务报表至关重要。

第二，非无保留意见的类型。

发表保留意见。当存在下列情形之一时，注册会计师应当发表保留意见。

发表否定意见。在获取充分、适当的审计证据后，如果认为错报单独或汇总起来对财务报表的影响重大且具有广泛性，注册会计师应当发表否定意见。

发表无法表示意见。如果无法获取充分、适当的审计证据以作为形成审计意见的基础，但认为未发现的错报（如存在）对财务报表可能产生的影响重大且具有广泛性，注册会计师应当发表无法表示意见。在极其特殊的情况下，可能存在多个不确定事项。即使注册会计师对每个单独的不确定事项获取了充分、适当的审计证据，但由于不确定事项之间可能存在相互影响，以及可能对财务报表产生累积影响，注册会计师不可能对财务报表形成审计意见。在这种情况下，注册会计师应当发表无法表示意见。

（4）导致非无保留意见的事项段。

第一，审计报告格式和内容的一致性。注册会计师还应当直接在审计意见段之前增加一个段落，并使用恰当的标题，如“导致保留意见的事项”“导致否定意见的事项”或“导致无法表示意见的事项”，说明导致发表非无保留意见的事项。

审计报告格式和内容的一致性，有助于提高使用者的理解和识别存在的异常情况。因此，尽管不可能统一非无保留意见的措辞并对导致非无保留意见的事项做该说明，但仍有必要保持审计报告格式和内容的一致性。

第二，量化财务影响。如果财务报表中存在与具体金额（包括定量披露）相关的重大错报，注册会计师应当在导致非无保留意见的事项段中说明并量化该错报的财务影响。

第三，存在与叙述性披露相关的重大错报。如果财务报表中存在与叙述性披露相关的重大错报，注册会计师应当在导致非无保留意见的事项段中解释该错报错在何处。

第四，存在与应披露而未披露信息相关的重大错报。如果财务报表中存在与应披露而未披露信息相关的重大错报，注册会计师应当与治理层讨论未披露信息的情况；在导致非无保留意见的事项段中描述未披露信息的性质；如果可行并且已针对未披露信息获取了充分、适当的审计证据，在导致非无保留意见的事项段中包含对未披露信息的披露，除非法律法规禁止。

如果存在下列情形之一，则在导致非无保留意见的事项段中披露遗漏的信息是不可行的。①管理层还没有做出这些披露，或管理层已做出但注册会计师不易获取这些披露；②根据注册会计师的判断，在审计报告中披露该事项过于庞杂。

第五，无法获取充分、适当的审计证据。如果因无法获取充分、适当的审计证据而导致发表非无保留意见，注册会计师应当在导致非无保留意见的事项段中说明无法获取审计证据的原因。

2. 审计意见段

（1）标题。在发表非无保留意见时，注册会计师应当对审计意见段使用恰当的标题，如“保留意见”“否定意见”或“无法表示意见”。审计意见段的标题能够使财务报表使用者清楚注册会计师发表了非无保留意见，并能够表明非无保留意见的类型。

（2）发表保留意见。当由于财务报表存在重大错报而发表保留意见时，注册会计师应当根据适用的财务报告编制基础在审计意见段中说明：注册会计师认为，除了导致保留意见的事项对所述事项产生的影响外，财务报表在所有重大方面按照适用的财务报告编制基础编制，并实现公允反映。

当无法获取充分、适当的审计证据而导致发表保留意见时，注册会计师应当在审计意见段中使用“除……可能产生的影响外”等措辞。

当注册会计师发表保留意见时，在审计意见段中使用“由于上述解释”或“受……影响”等措辞是不恰当的，因为这些措辞不够清晰或没有足够的说服力。

（3）表无法表示意见。当由于无法获取充分、适当的审计证据而发表无法表示意见时，注册会计师应当在审计意见段中说明：由于导致无法表示意见的事项段所述事项的重要性，注册会计师无法获取充分、适当的审计证据，从而为发表审计意见提供基础，因此，注册会计师不对这些财务报表发表审计意见。

第三章　财政审计的新发展

第一节　财政审计的发展依据

财政审计是指国家审计机关和审计人员根据国家法律法规的规定和政策措施、决策部署等要求，对国家预算收支及其有关经济活动的真实性、合法性和效益性实施的审计监督。

一、财政审计的特征与作用

（一）财政审计的特征

第一，宏观性。财政审计涉及财政政策、财政体制、财政制度等国家宏观调控层面的事项，要对政府间财政关系、财政政策与货币政策、产业政策等方面的协调情况进行审查，并对涉及宏观政策的问题做出审计评价。

第二，政策性。预算作为公共财政的运行载体，体现和反映政府活动的范围和方向，从政策角度讲，它体现政府的施政方针和不同时期国家经济社会发展战略和政策，即体现了政府所追求的公共政策目标。预算执行审计通过对政府部门财政收支规模、结构、管理和政策实施效果的审查，揭示预算分配和执行中存在的突出问题，提出完善资金分配、加强预算管理的建议，促进提高政策实施效果。

第三，整体性。财政审计要对政府活动的所有收入和支出进行监督，涉及政府活动的方方面面。同时，财政审计要从国家治理的高度对政府财政活动进行整体把握，形成一个完整的体系，对财政管理的总体情况做出评价。

第四，系统性。财政审计不同于其他类型审计，每个审计项目不是孤立的，而是相互联系的。国家财政收支活动由政府预算体系统领，从税务机关等征收机关收取财政收入开始，由财政部门统筹组织管理，经由各预算单位实现财政支出，涉及众多的单位、资金、环节，是一个庞大的有机系统。在实施财政审计监督时，只能按被审计单位或资金性质划分成不同审计项目分别实施，加强项目间协调，最后再整合审计成果。

第五，建设性。财政审计不仅要揭示预算执行、财政资金分配、管理、使用中存在的问题，还要深入分析问题产生的原因，从完善体制机制制度上提出建设性意见，发挥财政审计的建设性作用。

（二）财政审计的作用

财政审计是国家治理的重要组成部分，通过对政府财政活动发表评价意见、揭露问题、提出建议等方式，实现国家的良好治理。

第一，维护秩序。财政审计可以揭露、制止和纠正财政收支活动中违反国家法律和行政规定的问题，严肃财经纪律，维护政令统一和财政分配秩序。同时，经常性的财政审计监督会产生一定的震慑作用，减少违法违规问题的发生，从而进一步维护财经秩序。

第二，规范管理。财政审计通过内部控制测评可以直接发现财经管理中的管理漏洞和不足之处，也可以通过分析审计发现的问题间接找出产生问题的管理漏洞，进而提出规范管理的意见建议，并督促被审计单位落实整改，进一步规范管理。

第三，促进改革。财政审计通过对当前制度的实施效果进行监督，指出制度缺陷，推动相关部门实施改革。对于一些已经开始改革的领域，财政审计可以评估改革措施的实施效果，从而指出改革措施的不足之处，提出完善改革措施的建议，促进改革的进一步深入。

第四，提高绩效。财政审计不仅关注财政收支活动的真实性和合法性，还特别关注财政收支活动的效益性，注重揭露损失浪费、闲置损毁、政策目标未实现等问题，通过督促整改等措施，提高财政收支活动的绩效。

第五，落实政策。财政审计实践越来越重视对国家重大政策措施和宏观调控部署贯彻落实情况的监督，通过持续的跟踪审计，及时反映新情况、新问题，发挥政策落实督察员作用。在跟踪审计过程中，要将项目落地、资金保障、简政放权、措施落实作为审计的重要抓手。审计中要掌握政策落实总体情况，要反映存在的主要问题和出现的新情况，还要揭示问题产生的原因并提出建议，切实推动政策落实。

第六，维护安全。财政审计高度关注财政安全和国家安全，注意发现政府债务蕴含的偿债风险，政府部门信息系统蕴含的泄密风险，社会保险基金蕴含的支付风险，专项资金补贴不当可能对国内产业造成的风险等，及时提醒，提出建议，从而保障国民经济的可持续发展。

二、财政审计的审计目标

审计目标是审计活动要达到的境地，是审计目的的具体化。财政审计目标是财政审计的成果预期，是财政审计要达到的目的。审计机关和审计人员履行审计职责的过程就是实现审计目标的过程。财政审计目标如下：

（一）总体审计目标

总体审计目标是从全局角度界定的财政审计的工作目标，是审计工作总体上要达到的目的，是审计工作的总体要求。总体审计目标在审计目标体系中具有导向作用，是具体目标的抽象与概括，决定具体目标的内容并检验其实现程度。总体目标是宏观的、长远的。

我国财政审计当期的主要目标包括：①查处重大违法违规问题，维护财政经济秩序；②及时揭示财政运行中的不安全因素和潜在风险，维护财政安全；③促进将所有政府收支纳入预算管理，推动建立完整协调的政府预算体系；④推动预算公开和财政管理的规范化，促进提高预算执行效果和财政资金使用效益；⑤推动财政体制改革，逐步实现财权与事权相匹配；⑥促进廉政建设，保障国民经济和社会健康发展。

（二）具体审计目标

具体审计目标，也称项目目标，是在总体目标的规范下，在审计项目中应达到的具体要求，是总体目标在审计项目中的具体化。在审计目标体系中处于基础性地位，体现对审计实践活动最直接的要求。具体目标是具体的、明确的，对审计人员的具体工作有具体的指导作用。审计法规定，审计机关对被审计单位的财政收支或财务收支的真实、合法、效益依法进行审计监督。

1. 真实性目标

真实性是指被审计单位的会计处理遵守相关会计准则、会计制度的情况，以及相关会计信息与实际的财政收支、财务收支状况和业务经营活动成果相符合的程度。真实性是针对被审计单位的经济和财务信息而言的，由于这些信息是反映财务和经济状况的基础性载体，因此，真实性是审计项目目标中基础性目标，只有保证财务信息真实可靠，才有判断和实现其他目标可靠的基础和依据。

2. 合法性目标

合法性是指被审计单位的财政收支、财务收支是否符合相关法律、法规、规章和相关规范性文件的规定。国家的法律、法规和政策是维持财经秩序、保证公平竞争、促进社会经济健康发展、维护国家财政安全和人民群众根本利益的基本规范，是从事经济活动必须遵守的基本规则。合法性是审计项目的重要目标，被审计单位只有在法律法规的规范和约束下从事经济活动，才能保证公共利益和国家安全不受侵害。

3. 效益性目标

效益性指被审计单位财政收支、财务收支及其经济活动的经济、效率和效果。效益性目标主要从成本控制、运行效率、建设效果等角度审视被审计单位对公共资源配置和使用的合理性和有效性，判断资源利用是否达到尽可能充分、节省和有效的状态。

效益目标包括三层含义：①经济性。经济性以节约成本为目标，它所关注的重点是达到资源配置目标所花费的成本是否被控制在合理的范围内，资源利用是否经济，有无损失浪费的问题。②效率性。效率性以提高资源利用效率为目标，关注的重点是公共资源的利用是否充分有效，是否存在闲置浪费的问题，由此评价公共资源配置的合理性及使用的有效性。③效果性。效果性以资源配置达到预期效果为目标，关注的重点是资源配置是否达到预期的效果，是否存在配置效果达不到配置目标，使资源难以有效发挥作用的问题。

这三个目标是紧密相连的，真实、合法与效益之间既互相联系又互相制约，其中真实性是基础，效益是真实合法的拓展和延伸。在有条件的情况下，只有在真实合法的基础上把审计的关注点拓展到资源配置和使用的效益上，审计工作才能更好地履行在国家治理结构中的职能，实现维护人民群众根本利益和国家安全的目标。

三、财政审计的组织协调

财政审计具有整体性、宏观性、建设性，是国家审计的法定职责、永恒主题和首要任务。财政审计的组织协调工作尤为重要。审计机关应当按照完整的财政审计范围，围绕一定时期的财政审计目标，对项目选择、审计内容、审计重点、审计资源、组织实施和成果利用进行统筹管理，真正实现财政审计大格局。

（一）财政审计的组织协调重要性

1. 财政是一个有机系统

财政是政府组织收入、安排支出并对收支进行管理的一系列活动。财政既是一个经济范畴，又是一个政治范畴，联系政治和经济两大领域。一方面，财政运行是整个国民经济运行中的一个层次、一个侧面，与国民经济相互影响；另一方面，财政是政府履行职能、实现社会管理的物质手段，体现政治意图和政策方向。财政本身是一个有机系统，把它作为监督对象的财政审计也必然成为一个有机配合的系统才行。

2. 财政收支活动分散而繁多

财政这个有机系统结构非常复杂，涉及众多部门单位、资金类型、管理环节。人大、政府、财政部门、发展改革部门、税务部门、业务主管部门、预算单位等各自履行不同财政职责。种类繁多的税收收入、行政事业性收费、政府性基金收入、国有资本经营收入、罚没收入、债务资金等，以及农业综合开发、危房改造、企业关闭破产、孤儿基本生活保障、扶贫等专项资金，管理方法和政策要求各不相同。预算编制、预算批复、指标下达、资金拨付、政府采购、决算编制等管理环节众多。面对分散繁多的财政收支活动，财政审计必须统筹安排，才能有条不紊，疏而不漏。

3. 财政审计由审计机关众多业务部门共同实施

当前审计机关的内部机构设置大多是按被审计单位划分的，每个审计业务部门负责相对固定的若干被审计单位。除国有企业财务收支审计、金融企业财务收支审计以外，其他类型审计几乎都属于财政审计的范畴。审计机关对财政部门具体组织预算执行、行政事业单位预算执行、税收征管、固定资产投资项目、教育农业环保社保等专项资金进行的审计项目，往往由不同审计业务部门负责，但都属于财政审计。只有强有力的组织协调，才能保证众多业务部门分工科学、配合默契，共同做好财政审计。

4. 财政审计结果是审计结果与工作报告的主体

审计法规定，各级审计机关要对本级预算执行情况和其他财政收支情况进行审计监督，向本级人民政府和上一级审计机关提出审计结果报告；国务院和县级以上地方人民政府应当每年向本级人民代表大会常务委员会提出审计机关对预算执行和其他财政收支的审计工作报告。

财政审计结果是“两个报告”的核心内容，是向政府和人大常委会做年度报告的重点。向政府和人大常委会报告的内容应当是系统的、整体性的，而不能是分散的、割裂的问题罗列。为保证“两个报告”的内容丰富、观点突出，财政审计务必统筹安排，保证各审计项目符合总体要求。

（二）财政审计的组织协调方法

审计机关应当着力构建财政审计大格局，在统一总体方案、统一组织实施、审计信息共享、审计资源整合、审计成果整合等多个方面下足功夫，取得实质性进展，从而充分发挥财政审计“免疫系统”功能，完善国家治理。

1. 统一总体方案

审计机关在制订年度审计计划时，应以预算执行审计为主线，以支撑“两个报告”为工作目标，通盘考虑，合理安排财政审计项目，并统筹考虑审计人员分工和审计时间安排，编制财政审计总体方案，用以统领当年全部财政审计项目。各审计项目的审计工作方案、审计实施方案都应当在财政审计总体方案的要求范围内做出具体安排。

（1）确定当年财政审计总体目标。财政审计作为一个有机系统，只有确定了总体目标，各具体项目才有了努力方向。在确定总体目标时，要考虑本审计机关的法定审计职责和审计管辖范围、当年财政收支特点、当年政府工作重心、社会关注热点，还要考虑本级政府和上级审计机关对审计工作提出的要求。因为财政审计业务量大而审计资源相对不足，年度总体目标不能面面俱到，应当突出重点，再通过年度之间的互补实现全面审计目标。比如，为应对国际金融危机，政府实施了积极财政政策，扩内需促增长，审计机关就可以把促进积极财政政策的贯彻落实作为当年财政审计的目标之一；财政部门推广实施了国库集中支付制度改革，审计机关就可以把促进完善国库集中制度作为目标之一。

（2）选定当年财政审计具体项目，并明确各具体项目的审计目标、审计范围、审计重点等。财政审计总体目标需要通过一个一个的财政审计具体项目来实现。不同具体项目适合不同总体目标，选择恰当的具体项目是实现总体目标的必然要求。比如，为促进积极财政政策贯彻落实，可以选择家电下乡等专项资金审计、重大建设项目审计等审计项目；为促进教育事业发展，可以选择教育专项资金审计、义务教育经费保障情况审计等。一般而言，财政部门具体组织预算执行情况、发展改革部门管理分配政府性投资情况每年都要审计；部门预算执行情况每年都要选择部分预算部门开展审计，几年内轮审一遍；税收征管情况可以每年选择部分税种开展审计，年度轮换。确定各具体项目的审计目标、审计范围、审计重点时，要紧紧围绕总体方案总体目标的要求，确保总体目标的实现。

（3）落实财政审计具体项目的承担业务部门。一旦确定了财政审计各具体项目以后，就需要明确分工，将各具体项目落实到审计机关的各审计业务部门。一般而言，根据专业优势进行分工。在审计任务不均情况下，需要打破业务部门界限和历史习惯，以均衡审计任务。通常情况下，对于同一个被审计单位的审计要尽量安排给同一个审计业务部门，避免出现多个审计组同时进驻同一个被审计单位的现象。

（4）确定各具体项目的审计时间安排。一般而言，各具体项目的审计时间安排是以“两个报告”的报告时间为基准结合其他因素来倒推的。对重大政策措施、重大投资项目、重点专项资金和重大突发事件等可以开展全过程跟踪审计。

2. 统一组织实施

财政审计总体方案确定之后，如何保证总体方案的各项要求能够落实，关键是强有力的统一组织实施。目前，审计机关大多已经建立了财政审计协调领导小组及其办公室，协调领导小组一般由审计机关主要负责人担任组长，审计机关其他负责人和各审计业务部门负责人担任小组成员。财政审计协调领导小组的主要职责包括：研究提出财政审计的年度计划安排意见；研究确定财政审计的年度工作目标及审计内容、重点；审议各有关业务部门提出的财政审计项目的审计工作方案；统筹协调各有关业务部门审计力量的安排；通报财政审计工作进展情况，汇总审计成果，协调对审计发现问题的处理原则。领导小组办公室要及时了解各审计组工作动态，及时纠偏，加强协调，确保财政审计工作按总体目标进行。各审计组若发现需要其他审计组协助的事项，应及时通过财政审计协调领导小组办公室请求其他审计项目组帮助，获取审计证据和核对相关信息。

（1）统一组织参审业务部门。参审部门的统一组织主要通过统一总体方案来完成。审计机关在起初即确定了财政审计的总体目标，并以财政审计总体目标为起点，进行适当的分解，从而确定有关审计项目的具体目标以及实施者，然后再交给相关的业务部门去实施。

对于各业务部门对同一被审计单位开展的审计项目，要确定牵头部门，统一与被审计单位联系，争取统一进点时间、统一索取资料、统一征求意见，防止多头审计，既可以减轻被审计单位频繁迎审的压力，也有利于各审计项目之间的协调共享。

（2）统一组织上下级审计机关。审计机关对本级预算执行情况和其他财政收支情况进行审计监督，而上级审计机关对下级政府的预算执行情况和决算以及其他财政收支情况也要进行审计监督，并且会延伸下级政府管理使用上级政府转移支付的情况，两者存在一定的交叉互补关系，需要搞好组织协调。税务机关征收的许多税种需要在上下级财政之间分成，同时影响上下级政府的财政收入，上下级审计机关需要统一组织协调。通常情况下，上级转移支付资金要与本级财力资金整合安排到具体项目上，这类项目也是上下级审计机关的工作结合点。上级审计机关要将“上审下”的有关审计项目安排情况提前通知下级审计机关，以便下级审计机关做出适当工作安排，适当情况下可以调动下级审计机关的审计力量共同工作。

3. 审计资源整合

审计人员、审计经费、审计装备、审计时间都属于审计资源。整合审计资源，形成合力，是做好财政审计工作的内在要求。

（1）财政审计应打破各审计业务部门的界限，实现重点项目重点突破。审计机关内部各业务部门有着自己的特性和优势，各专业审计都承担着相应责任。在财政审计总体方案的指导下，各业务部门发挥各自优势，承担相应的财政审计任务，或者抽调各部门专业审计人员参与其他审计项目，做到最佳配置、各尽所能，从而提高整体审计效果。

（2）财政审计应在法律许可范围内整合上下级审计机关的审计力量。上级审计机关要充分利用下级审计机关的现有资料，确定目标，把握重点。同时，适当整合下级审计机关的人力资源，既可以缓解审计人员不足的矛盾，发挥下级审计机关熟悉地方情况的优势，还可以实现上下级审计机关加强交流以审代训的目的。对于某些共同实施的财政审计项目，可以统筹整合上下级乃至全国审计资源，打破层级、地域限制，在统一组织领导下，各级审计人员统一编组，联合审计。这一点，在全国地方政府性债务审计和全国社保资金审计中显示出了巨大优势。

（3）财政审计应当整合审计系统之外的资源。审计机关应加强与被审计单位等外界的交流合作，广泛引进各类专业人才。适当条件下可选派业务骨干到对口财政、税收等业务部门学习，使审计人员在不同的岗位上得到充分锻炼，不断提高审计人员的专业水平和综合素质，造就一批既具有专业技能又富有审计经验的复合型人才。在财政审计项目中，充分利用内部审计和社会审计的工作成果，在法律允许的领域可以聘请他们共同参与审计项目；还可以聘请各界专家学者作为顾问，听取他们对于法律法规、财政管理、财政改革、问题定性等方面的意见，提高财政审计的理论高度和工作深度。

4. 审计成果整合

财政审计的整体性、宏观性和建设性，要求财政审计务必搞好审计成果整合。各具体项目是对某个专项资金、某个财政管理环节发表意见，需要将所有具体项目汇总起来，才能从总体上回答预算执行情况，实现整体性；只有将具体项目反映的情况统筹起来考虑，才能找到政策、体制、机制方面的问题，实现宏观性；也只有统筹考虑各具体项目之后，才能提出准确的规范管理、深化改革方面的意见建议，而不至于偏颇，实现建设性。

按审计项目工作流程，审计报告是审计项目的最终成果，印发完审计报告，审计工作基本上就结束了。财政审计项目不仅要编写审计报告，还要把各审计项目结果汇总整理，形成整体概念，编写审计结果报告和审计工作报告。“两个报告”是审计机关财政审计年度工作成果的最终体现，务求层次较高、条理清楚、重点突出。因此，财政审计成果的整合，不是简单汇总，而是一种再创作，要注重提炼总结、上升层次，不能面面俱到、列流水账。在财政审计成果整合中发现的重要的倾向性问题，应当及时向政府报送专题报告等材料，力求及时醒目。

5. 审计信息共享

财政审计是一项覆盖面广、审计内容丰富、专业化要求高的综合性审计，只有充分掌握各类数据和信息才能更好地做好财政审计工作。财政审计项目之间有着很深的资料关联性，信息资料共享往往能够解决多年难以解决的问题。

（1）被审计单位相关信息的日常共享。各审计业务部门一般都固定联系一些被审计单位，通过历次项目审计、日常工作沟通、被审计单位按规定主动报送等渠道，逐渐积累了大量被审计单位的信息资料。这些信息资料是开展下一步审计工作的宝贵财富，但往往分割在各个审计业务部门，需要进一步共享挖掘。现今，被审计单位广泛使用计算机管理系统，为审计人员搜集、整理、利用信息资料提供了便利。审计机关应建立被审计单位资料库和审计项目电子数据档案，并在实行授权控制的基础上实现在各审计业务部门、各审计组之间的共享。

（2）审计期间审计资料和问题线索的共享。审计机关应建立财政审计项目信息交换平台，在审计项目实施期间及时交换已经取得的数据资料，以及发现问题的线索，便于各审计组共同完成财政审计任务。财政审计协调领导小组办公室可以建立审计工作动态机制，各审计组定期向领导小组办公室报送审计工作动态，领导小组办公室汇总整理，形成财政审计整体工作动态，并根据具体情况提出新的要求和建议，下发给所有审计组。有些问题线索具有指导意义，可以引导各审计组从各自方面分析该问题，最终做到查深查透。

四、财政审计在国家审计监督体系中的地位

财政是国家政权的基础，是国家宏观调控的重要工具。“财政审计是国家审计的法定职责和永恒主题，在维护资金安全、规范财政管理、促进发展改革、提高财政绩效和防范化解风险等方面发挥了十分重要的作用。”① 财政审计是国家审计的法定职责、永恒主题和首要任务，在自古至今的国家审计中始终居于重要地位。纵观中国古代审计千年的演进历程，历代王朝大多建立了包括审计制度在内的制度体系来巩固其统治，并且凡是国家审计得到加强、发挥作用好的时期，都是财政充裕、政治清明、社会安定的时期；因此可以看出财政审计在促进加强财政管理、实现国家长治久安中的重要作用。

（一）财政审计是国家审计的永恒主题

1982 年，《中华人民共和国宪法》的公布施行，正式确立在我国实行审计监督制度，掀开了国家审计监督体系建立的序幕。国务院设立审计机关，对国务院各部门和地方各级政府的财政收支，对国家的财政金融机构和企业事业组织的财务收支，进行审计监督，强调了审计机关的一项重要职责，就是对财政收支、对财政金融机构等的财务收支进行审计监督。财政审计一直以来都是《中华人民共和国宪法》赋予审计机关的最重要的职责之一。

1983 年，审计署正式成立，其主要职责的第一项，就是对中央财政预算执行情况和其他财政收支进行审计监督。

2006 年修改的审计法，强调了审计工作报告应当重点报告对预算执行的审计情况，必要时，人民代表大会常务委员会可以对审计工作报告做出决议。

2021 年修改的审计法，扩展了审计工作报告的内容，要求报告预算执行、决算草案以及其他财政收支的审计情况，重点报告对预算执行及其绩效的审计情况，并增加了对国有资源、国有资产的审计情况的报告。从审计法的变化也可以看出，财政审计一直是审计机关的重要职责。

---

① 尹亚涛，骆娜. 学习新修订审计法体会之财政审计［J］. 新理财（政府理财），2022，(Z1)：88.

（二）有利于推动国家政策措施落实与国家治理能力现代化的内在逻辑

财政是国家治理的基础和重要支柱，随着我国经济的不断发展，财政制度需不断调整更新。在此基础上，实施财政审计，推动财政制度不断完善，并以此来推动国家重大政策措施落实落地，推动国家治理能力现代化，具有其内在逻辑：

第一，通过财政审计可以推动各级政府完整、真实反映财政状况，有助于党中央、国务院完整掌握全国发展状况，有助于破解中央和地方的信息不对称难题，有助于党中央、国务院根据全国经济发展的实际情况制定、完善财政政策。

第二，通过财政审计可以监督政府科学、合理的分配使用财政资金，财政作为国民收入再分配的重要手段，通过财政审计关注资金的分配管理使用，在促进社会公平，维护国家财政经济秩序，提高财政资金使用效益方面发挥着重要作用。

第三，以财政审计为抓手，可以关注专项转移支付资金背后的政策目标和意图实现情况，了解专项转移支付实施的有效程度，推动财政政策落实落地，促进经济持续健康发展。

总之，财政审计始终关注财政资金分配管理使用的公平、安全、绩效，在推动财政资金高效使用、推动国家政策落实、促进社会公平方面发挥着重要作用，具有助推国家治理现代化的内在逻辑。

（三）高度重视新时代的财政审计工作

党中央一直高度重视国家审计工作，审计管理体制改革和审计职能拓展进入了新的阶段，是 1983 年恢复设立审计机关以来最为深刻的变化。2015 年，一系列重要制度文件，将实现公共资金审计全覆盖摆在实现审计监督全覆盖的首位。

2018 年党中央正式组建了中央审计委员会，第一次召开中央审计委员会会议时，会议审议的重要内容中，就包括《2017 年度中央预算执行和其他财政支出情况审计报告》。年度中央预算执行和其他财政支出情况审计报告是中央审计委员会审议的一项重要内容。全国各省、自治区、直辖市等均成立了审计委员会，各级党委也纷纷成立审计委员会，本级预算执行和其他财政财务收支情况的审计报告纳入审议内容，进一步突出了党中央和各级党委对财政审计工作的高度重视。

第二节　财政审计的业务

一、财政审计的常规业务

（一）部门预算与决算相关审计

1. 部门预算执行与执行情况审计

（1）部门预算执行。部门预算执行审计是指审计机关依照国家法律、行政法规等规定，对本级政府各部门（含直属单位）预算执行及其他财政收支的真实、合法和效益情况进行的审计监督。开展部门预算执行审计是法律赋予审计机关的一项法定职责，是对行政事业单位实施审计监督的一种常规形式，是国家审计机关的一项重要工作内容，对于提高预算的科学性和透明度，推进转变政府职能和建设廉洁政府、俭朴政府、法治政府等具有重要作用。

（2）财政部门具体组织本级预算执行情况审计。围绕预算执行的真实性、完整性和科学性，以预算管理和资金分配为重点，掌握预算执行的总体情况，注重从体制、机制和制度上揭示财政管理、预算执行、资金分配等方面存在的突出问题，分析原因，提出建议，促进提高财政政策实施效果、推进深化财政体制改革、推动预算的统一和完整、提高财政资金使用绩效和财政管理的规范性。

2. 部门决算草案审计与编制

（1）决算草案审计。部门决算草案审计，主要指对部门决算（草案）的真实性、完整性和合规性进行审计。①关注部门决算收入的合规性和决算（草案）编制的完整性，按照预算级次，分析部门决算（草案）收入中的事业收入、经营收入和其他收入的规模和结构，审查收入的合规性。②关注部门支出编制的真实性，审查是否存在由于部门预算执行不严格、不规范，以及挤占挪用、虚列支出等人为调整决算支出造成决算（草案）支出数据不真实的情况。③关注本级政府决算（草案）与部门决算（草案）差异情况，分析差异形成的原因。

（2）财政部门编制决算草案审计。县级以上地方各级政府财政部门编制本级决算草案，经本级政府审计部门审计后，报本级政府审定，由本级政府提请本级人民代表大会常务委员会审查和批准。审计过程中，要围绕决算草案的真实性、合法性、完整性和信息披露的适当性，审查决算草案的编制过程是否严格遵守相关规定，决算草案与总预算会计账是否账表相符，审查收支的列报是否真实和完整，数字调整是否规范、事项是否合规，依据是否充分，是否存在违规按预测数列报支出的问题，审查决算草案的报表体系是否符合相关规定和全国人大审查决算的要求。

（二）财政收入审计

财政收入审计是财政审计的一个重要方面。通过对税务、财政等有关部门依法组织税收和非税收入等政府收入的审计监督，促进依法治税，落实税收法定原则，深化税制改革，加强收入征管，调节经济运行和收入分配，逐步形成有利于结构优化、社会公平的税收制度。财政收入审计的内容主要包括：税收收入征管情况；非税收入征管情况；国家税收政策的贯彻落实情况。

（三）转移支付审计

转移支付是分税制财政体制的重要组成部分，转移支付审计注重从完善转移支付体制、机制和制度等方面研究和揭示问题，促进提高一般性转移支付规模和比例，规范专项转移支付管理，提高资金使用效益。

推动建立统一、规范、透明的转移支付制度，重点关注专项转移支付设立的依据和专项转移支付资金分配情况，审查资金分配方法是否科学、分配标准是否统一、分配程序是否合规，预算下达是否及时、资金投向是否合理，是否存在随意调整分配资金牟取不当利益等问题。

（四）重点专项资金审计

重点专项资金是根据本级人大、党委、政府确定的政策，为了实现特定的经济和社会发展目标，重点用于农林水、教育、医疗卫生、社会保障和就业、交通运输、节能环保等领域的财政资金。

重点专项资金审计关注政策措施执行效果和资金使用效益，覆盖重点专项资金分配管理使用各环节和资金流转全过程；关注预算安排是否细化、执行是否严格、资金分配是否科学、管理制度是否完善、拨付使用是否合规、决算编制是否真实、政策目标是否实现等方面的情况，揭露是否存在骗（套）取财政资金、损失浪费等突出问题，保障相关管理制度和政策目标的不断完善和有效落实，促进提高资金使用效益和政策实施效果。

（五）国家重大政策措施落实情况跟踪审计

面对经济发展形势，党中央、国务院实施了一系列稳增长、促改革、调结构、惠民生、防风险的政策措施。从 2014 年 8 月起，审计署组织全国审计机关持续开展对地方各级人民政府、国务院相关部门贯彻落实国家重大政策措施情况的跟踪审计（以下简称政策落实跟踪审计）。目前，这项审计已经成为常态化的审计工作。通过跟踪审计，着力监督检查各地区、各部门落实稳增长、促改革、调结构、惠民生、防风险等政策措施的具体部署、执行进度、实际效果等情况，特别是重大项目落地、重点资金保障、重大政策落实、简政放权推进、经济领域风险防范情况，及时发现和纠正有令不行、有禁不止行为，反映好的做法、经验和改革发展中出现的新情况、新问题，促进政策落地生根和不断完善，保障经济社会平稳健康运行。

（六）对下级政府财政收支审计

审计机关应当对下级政府预算的执行情况和决算以及其他财政收支情况进行审计监督。对下级政府的财政收支审计，要全面掌握下级政府财政性收支的规模和结构，揭示地方政府本级财政在预算体系建设中存在的突出问题，推动提高政府预算管理的统一性和完整性；要以决算管理、财政专户管理、国库资金管理等为重点，反映财政管理中存在的突出问题和薄弱环节，促进规范财政管理、提高财政运行效率和预算执行效果；要揭示和反映地方政府性债务举措、管理和使用过程中出现的新情况、新问题和潜在风险；要摸清省以下财政体制运行情况和运行中出现的问题，促进理顺政府间财政关系，完善省以下财政体制。

二、财政审计的业务创新

（一）研究分析技术的应用

在审计事业的发展历程中，审计工作始终围绕中心、服务大局，推进审计理念创新、制度变革和技术进步，进入新时代后，党中央要求审计发挥常态化“经济体检”作用，积极开展研究型审计，总结提炼、本质揭示、系统把握、发展应变和价值升华，具有显著的国家治理效能，适应了新时代国家治理的客观需要。作为财政审计工作者，应充分发挥财政审计平台作用，聚焦主责主业，将研究分析贯穿审计业务全链条、管理各环节，推动审计工作高质量发展。

1. 做深审前研究谋划文章

研究是始终融入贯串于审计立项、实施、报告的全过程各方面，就要从审计立项开始。理解和把握财政政策、聚焦财政领域改革前沿问题、加强和深化财政审计研究将是我们今后一段时期的工作重点。因此，在谋划项目时，就应当把研究做在前、做扎实，与项目深度结合，财政审计应紧紧围绕党中央、国务院决策部署，审计署和省委、省政府工作安排，深入研究进入新发展阶段、贯彻新发展理念、构建新发展格局对审计工作提出的新任务、新要求。

研究党中央、省委重大决策部署的出台背景、战略意图、改革目标，研究社会热点、民生难点、改革堵点，摸清财政资金投入的重点领域、部门和项目，在做好立项调研、广泛征求意见、反复研究讨论的基础上，选准审计项目，确定审计计划。在制定审计工作方案时，应当进一步了解与被审计单位及行业相关的政策法规、决策部署、行业动态、内部管理等情况，找准审计项目实施重点和风险点，找准审计发挥作用的切入点和着力点。注重揭示财政运行中存在的风险隐患，提出防范化解建议，不断提升政治判断力、政治领悟力、政治执行力，推动财政政策落地见效，促进财政资金提质增效，促进我省经济社会持续健康发展。

2. 做实审中组织实施文章

“审中”要做到具体问题具体分析，将重点审计事项放在经济社会发展运行的大背景下审视，突出对重点审计内容的把握和统筹，力求更精准地揭示问题。具体地说，就是在组织实施审计项目的过程中，与各审计组协同联动，深入研究对审计对象及所在领域的决策部署，重点关注国家宏观调控政策的执行情况及体制机制问题，提前把握审计重点、审计步骤和预期成果。

研究过程中，不仅需要收集分析被审计单位提供的个体数据，还需要研究分析被审计单位在国民经济中的地位、影响等，收集以往的审计结果和其他监督机构的监督成果，对其做出横向和纵向分析。研究被审计行业或单位的预算、资金规模，确定抽查资金比例和抽查面，合理安排审计的时机、节奏、重点、方式，梳理和发掘可能存在的问题，提升审计监督的穿透性和精准度。

深入研究改革发展中出现的新产业、新业态、新模式以及审计中遇到的新情况和新问题，认真研究分析审计发现问题的背景、性质、原因、危害，在系统研究相关领域政策、行业特点、审计目标和重点内容的基础上，以全面、系统、历史、发展的观点看待问题，确保每个审计结论都事实清楚、证据充分。

3. 做优审后成果利用文章

始终把审计工作放到改革发展大局中研究、思考、定位，透过政府权责、部门协同的层次去分析审计发现问题，注重归纳苗头性、倾向性、普遍性的问题，提炼出更富价值性、适用性和前瞻性的审计成果，更好为党和政府提供决策参考。审计中充分与被审计单位沟通，增强成果的“可批示、能落实”，提出具有操作性的建设性意见，帮助被审计单位建立长效机制，做到一体推进揭示问题、规范管理、促进改革。

审计实施阶段结束后，注重对审计报告、审计移送等各类审计成果数据进行研究分析，梳理审计发现问题的规律特点，坚持把审计发现的问题贯通起来研究分析，提升反映问题的视角和层次，着力揭示政策束缚、体制障碍、机制扭曲、制度缺陷和管理漏洞。深入研究相关政策理论、专家学者观点意见和其他省市有益经验做法，从宏观和战略的高度、从体制机制等深层面进行后续研究、深度开发，做出专业判断、提出专业建议，增加审计成果的附加值，推进单位治理、行业治理、省域治理水平不断提升。

充分发挥财政审计的专业优势，坚持目标导向和成果导向，把发现问题和促进解决问题作为出发点和落脚点，把揭示风险隐患摆在更加突出的位置。一方面，深入分析产生问题的体制障碍、机制缺陷、制度漏洞，把重点审计事项置于经济社会运行的大背景下进行分析，把审计发现的具体问题放在改革发展大局下进行审视，在促进问题解决上下功夫，督促被审计单位在落实整改过程中建立长效机制；另一方面，不断改进完善审计建议质量，提升审计建议水平，审计项目实施过程中立足于审、着眼于帮，从制度上、机制上提出易于操作的审计意见建议，准确研判问题产生的深层次原因，注重丰富审计建议内容，提升审计建议的“含金量”。对统一组织开展的审计项目中的同类案例和审计建议进行全面分析，以审计专报形式上报党委、政府主要领导，为领导决策服务。

（二）云计算技术的应用

1. 云计算技术对现代财政制度的影响

云计算技术的应用是提升政府财政审计工作智能化和现代化的重要条件。政府利用云计算技术加强政务信息化建设，促进财政审计业务朝着科学化、信息化、现代化的方向发展。随着财税体制改革的不断深入，政府需要大量的数据和云计算技术来构建大财政数据云端，进而全面、系统地提高财政审计工作的准确性和效率。

云计算技术促进了现代财政制度的完善。政府利用云计算技术对财政审计工作进行了有益的探索，整合并升级了传统的财政信息化手段，充分挖掘了大数据在储存、处理等方面的优势，从而增强了财政决策的科学性和效率，提高了财政审计工作的透明度，为财政审计业务的规范起到了巨大的作用。同时，云计算技术为现代财政制度的完善创造了更高水平的信息技术支撑。

2. 云计算环境下的财政审计业务方法

（1）建设完善的财政大数据云平台。相关部门应该建设实现数据信息交互共享的财政数据云平台，提高数据信息的传播速度。建设财政大数据云平台首先要促进与财政审计业务相关的数据信息实现跨部门、跨层次的共享与融合，从而降低数据信息收集的难度，使各财政部门的信息深度融合。政府部门应该把收集到的数据信息进行分类，可以按专题划分为若干个，进而提高财政数据的利用率，实现财政业务之间的数据共享。

（2）加强与其他财政业务的互动与交流。相关单位应该打破目前财政审计业务与其他财政业务不互通的现状，根据财政大数据云平台的建设来加强财政各部门之间的信息交流，使财政收入机构与征缴对象、财政支出结构与预算单位等实现数据信息的互联互通，进而优化财政审计业务流程，科学预算财政支出，使财政的资金流与信息流形成统一。

（3）促进云计算与财政审计业务有机融合。相关单位的财政审计业务应该以财政实际工作需求为导向，结合云计算技术合理编制财政审计的规划，加强对财政预算的管理，从而在提高财政资金使用效率的同时完善财政审计的业务流程。另外，要充分利用财政大数据云平台的数据信息，时刻关注市场和企业的数据信息变化，进而引导资源配置，提高财政项目的投入产出比。

（4）面向社会创新财政审计业务流程。相关单位应该坚持公共服务的理念，对财政审计业务的流程进行有效创新，促进财政部门转变职能，积极构建服务于社会的数据信息平台，实现对银行征信系统的进一步完善，从而推动财政审计业务的完善与发展。此外，相关单位要准确掌握金融企业的纳税信息，为企业提供结构合理的数据信息信用平台，进而引导社会资本的投资方向，深化服务供给侧结构性改革。

总之，云计算环境下的大财政审计业务方法研究是一个比较复杂、重要的课题。相关单位应该在构建了一个结构合理、科学有效的财政大数据平台的基础上，加强财政审计业务与其他财政业务的互动与交流，从而实现数据信息的共享，使财政审计业务流程更加完善。另外，还要不断促进云计算技术与财政审计业务的高效融合，推进财政审计工作方式的改进与创新。

（三）财务审计业务的创新结合

1. 改变工作人员对审查的态度

管理工作人员，需要进行思想工作上的引导，让职工可以把工作的核心转换到企业的发展以及创建当中去，进而降低对审查工作的恐惧情绪，可以正面地解决工作中产生的问题。管理的工作人员也要对问题展开高效的认识，了解在审查的过程中问题出现的原因，不光要对工作人员进行相应的惩罚，还要找到工作人员做错的地方，让工作人员意识到自己的不足，从而保障工作人员的工作可以在正确的指引之下顺利地开展，为企业的长远发展奠定良好的基础。

2. 加强专业审计团队的创建工作

人才是工作顺利开展的根本保证，尤其是财务以及审查等知识密集型岗位更是这样，然而要让财务审查以及业务融入创新，专业的人才团队是非常关键的。

促进企业展开有关工作改革的基本动力，可以高效地实现有关的组织创建的任务。专业人才的创建也可以为财务审查和业务审查工作的创新给予强有力的支持，可以为财务审查和业务审查的有效结合给予重要的保障。让有关的工作可以在科学的策略之下成功地开展。因此，要对专业人才培训进行重视，让审查工作人员可以取得比较先进的工作形式以及工作的观念，例如在利用关于数据分析的软件的时候，或是运用比较先进的工作方式，甚至是先进的管理规范等，这些都需要专业人才的加入才可以顺利地实现。提升财务审查和业务审查的工作效率。

3. 和先进的技术进行高效的融合

在科技迅速发展的今天，为企业的长远发展给予了重要的技术保证，正是因为这样，传统的行业才可以在新兴技术的环境中具有良好的生机。所以，需要有关的审查工作人员可以踊跃地把握一些比较先进的审查能力，并且与计算机信息化技术展开高效的融合，把大数据、云计算和区块链技术展开密切的融合。

大数据可以把审查工作的环节以及数据展开准确的记录，让有关的审查工作有据可查，进而让审查工作可以改变得更加立体化。而云计算就是基于互联网技术而产生了多样性的服务，可以协助审查工作人员更加有效地运用数据带来更重要的价值，进而保障审查数据可以获得高效的探究以及科学的运用。

区块链技术更加繁杂，关键的性能就是保证数据的安全功能，可以让每一个账户的调动都可以有数据能够参考，高效地保证传输以及数据访问的安全性。对于企业而言数据安全是至关重要的，是保证企业长远发展的关键条件。总而言之，新技术的高效利用可以为财务审查和业务审查创新工作带来良好的发展前景，也可以推动二者之间的数据互通，从而达到有效的融合。

4. 建立良好的工作制度

在财务审查工作中，为了可以取得良好的审查效果，需要创建适合实际工作状况的工作管理体系，才可以更高效地组织起有关的审查工作。所以，有关管理的人员在拟定有关工作规范的过程中，要根据企业的详细状况，并且全面地考虑影响审查工作的关键原因，对于报销凭证，财务报表等格式提出严格的制度，有利于把每一种资料展开高效的归档。进而保障审查工作可以根据有关的需求顺利展开。让有关的工作效率可以获得高效的提高。

5. 运用计算机信息化的数据管理

为了可以获得更好的数据方式，有关的工作人员应该运用先进的计算机信息化的方式展开高效的数据管理，并且踊跃地增强部门之间的交流，并且运用大数据展开财务审查的工作。而在转型以及创新的时候，都会遇见数据交接的问题。即使一部分企业已经运用无纸化的办公，财务工作也获得了高效的运行。为了可以高效地提升工作的效率，保管有关的重要文件。运用有关的技术，把纸质的文件变成电子化储存，就可以提升工作的效率，从而保证审查工作的顺利进行。

总之，在财务审计业务革新的高效融合过程中，要根据企业的实际情况进行。只有创建人才团队，改变传统的工作方式，建立良好的工作规范，改变工作人员对审计的态度，才可以让企业获得更长远的发展。

第三节　财政审计的环境

一、财政审计的环境演变

近年来，我国在财政体制、预算管理等方面进行了大量的卓有成效的改革，财政审计面临的环境发生了深刻变化。与任何事物一样，财政审计的发展必须植根于一定的经济社会环境并要应其变化而做相应调整。因此，了解和熟悉财政审计环境具有重要意义。

（一）财政体制的演变

财政体制是处理一国各级政府间财政关系的基本制度，其核心是各级政府预算收支范围和管理权限的划分以及相互间的制衡关系。设定科学合理的财政体制不仅是一个重大的经济问题，更是一个重大的政治问题。中华人民共和国成立以来，我国的财政体制随着政治环境和经济条件的变化，经历了多次调整。

总体来看，1993 年之前的财政体制可以划分为两个阶段：

1.“统收统支”阶段（1950—1979 年）

（1）高度集中，统收统支、中华人民共和国成立之初，为了尽快平衡财政收支，稳定市场物价，安定人民生活，财经工作从分散管理转向高度集中的统一管理。这一时期的财政体制体现出以下三个特点：①财政管理权限集中在中央；②财力集中在中央，除零星收入可抵充地方财政支出外，公粮、关税、盐税等各项收入均归属中央；③各项财政收支，除地方附加外，全部纳入统一的国家预算。高度集中、统收统支的财政管理体制，改变了分散管理局面，平衡了财政收支，稳定了市场物价，适应了当时的政治经济形势。

（2）统一领导，分级管理（1953—1979 年）。1953 年，我国进入大规模经济建设时期，财政状况逐步好转。在此形势下，国家将高度集中的“统收统支”财政体制改为“统一领导、分级管理”：一方面，加强中央的统一领导和统一计划，集中资金保证重点建设；另一方面，逐步扩大地方权限，充分调动地方组织收入、节约支出的积极性。

2. 分级包干阶段（1980—1993 年）

改革开放后，财政体制开始实行以放权让利为特征的改革，即财政包干体制。包干体制在划分收支的基础上，采取分级包干、自求平衡、分灶吃饭的办法。这一体制经历了 1980 年、1985 年和 1988 年的三次重大改革与调整。1988 年的财政包干办法，规定对全国多个地区分别实行收入递增包干、总额分成、总额分成加增长分成、上解递增包干、定额上解、定额补助六种不同形式的财政包干办法。

（二）分税制财政管理体制的建立与发展

1993 年 12 月，国务院发布《关于实行分税制财政管理体制的决定》，决定从 1994 年起改革地方财政包干体制，对各省、自治区、直辖市以及计划单列市实行分税制财政管理体制。这次改革的主要内容如下：

第一，中央与地方的支出划分。中央财政主要承担国家安全、外交和中央国家机关运转所需经费，调整国民经济结构、协调地区发展、实施宏观调控所必需的支出以及由中央直接管理的事业发展支出。地方财政主要承担本地区政权机关运转所需支出以及本地区经济、事业发展所需支出。

第二，中央与地方的收入划分。改革推出之后，中央与地方不再按企业的行政隶属关系划分财政收入。根据事权与财权相结合的原则，按税种划分中央收入和地方收入。将维护国家权益、实施宏观调控所必需的税种划分为中央税；将同经济发展直接相关的主要税种划分为中央与地方共享税；将适合地方征管的税种划分为地方税，充实地方税税种，增加地方税收入。分设中央与地方两套税务机构，中央税务机构征收中央税与共享税，地方税务机构征收地方税。

（三）中央财政转移支付制度的完善与发展

政府间转移支付制度是分税制财政体制和分级预算管理体制的重要组成部分，是均衡各级政府收支规模不对称的预算调节制度。中央财政转移支付是世界各国缩小区域经济发展差距、实现中央特定政策目标的重要工具。1994 年实行分税制改革后，为解决地方财力不平衡、公共服务差异大等问题，我国开始试行中央财政转移支付制度。目前，中央对地方的转移支付方式可分为三类：税收返还、一般性转移支付和专项转移支付。

1. 税收返还

现行中央对地方税收返还包括：①增值税、消费税返还（即“两税返还”）；②所得税基数返还；③成品油价格和税费改革税收返还。2009 年，为简化中央与地方财政结算关系，将出口退税超基数地方负担部分专项上解等地方上解收入也纳入税收返还，将地方上解与中央对地方税收返还做对冲处理（冲抵返还额），相应取消地方上解中央收入科目。具体包括：出口退税超基数地方负担部分专项上解；体制上解。

2. 一般性转移支付

一般性转移支付是指为弥补财政实力薄弱地区的财力缺口，均衡地区间财力差距，实现地区间基本公共服务能力的均等化，由中央财政安排给地方财政的补助支出。与专项转移支付不同的是，地方政府对一般性转移支付原则上可统筹使用、自主安排。

现有的一般性转移支付主要包括：①均衡性转移支付，其中又包括重点生态功能区转移支付、产粮大县奖励资金、县级基本财力保障机制奖补资金、资源枯竭城市转移支付、城乡义务教育补助经费、农村综合改革转移支付；②老少边穷地区转移支付；③成品油税费改革转移支付；④体制结算补助；⑤基层公检法司转移支付；⑥基本养老金等转移支付；⑦城乡居民医疗保险等转移支付。

3. 专项转移支付

专项转移支付是指中央财政为实现特定的宏观政策及事业发展战略，以及对委托地方政府代理部分事务或中央地方共同承担事务进行补偿而设立的补助资金，需按规定用途使用。

（四）预算管理

预算制度是对财权控制、制约、约束的产物，1994 年颁布的《中华人民共和国预算法》，是我国预算制度改革的标志，传统的国家预算模式由此逐渐走向政府公共预算。随着预算管理的不断完善，改革内容如下：

1. 改革预算编制形式

改革预算编制形式，实现了“一个部门一本预算”。部门预算改变了传统功能预算按经费的功能分类编制多本预算的做法，将一个部门所有的收入和支出都按照统一规定的编报程序、编报格式、编报内容和编报时间编制成一本预算，全面反映该部门或单位各项资金的来源、使用方向和具体使用内容，增强了预算的完整性和统一性。

2. 改革预算编制方法，建立新型预算分配机制

（1）实行零基预算。部门预算打破了传统的“基数法”预算编制方法，将部门所有支出划分为基本支出和项目支出。其中，基本支出预算主要采取定员、定额管理方式；项目支出预算，采取项目库管理方式，按照项目重要程度和缓急程度，使项目经费安排与部门的行政工作计划、事业发展规划以及年度工作重点紧密结合，分配方法逐步向“零基预

算”转变。

(2) 初步实现综合预算。部门预算改变了传统预算只反映预算内收支，大量预算外资金只报账甚至不报账的粗放管理方式，采取综合预算编制方法。通过深化“收支两条线”改革，逐步将一个部门的各项预算外资金收支、政府性基金收支、经营收支以及其他收支都按照统一的编报内容和形式在一本预算中反映。

(3) 细化预算。细化预算是部门预算的基本特征之一。细化预算，就是要求财政部门和中央部门减少代编预算，将基本支出预算和项目支出预算编制和批复到具体的预算主体和项目。在预算执行时，逐步做到按细化的预算作为国库拨款依据，凡是未按要求细化的支出，一律不得拨款。

(4) 实行“自下而上”逐级编制。与传统功能预算“自上而下”的编制方式不同，部门预算采取“自下而上”的编制方式，中央各部门的预算从基层预算单位编起，逐级汇总，进一步延伸预算层次，减少上级代编预算。

(5) 提高预算管理的规范性。改革后，为规范部门预算管理程序，规定了预算编制、执行、调整的时间安排、具体职责、职责权限等，明确了部门和财政部、人民代表大会、审计以及财政部内部各部门司、主体司和预算司在部门预算测算和审核过程中的职责及工作程序。同时，延长了预算编制时间。

在预算管理机制方面，2015 年实施的新预算法出现了一些新的重大变化。如在严格控制风险的前提下有限度地放行了地方政府举债；明确提出建立跨年度预算平衡机制；对厉行节约、硬化支出预算约束做出严格规定，明确要求严控机关运行经费和楼堂馆所等基本建设支出等。

3. 公共预算改革成效

与部门预算改革同步推进的还有国库集中收付制度、政府采购制度的建立，这三者被称为公共预算改革的“三驾马车”。这场公共预算改革显著提高了政府的预算能力，在更加有效地发挥财政职能作用、调整和优化财政支出结构、促进提高预算管理的完整性、规范性、科学性、有效性和透明度等方面，取得了显著的阶段性成效。

4. 全口径政府预算管理体系的建立与完善

随着政府职能的扩展，政府收支活动的复杂性日益增强，对传统预算原则形成了挑战。政府收支未能全部纳入预算，以及纳入预算的政府收支并非都受到了同样严格的预算管理和监控，这两大问题长期存在于政府收支预算管理中，成为完善我国政府预算体系的桎梏。

实行全口径预算，积极构建公共财政体制框架并致力于将所有政府收支纳入预算管理，旨在以规范政府收支为突破，进而重构政府预算体系。即构建从涵盖所有政府收支项目的预算报表体系，到预算法律制度规范、预算会计体系、预算权配置、预算管理的范围、预算管理模式及预算报告体系等要素在内的系统工程。近年来，为了进一步加强对各政府部门资金，尤其是预算外资金的管理，国务院及财政部推出了部门预算改革、政府收支分类改革、国库集中支付等一系列预算管理改革措施。全国及地方人民代表大会也推出了对政府收支加强立法监督和控制的多项改革措施。政府预算体系以“全口径预算”为突破口初具雏形。2015 年实施的新预算法规定，预算包括一般公共预算、政府性基金预算、国有资本经营预算、社会保险基金预算；一般公共预算、政府性基金预算、国有资本经营预算、社会保险基金预算应当保持完整、独立；政府性基金预算、国有资本经营预算、社会保险基金预算应当与一般公共预算相衔接。

构建完整政府预算体系的首要目标是实现预算完整性，从而为财政管理制度运行提供基本平台。为此，应废除各级政府和部门的“经费自筹”和“创收”制度，使其只能通过财政获得收入，并从事预算法案通过的活动。这样有利于切断行政、执法活动同其经费供给之间的直接联系，从而有助于厘清政府职能和建立财政问责机制。

（五）财政资金管理的演变与发展

一般来说，财政资金管理属于预算管理的范畴，与国库制度直接相关。国库经常被理解成“政府的财政出纳机关”。实际上，现代国库的职能已经扩展到了政府公共财政管理的各个方面。从功能上看，国库是一种重要的预算执行事中和事后的控制机制，它通过发挥以下两个基本功能确保花好纳税人的钱：监控预算执行过程；管理政府的现金资源。

1. 国库集中收付制度的建立与发展

国库集中收付制度，也称为国库单一账户体系制度，包括国库集中支付制度和收入收缴管理制度，是指由财政部门代表政府设置国库单一账户体系，所有的财政性资金均纳入国库单一账户体系收缴、支付和管理的制度。深入推进了国库集中收付制度改革，其主要内容有：

（1）建立国库单一账户体系。国库单一账户体系，是指以财政国库存款账户为核心的各类财政性资金账户的集合，所有财政性资金的收入、支付、存储及资金清算活动均在该账户体系运行。

第一，财政部门在中国人民银行开设的国库单一账户，简称国库单一账户。该账户用于记录、核算和反映财政预算资金和纳入预算管理的政府性基金的收入和支出。代理银行应当按日将支付的财政预算内资金和纳入预算管理的政府性基金与国库单一账户进行清算。国库单一账户在财政总预算会计中使用，行政单位和事业单位会计中不设置该账户。

第二，财政部门在商业银行开设的零余额账户，简称财政部门零余额账户。该账户用于财政直接支付与国库单一账户清算。财政部门零余额账户在国库会计中使用。

第三，财政部门在商业银行为预算单位开设的零余额账户，简称预算单位零余额账户。该账户用于财政授权支付和清算。预算单位零余额账户可以办理转账、提取现金等结算业务，可以向本单位按账户管理规定保留的相应账户划拨工会经费、住房公积金及提租补贴，以及经财政部门批准的特殊款项，但不得向本单位其他账户和上级主管单位、所属下级单位账户划拨资金。预算单位零余额账户在行政单位和事业单位会计中使用。

第四，财政专户。包括财政部门在商业银行开设的财政专户，以及财政部门为预算单位在商业银行开设的财政专户，主要用于记录、核算和反映有特定范围的收入、支出活动。根据《关于进一步加强和规范财政资金管理的通知》《关于清理整顿地方财政专户的通知》等文件，财政专户应归口财政国库部门统一管理。

第五，经国务院或国务院授权财政部门批准为预算单位在商业银行开设的特殊专户，简称特设专户。该专户用于记录、核算和反映预算单位的特殊专项支出活动，并用于与国库单一账户清算，由按规定申请设置了特设专户的预算单位使用。

（2）规范收入收缴方式和程序。

第一，收缴方式。集中收付管理制度将分散式管理模式原有的就地缴库、集中缴库和自收汇缴三种缴库方式简并为直接缴库和集中汇缴两种方式。直接缴库，是指由缴款单位或缴款人按有关法律法规规定，直接将应缴收入缴入国库单一账户或预算外资金财政专户；集中汇缴，是指由征收机关（有关法定单位）按有关法律规定，将所收的应缴收入汇总缴入国库单一账户或预算外资金财政专户。

第二，收缴程序。直接缴库程序：直接缴库的税收收入，由纳税人或税务代理人提出纳税申报，经征收机关审核无误后，由纳税人通过开户银行将税款缴入国库单一账户。直接缴库的其他收入，比照上述程序缴入国库单一账户或预算外资金财政专户。

集中汇缴程序：小额零散税收和法律另有规定的应缴收入，由征收机关于收缴收入的当日汇总缴入国库单一账户。非税收入中的现金缴款，比照上述程序缴入国库单一账户或预算外资金财政专户。

（3）财政支出支付方式和程序。财政性资金的支付实行国库集中支付，包括财政直接支付和财政授权支付两种方式。

第一，财政支出支付方式。财政直接支付，是指由财政部门向中国人民银行和代理银行签发支付指令，代理银行根据支付指令通过国库单一账户体系将资金直接支付到收款人（即商品或劳务的供应商等）或用款单位（即具体申请和使用财政性资金的预算单位）账户。

财政授权支付，是指预算单位按照财政部门的授权，自行向代理银行签发支付指令，代理银行根据支付指令，在财政部门批准的预算单位的用款额度内，通过国库单一账户体系将资金支付到收款人账户。

第二，财政支出支付程序。

财政直接支付程序。预算单位实行财政直接支付的财政性资金包括工资支出、工程采购支出、物品和服务采购支出。财政直接支付的申请由一级预算单位汇总，填写“财政直接支付汇总申请书”，报财政部门国库支付执行机构，财政部门国库支付执行机构审核一级预算单位提出的支付申请无误后，开具“财政直接支付汇总清算额度通知单”和“财政直接支付凭证”，经财政部门国库管理机构加盖印章签发后，分别送中国人民银行和代理银行。代理银行根据“财政直接支付凭证”及时将资金直接支付给收款人或用款单位。

财政授权支付程序。该程序适用于未纳入工资支出、工程采购支出、物品和服务采购支出管理的购买支出和零星支出。财政部门根据批准的一级预算单位用款计划中月度授权支付额度，每月 25 日前以“财政授权支付汇总清算额度通知单”“财政授权支付额度通知单”的形式分别通知中国人民银行、代理银行。代理银行在收到财政部门下达的“财政授权支付额度通知单”时，向相关预算单位发出“财政授权支付额度到账通知书”。基层预算单位凭据“财政授权支付额度到账通知书”所确定的额度支用资金；代理银行凭据“财政授权支付额度通知单”受理预算单位财政授权支付业务，控制预算单位的支付金额，并与国库单一账户进行资金清算。预算单位支用授权额度时，填制财政部门统一制定的“财政授权支付凭证”送代理银行；代理银行根据“财政授权支付凭证”，通过零余额账户办理资金支付。

2. 国库现金管理的兴起与发展

国库现金管理就是在确保国库资金安全完整和财政支出需要的前提下，对国库现金进行包括商业银行定期存款、买回国债、国债逆回购等运作管理，实现国库闲置现金余额最小化、投资收益最大化的一系列财政资金管理活动，是现代国库的一项重要职能。

（1）国库现金管理的兴起。2005 年，国务院正式批准财政部开展中央国库现金管理，并规定在国库现金管理初期，主要采取商业银行定期存款和买回国债两种方式实施操作。2006 年，财政部、中国人民银行联合发布《中央国库现金管理暂行办法》《中央国库现金管理商业银行定期存款业务操作规程》，初步奠定了中央国库现金管理制度框架，并于当年开始正式实施国库现金管理操作，开始形成以商业银行定期存款为主、买回国债等货币市场投资为辅的国库现金管理模式。

目前，我国的国库现金管理在中央已开展起来，一些地方也正在试点探索。中央国库现金管理的操作方式主要是国库现金定期存款，即以利率为标的通过招投标的方式选择商业银行，商业银行以国债为质押从财政部取得定期存款。地方国库现金管理试点仅限于国库余额资金的商业银行转存，以获取资金利息收入。

（2）国库现金管理的积极作用。理论上，开展国库现金管理主要有以下几个方面的积极作用：

第一，可以为经济发展提供更好的政策环境。规范有效的国库现金管理不增加税收负担，又能为财政开辟了新的收入来源，有利于激发政府理财的积极性。作为财政政策与货币政策的联结点，高效的国库现金管理还有利于实现货币政策目标，为经济发展提供更好的政策环境。主要包括：①发达的国库现金管理体系，有利于增加金融产品的供给和需求，能促进金融市场发展；②稳定的库底资金余额，可以使财政资金对基础货币的干扰变小，从而避免与央行操作目标相背离的资金投放；③开展国库现金管理可加强财政部门与央行的合作，促进货币政策与财政政策协调同步，提高政府对宏观经济的调控能力。

第二，有利于加强财政资金的科学管理。作为政府理财的一种新手段，规范有效的国库现金管理有利于提升财政的余额管理和风险管理水平。余额管理方面，在保证安全性、流动性的前提下，通过引入货币“时间价值”原则，使库底资金尽量保持较低余额，可将闲置资金投资于相应的金融产品，从而获取投资收益。风险管理方面，通过细化预算编制、披露政府债务信息、建立完善现金流预测机制等方式，可提前掌控财政资金未来的变化趋势，提高风险应对能力。

第三，有利于国库运行效率提升和政府资产保值增值。随着金融市场、理财能力和信息技术的发展，国库在管理财政资金时可以更方便地调集、运用资金，从而更好地控制预算执行、提高执行效率，更好地盘活闲置资金以实现政府资产的保值增值。

3. 税制的中长期改革走向

（1）税制改革的目标取向。

第一，完善税收制度。深化税收制度改革，完善地方税体系，逐步提高直接税比重。推进增值税改革，适当简化税率。调整消费税征收范围、环节、税率，把高耗能、高污染产品及部分高档消费品纳入征收范围。

第二，逐步建立综合与分类相结合的个人所得税制。加快房地产税立法并适时推进改革，加快资源税改革，推动环境保护费改税。按照统一税制、公平税负、促进公平竞争的原则，加强对税收优惠特别是区域税收优惠政策的规范管理。税收优惠政策统一由专门税收法律法规规定，清理规范税收优惠政策。完善国税、地税征管体制。

第三，进一步深化中国税制改革，要与科学发展观相适应，要与法治化建设相适应，不仅要确保税制改革任务顺利实现，同时也要考虑到中长期的全盘税制发展战略。为此，我国税制改革必须消除碎片化，向系统化转变，从全局视角推进。总体来看，我国税制改革的目标取向应当是：适当降低间接税的比重，提高直接税的比重，实现结构性减税与结构性增税的优化平衡，建立一个能适应经济波动并进行有效调节、体现国家产业政策和技术经济政策，既能满足政府财力正常需求，又能满足优化分配格局等社会迫切需求的税收制度体系。

（2）中长期税制改革展望。

第一，适度地稳定宏观税负，实现结构性减税与结构性增税的优化平衡，增强政府公共服务供给能力。为增强政府公共服务供给能力，提升国民福利水平，应保持适度的税收增长和宏观税负水平。因此，解决税收增长与降低居民税收痛苦的矛盾，需要实行结构性减税与结构性增税相结合的方式，推进税制内部优化平衡。

第二，优化税制结构，完善现行税收制度体系。研究推进环境、资源、财产等方面的税制改革，以构成完整的现代税制体系。逐步健全地方税系，赋予省级政府适当的税收管理权限：一是科学配置税种，依据民生需要的程度和社会公共管理的实际归属来优化税收分享。二是构建以房地产税和资源税为主的地方税系，使其成为地方政府收入主要的来源。三是应赋予省级政府对地方税种适当的管理权限。

第三，完善相应税种，提升税收调节经济社会发展的能力。具体包括：①进一步改革增值税，促进产业升级、优化和发展方式转变；②进一步完善消费税，合理引导生产与消费；③按照“综合与分类相结合”的方向完善个人所得税，发挥优化收入分配格局作用；④全面改革资源税费制度、推进资源税“扩覆”，并研究开征环境保护税，促进“两型社会”建设和经济可持续发展。

第四，建立科学合理的税收优惠政策体系。应按照有利于实现科学发展和加快转变经济发展方式的要求，建立包括推进新农村建设和城乡一体化、支持战略性新兴产业发展、鼓励企业提高自主创新能力、促进资源节约和环境保护、推进区域协调发展、扶持就业再就业、推动实施“走出去”战略等在内的税收政策体系，发挥税收在支持中小企业、小微企业发展、加强企业研发创新、调节收入分配和引导产业结构升级和结构调整等方面的积极作用。

（六）财政政策实践与发展

财政政策①是指一国政府为实现预定的宏观经济目标，通过调整财政收支规模和收支平衡，从而影响总需求、就业和国民收入的政策。财政政策作为政府干预市场失灵、熨平经济周期性波动的重要工具，其核心特征在于反周期性，即相机抉择的政策是否是基于对经济形势的科学判断而采取的逆调节政策。

---

① 财政政策是国家宏观经济政策的重要组成部分，是政府干预经济、熨平经济周期性波动的重要工具。

1. 财政政策的类别与效应

（1）财政政策类型划分。依据财政政策调控国民经济总量的作用和性质，可以将其划分为：①扩张性财政政策。通过降低财政收入或增加财政支出等财政分配活动来增加和刺激社会总需求的政策。②紧缩性财政政策。通过增加财政收入或减少财政支出等财政分配活动来减少和抑制总需求的政策。③中性财政政策。通过财政收支的大体平衡，以保持社会总需求与总供给基本平衡的政策。

根据财政政策发挥作用的机制，可以将其划分为：①自动稳定的财政政策。指某些能够根据经济波动情况自动发生稳定作用的政策，它无须借助外力就可直接产生控制效果。②相机抉择的财政政策。指本身没有自动稳定的作用，需要借助外力才能对经济产生调节作用的财政政策。

2. 财政政策的效应

（1）“内在稳定器”效应。“内在稳定器”效应是指它能在宏观经济不稳定的情况下自动发挥作用，使宏观经济趋向稳定。“内在稳定器”效应主要表现为累进的所得税制和公共支出尤其是社会福利支出。

（2）乘数效应。乘数效应主要指投资或政府公共支出变动引起的社会总需求变动对国民收入增加或减少的影响程度。乘数效应包括正反两个方面。当政府投资或公共支出扩大、税收减少时，对国民收入有加倍扩大的作用，从而产生宏观经济的扩张效应。当政府投资或公共支出削减、税收增加时，对国民收入有加倍收缩的作用，从而产生宏观经济的紧缩效应。

（3）调节效应。调节效应指政府通过财政补贴、各种奖惩措施，优惠政策对国民经济的某些地区、部门、行业、产品及某种经济行为予以鼓励、扶持或者限制、惩罚而产生的有效影响。

（4）货币效应。货币效应一方面表现为政府投资、公共支出、财政补贴等本身形成一部分社会货币购买力，从而对货币流通形成直接影响，产生货币效应；另一方面，财政政策的货币效应主要体现在公债上，公债政策的货币效应又取决于公债认购的对象和资金来源。

3. 财政政策的改进思路

（1）建立健全科学、法治、民主的财政政策决策机制，建立独立、客观、公正的财税政策执行效果评估机制及问责机制，加强财政政策与其他宏观调控政策的协调同步，进一步提高决策水平，防止决策失误。

（2）研究创新财政投入引导机制、激励机制，系统整合资金、统筹使用，综合运用财政支出政策、税收政策和政府采购手段，促进财政政策更好地发挥调整经济结构的作用。

（3）适当减少并优化财政投资，防止低水平重复建设和盲目投资，切实加大对主体功能区、自主创新、节能减排等国家战略的政策支持力度，进一步改进政策手段，提高政策绩效。

（七）财政法治化、信息化与现代化发展

1. 财政法治化

法治化是公共财政的内在要求，也是公共财政的基本特征。加强财政法治建设，深化对财政法、国有资产法等立法研究，推动增值税、消费税、关税等立法，以及预算法、政府采购法等修订工作，完善行政规范性文件合法性审查，严格规范财政行政执法。

立法应以宪法为统领，以各类国有资产法律制度为依托，立足中国特色社会主义国有资产治理和管理的实际。综合性国有资产立法是一项系统工程，既需要从理论和法理上对国有资产治理和管理进行深入系统的研究，又需要相关部门协同配合，为立法推进创造条件。立法应重点规范各类国有资产管理和监督涉及的基本问题和原则性问题，以满足国有资产整体性、系统性、规范性、协同性管理和监督的要求。

财政法和国有资产法的立法工作都应明确其与现有法律之间的关系。例如，财政法应当涉及政府间财政事权和支出责任划分等，国有资产法应当涉及国有资产的形态转化等，并各自形成综合性的法律体系。

在推进财政立法过程中，思想指引维度上，坚持党的领导和以人民为中心的基本理念，贯彻全面依法治国的整体要求；主体维度上，明确立法机构、审计机关、财政部门以及各支出部门等主体在立法、实施、监督、保障各个环节中的具体职责；技术维度上，将互联网、大数据等新兴技术融入立法、实施、监督和保障各领域，积极打造“互联网+财政法治”新形态。

财政法治建设的协同是关键，即注重财政法治建设与现代财政制度建设相协同，注重财政法治建设与财政理论政策研究相协同，注重财政法治建设与政治、经济、社会等领域相关立法相协同，注重立法评估与法律制度实施效果评估相协同。

总之，进一步增强法治意识，加快财政立法步伐，强化对权力的制约和监督。提升依法行政水平，加强财政行政服务和应诉工作，特别是推行行政执法公示制度以及重大执法决定法治审核制度，不断推进财政法治化进程。

2. 财政信息化

随着财政改革的不断推进，财政信息化建设取得了飞速发展，信息技术在财政行业得到了广泛应用，与财政业务深度融合，有力支撑了财政改革与管理。2019 年起，财政部大力推进预算管理一体化系统建设，不断夯实财政信息化的“基石”。预算管理一体化系统

建设是全面深化预算管理制度改革的重要支撑。预算管理一体化以统一预算管理规则为核心，以预算管理一体化系统为主要载体，将统一的管理规则嵌入信息系统，提高项目储备、预算编审、预算调整和调剂、资金支付、会计核算、决算和报告等工作的标准化、自动化水平，实现对预算管理全流程的动态反映和有效控制，保证各级预算管理规范高效。

预算管理一体化初步实现了财政信息化的跨越式发展，实现原因：①先进的现代预算管理理念。预算管理一体化不仅仅是单纯的信息化，把线下业务搬到线上处理，而是通过现代信息技术将预算管理规则嵌入信息系统中，规则包含了财政管理制度，这样就可以实现制度和技术的有机统一，将会大幅提高预算管理效率，节约不必要的人工成本，对预算决策形成有力支撑，这也是现代预算制度的内在要求。②中央财政部门出台的技术标准和业务规范，为各地开展预算管理一体化工作提供了有效的指引。中央财政提供的这些技术标准和规范从顶层设计的高度看，具有较强的通用性，可以说打造出了一把“标尺”，让地方能够顺利地推动并实施此项工作。标准的统一可以做到上下左右各类系统的顺畅衔接，减少了不少现实阻力。③高效运转的组织保障。很多地方成立了工作专班，抽调了全省的技术、业务等多方骨干力量，实现了全省大协同，为预算管理一体化系统上线提供了有力的组织保障。

预算管理一体化是财政信息化转型的重要推动力，降低了各类信息不对称现象所导致的逆向选择和道德风险。财政部门依托信息系统，对部门预算资金、转移支付资金等资金运行能够实时进行动态监控和分析，发现问题可以及时予以纠正和反映，有助于财政部门做好综合调控工作，更好地统筹各种财政资源，降低无效支出，有效防范化解各种资金使用风险。

预算管理一体化运用互联网、人工智能等现代信息技术实际上也是对财政信息化进一步发展的有力推动。预算管理一体化更加强调了这些先进信息技术对管理人员日常管理的有效辅助与支撑，可以为各级决策部门提供全面、准确、及时的决策信息，推动科学决策，提升政府的现代化治理能力。

3. 财政现代化

（1）财政助力中国式现代化行稳致远。“财”要为“政”服务，这是财政工作的基本出发点和落脚点，财政通过配置财政资源，落实以人民为中心的发展思想，助力中国式现代化行稳致远。

第一，打造完善的公共服务体系，增强财政回应性。中国推进现代化建设，离不开强大的国家能力和制度效能。强大的国家能力集中体现为财政对公共资源的汲取、管理和配置能力，为社会主义现代化建设提供重要的财力支持。满足人民群众对美好生活的需要，不断提升人民群众的自身技能和素质，最终实现全面发展，在现代化建设中形成“人人参与、人人共建”的合力。基本公共服务作为保障和改善民生的重要举措，能够满足人们生存发展的基本需要。因此，实现基本公共服务均等化是在人口规模巨大的国家推进现代化建设的重要抓手和举措。

财政资源不断向民生领域倾斜，逐步提高教育、医疗、社会保障和就业等公共服务的供给质量，一方面可以保障人民群众共享改革发展成果；另一方面可以提高整体的人力资本水平，加速人力资本积累，充分发挥亿万人民的聪明才智，为现代化建设提供支持。

第二，厘清财税工具在三次分配中的作用和边界，推动实现共同富裕。共同富裕是社会主义的本质要求，是中国式现代化的重要特征。财政为政府进行初次分配、再分配和第三次分配提供基础保障和政策工具，在推动社会财富合理分配、保障人们共享发展成果等方面始终发挥着重要作用。

第三，发挥财政多重职能，着力促进经济高质量发展。我国经济已经进入高质量发展阶段，高质量发展是新时代现代化建设的本质要求。高质量发展要求从社会主要矛盾出发，更加关注发展的协调性和可持续性，最终促进经济、政治、文化、社会、生态五个方面的全面发展。因此，“物质文明与精神文明协调发展”“人与自然和谐共生”同样也是高质量发展的本质要求。

对财政重新定位，明确了社会主义财政在现代化建设中的重要地位，将财政在全面深化改革中的地位提高到新的战略高度。因此，科学合理的财税制度安排必然能够优化财政资源配置，进而释放出高质量绩效，不断加强精神文明和生态文明建设，实现物质文明与精神文明协调发展、人与自然和谐共生。

在物质文明建设过程中，财政始终处于动态调整中，为现代化建设提供重要的制度保障。在计划经济体制下，财政是落实政府计划的指令性工具，在社会资源中发挥着极为重要的作用，财政支出主要用于国家基本经济建设和国有企业活动，为我国工业化奠定了基础。此时，财政成为国家推进“四个现代化”的重要制度工具。进入改革开放新时期，财政使用预算、税收、国债等政策手段，优化资源配置，为形成中国特色社会主义新局面奠定了重要基础。

第四，构建大国财政，助推人类文明发展。中国式现代化始终坚持走和平发展道路，积极地投身于全球经济发展、文明交流、生态建设等国际事务中，将大国财政理念融入财税体制改革中。在全球视野下，构建大国财政是中国积极参与全球治理的重要表现。

建立现代预算制度，缓解财政收支矛盾，防范财政风险。公开透明、绩效管理、标准科学是现代预算制度的重要特征，体现着民主、效率和法治的重要原则。预算的法治化、规范化和制度化，是依法治国的内在要求，而依法治国是国家治理能力提升的重要基础。

（2）财政制度现代化的完善路径。现代财政制度是国家治理现代化的重要基础，是规范政府与市场、政府与社会、中央与地方关系的一系列财政制度。健全现代财政制度，继续深化财税体制改革，在现代预算制度、现代税收制度和转移支付体系之间形成合力，为新阶段中国式现代化提供制度保障和政策工具。

第一，建立现代财政制度，助推全球治理变革。在全球视野下，建立现代财政制度就是要从中国国情出发，立足现代治理，与国家治理现代化相适应，推动全球公共秩序变革。构建大国财政为我国财政制度的重构提供了重要思路，同时也是中国参与全球治理、应对全球性挑战、构筑命运共同体的重要战略选择。大国财政符合“中国之治”的本质要求，是中国式现代化建设的应有之义，能否成功推进现代化建设、推动全球治理变革关键在于能否成功实施大国财政战略。中国作为经济政治大国，应该主动承担提供全球性公共品的责任，参与全球资源配置。继续深化财政体制改革，提高财政可持续性，提高全球性公共品的供给能力，积极参与国际事务，参与全球公共风险治理，促进全球经济持续增长，助推全球治理变革，引领人类文明进程。

第二，建立现代化国家税收体系，加强国际反避税治理。正确把握当前的国际形势，深刻把握当前的时代主题，在国际税收治理中凸显“公平高效、合作共赢、包容互惠”的特点，推动建立现代化国际税收体系。

二、审计环境对财政审计的影响

（一）对财政审计本质的影响

审计本质基于人们对审计现象的观察，不同的审计环境下，审计现象会有差异。不同的审计环境下，财政审计的个性本质会存在差异。例如，中国的财政审计原来主要是查找违法违规行为，在这种环境下，人们认为财政审计是经济监督；后来，财政审计工作按“两手抓”的思路来开展，在这种环境下，人们认为财政审计是财政安全的免疫系统。当然，这并不表明财政审计本质是变动的，财政审计本质是由共性本质和个性本质组成的，共性本质并不随审计环境的变化而变化，而个性本质则与审计环境有重大关联。

（二）对财政审计需求的影响

审计是治理机制的重要成员，财政审计也不例外，它是财政治理机制的重要成员，除了财政审计之外的财政治理体系之状况会影响财政审计需求，大体来说，这种影响可能有两个层级：①对财政审计的需求程度；②需要何种类型的财政审计。

从财政审计需求程度来说，财政治理体系的其他要素越是有效果，对财政审计的需求程度越是会降低，当然，这并不表明可能通过财政治理体系其他要素的优化来取代财政审计。从需要何种类型的财政审计来说，不同的财政治理状况下，代理人不同类型的财政代理问题和次优问题的严重程度不同，委托人关注的财政代理问题和次优问题也不同，所以，需要财政审计来重点应对的代理问题和次优问题也不同，从而财政审计业务类型也不同。例如，中国的财政审计以财政合规审计为主，而美国的财政审计则以财政绩效审计为主，很大程度上是由于两国的财政治理体系状况所导致的。

（三）对财政审计主体的影响

审计主体是委托人的职权，委托人可以选择自行组成审计机构，也可以选择从外部购买审计服务，财政审计也不例外，审计主体选择是财政审计委托人的职权。

财政委托代理关系中的委托人不同，从而会有不同的政府审计体制（广义政府），这就意味着，开展财政审计的政府审计机关的领导者不同。另外，根据经典审计理论，在符合独立性、成本效益性且保障审计质量的前提下，政府审计业务可以外包，而能否外包的关键是民间审计机构的竞争优势，就财政审计而言，其业务类型分为财政报表审计、财政绩效审计、财政合规审计、财政制度审计，如果民间审计机构在某些业务方面具有竞争优势，则业务外包也可能发生，而不同的环境下，民间审计机构的竞争优势是不同的，从而外包的可能性及业务种类也不同。

（四）对财政审计客体的影响

审计客体是资源委托代理关系中的代理人。财政审计也不例外，其审计客体是财政委托代理关系中的代理人，在不同的环境下，财政体制不同，财政资源的筹集、分配、管理和使用范围也不同，从而使得财政委托代理关系中的代理人范围也不同，这当然会影响财政审计的客体范围，“财政资金运用到哪里，审计就跟进到哪里”，“财政资金运用到哪里”是由多种环境因素所决定的，而正是“财政资金运用到哪里”决定了“审计就跟进到哪里”，所以，审计环境会决定财政审计客体的范围。

（五）对财政审计内容的影响

审计内容关注的是审计对象、审计主体、审计业务类型、审计标的和审计载体等层级，财政审计也不例外，其审计内容也需要从上述这些层级来分析。不同的审计环境下，财政审计对象都是财政经管责任，但是，关注的财政经管责任的维度不同，正是这种维度不同，其关注的审计主题也就不同，很显然，不同的审计主题会导致不同的审计业务类型、审计标的及审计载体。

（六）对财政审计目标的影响

审计目标是人们希望通过审计得到的结果，其直接目标是查找财政经管责任履行中的代理问题和次优问题，而终极目标则是抑制财政经管责任履行中的代理问题和次优问题。

在不同的审计环境下，财政委托代理关系中的委托人所关注的代理问题和次优问题是不同的，正是这种不同，会导致不同的审计目标选择。更为重要的是，从直接目标到终极目标，需要经过财政审计结果应用这个关键环节，而不同的审计环境下，财政审计结果的应用机制及应用的动力、压力不同，从而对财政审计结果的应用效果也不同，进而影响审计终极目标的达成程度。

（七）对财政审计方法的影响

审计方法主要是审计取证模式，需要根据审计载体和审计意见类型来选择，财政审计取证模式也不例外，一方面，财政审计载体状况不同，需要选择不同的审计取证模式，只有在存在系统且有支撑材料的审计载体时，才可以选择命题论证型取证模式，否则，只能选择事实发现型取证模式；另一方面，审计取证模式的选择还需要考虑财政审计意见类型的需求，如果需要发表合理保证审计意见，则需要命题论证型取证模式来配合，如果需要发表有限保证审计意见，则事实发现型取证模式就能满足证据要求。很显然，财政审计载体状况及对财政审计意见类型的需求，则为财政审计环境因素。

（八）对财政审计结果应用的影响

不同的审计环境下，财政审计业务类型不同，从而财政审计结果不同，这种结果不同，当然会影响其应用也不同；不同的审计环境下，审计机构直接应用财政审计结果的授权可能不同，从而会影响审计机构本身对财政审计结果的应用；还有，不同的审计环境下，利益相关者应用财政审计结果的授权及动力也可能不同，正是这种不同，会导致利益相关者对财政结果的应用出现重大差异。总体来说，审计环境会影响财政审计结果的类型及应用授权、动力和压力。

第四节　财政审计的新时代发展

一、财政审计的发展现状

财政审计持续关注公共资金分配管理使用绩效，宏观和微观相结合推动财政政策提质增效。财政审计始终聚焦主责主业，从资金分配不合理、资金下达不及时、资金使用效率不高到资金绩效评价不到位的全链条反映公共资金的管理使用情况，反映问题的深度不断拓展，在反映问题的同时深入分析问题产生的原因，既关注宏观的分配、管理方面的问题，也关注资金在末级使用方面的问题，以财政审计在宏观和微观方面同时发力，推动财政政策提质增效。

财政审计的广度不断拓展，审计全覆盖的改革要求正在有条不紊地向纵深推进。在党中央、国务院的领导下，审计全覆盖的部署正在逐步推进，审计发挥的作用也越来越突出。①审计对象不断拓展，全覆盖要求逐步落实。②审计内容不断丰富，全覆盖范围逐步拓宽。中央部门预算执行和决算草案审计中，审计内容从公共资金的使用，逐步拓展到资金筹集、管理、使用、国有资产管理等多个方面。

财政审计的深度不断延伸，审计助推深化财税体制改革的作用逐渐体现。各级审计部门在实施预算执行和决算草案的审计过程中，不仅是揭露违法违规问题，更重要的是通过审计揭示当前财政管理中存在的一些体制机制障碍问题，以期推动财政管理水平的不断提升，推动国家治理能力的现代化。近年来，财政审计不断发展进步，始终聚焦关注财政资金分配管理使用绩效的全链条，同时审计的广度和深度不断拓展，反映问题的角度不断丰富，并注重分析问题产生的深层次原因，提出切实可行的审计建议，助推深化财税体制改革的作用逐步显现。

二、财政审计的深化措施

随着财税体制改革的不断深入，财政审计发挥的作用逐步体现。通过做好财政审计，以进一步推动财税体制改革，需要从以下三方面协同推进：

（一）聚焦主责主业，找准审计重点

更好地发挥财政审计在助推深化财税体制改革中作用，加强对财政政策出台、财政运行、财政体制改革、财政资金管理分配使用等方面的研究，聚焦财政审计的主责主业，以“政治—政策—项目—资金”为主线，以财政资金为抓手，找准审计重点。

第一，深刻领会党中央在财税体制改革、建立现代预算制度方面的部署，找准财政审计的定位，结合财税体制改革中存在的难点和堵点，持续发力，研究相关政策，结合具体审计项目，以财政资金的分配、管理、使用、绩效全链条为抓手，持续关注财税体制改革在财政资源统筹、财政支出标准化、综合财务报告、全面实施预算绩效管理等方面存在的问题，深入剖析背后存在的体制机制障碍，推动财税体制改革不断深化。

第二，深度研究财政运行的机制，不仅关注中央财政管理，进一步结合地方财政运行中存在的问题，深入分析中央和地方的财政关系，从体制上加强对央地财政关系的分析，

关注当前地方财政存在的困难，特别是在经济下行情况下，地方财政存在的“三保”困难、地方政府债务及隐性债务风险等，将其和中央财政运行管理结合起来分析，关注中央与地方事权与支出责任的划分和省以下财政体制改革政策推进情况，了解其中的难点和堵点，推动建立现代预算制度。

第三，结合财政政策的出台背景、政策手段、政策目标等，深入理解财政政策背后的政策意图，理解财政政策发挥效用的运行逻辑，找准政策抓手，以财政审计推动财政政策真正落实落地，推动财政政策的提质增效。

（二）实施上下联动，发挥审计合力

财政审计在深化财税体制改革中进一步强化，充分发挥各级审计机关的主观能动性。深化财税体制改革、推动财政政策落实落地、确保财政运行不出风险，不仅在中央部门，也在基层政府。因此，要坚持审计“一盘棋”，研究如何打破审计工作的业务壁垒，在财政审计领域充分实施上下联动，发挥各级审计机关的审计合力，也尤为重要。

对各项政策、项目、资金的审计，实际上应该是“自上而下”和“自下而上”相结合的，一个政策、一项资金，从分配、管理、使用和绩效的全链条看是“自上而下”的，做好财政审计，特别是要做好中央预算执行和决算草案审计等，更应该做好上下联动。在对中央部门的审计中，关注政策的科学合理、资金的分配和管理，在对基层政府的审计中，关注资金的分配、管理、使用和绩效。对中央财政资金的审计过程中，发现的政策不科学不合理、分配不合理、管理不到位等问题，应向下延伸，追问题结果。同理，在下级审计机关关注到财政资金存在的问题后，也应向上回溯，找问题原因。通过上下联动，更加全面地反映公共资金在全链条中存在的问题和障碍，深入剖析问题产生的原因，有针对性地提出相关的审计建议。

（三）抓实审计整改，发挥审计实效

审计发现问题整改制度不断健全完善，更加强调审计整改的重要性。推动财政审计发挥实效，要加强对审计整改的关注，做好对审计发现问题整改的“回头看”。

第一，进一步提高审计质量。财政审计要加强对被审计单位的研究，提高审计报告等的质量，在审计揭示问题、发现体制机制漏洞方面，提出的问题和审计建议要符合政策发展方向和改革要求，做到问题可整改、建议可实施。

第二，做好审计发现问题整改情况的专项检查。推动被审计单位更加重视审计问题整改，要做好对审计整改的检查，才能进一步推动相关部门和地区举一反三，逐步逐项解决被审计单位在财税体制改革、财政政策落实中存在的问题和体制机制障碍，推动国家治理能力现代化。

第四章 领导者经济责任审计的新发展

第一节 领导者的经济责任

领导者作为单位各项工作的负责人，其经济责任是以财务活动的真实性、合法性、效益性责任，管理的科学性责任为纬线，以前任与现任责任、集体与个人责任、主管责任与直接责任、主观责任与客观责任、错误与弊端责任、违纪与违规责任的界定为经线，构成经济责任网络，其结合点最终构成领导者的经济责任。因此，领导者的经济责任如下：

一、保证财政财务状况真实、合法和有效的责任

财政财务状况真实、合法和有效的责任是领导者应当履行经济责任的最基本内容。财政财务状况可以反映领导者是否正确地贯彻党和国家的各项经济政策与财经法规，合理地使用各项资金，有效地管理国家资产等。对于企业来说，可以反映领导人员经营业绩的优劣、经营决策能力的强弱和管理水平的高低，所以，这是领导者应当履行的重要的经济责任之一。

在政府机关和行政事业单位中，领导者所承担的财政财务状况责任，主要是对本单位财政预算、财务计划的执行情况及其决算情况，预算外资金的收入、支出和管理情况，各项专项基金的来源、使用和管理情况所承担的责任。

在企业中，领导人员所承担的财政财务状况责任主要是对企业资产、负债、损益的真实、合法、效益情况，对外投资和资产处置的合规、合理和有效情况，收益分配的合规与合理情况，资金筹集与分配的合理与有效情况所承担的责任。

二、完成经济责任目标的责任

一个单位、部门或企业的领导者，作为被审计人，作为委托-代理关系中的受托者，承担着管理、经营国家资产的责任，在其任职期间，就应该履行其受托责任，以完成单位各项计划目标为己任，领导者所在单位的计划目标也即是领导者本人的责任目标。完成各项经济责任目标，是其应承担的重要经济责任内容之一。

在不同性质的单位，领导者应完成的经济责任目标也各不相同。企业领导人员，应对本单位的利润、成本、资金、发展潜力等方面的经济指标的完成情况负责；党政机关及事业单位领导者，应对本单位经费收支、预算执行、单位的发展规划、年度工作计划所反映的主要经济指标和管理指标的完成情况负责。

三、执行财经法规和个人廉洁自律的责任

作为领导人，理应把财经法纪作为依法行政、依法管理的依据；实行内部牵制，加强内部稽核，防止各种违纪违法现象的发生；并不得授意、指使、暗示、强令有关人员违反财经法纪。

为进一步规范领导者从政行为，加强领导干部廉洁自律工作，中央纪委发出通知，要求各有关部门要严格执行规定的内容。规定要求，党的机关、行政机关、政协机关、审判机关、检察机关中担任副科级以上职务的领导干部，行政事业单位、人民团体中相当于副科级以上职务的领导者，国有企业的中层以上领导人员一律不得接受所属管理和服务的对象、主管范围内的下属单位和个人、外商、私营企业主以及其他与行使职权有关系的单位和个人赠送的现金、有价证券和支付凭证。领导者应以中共中央和有关部门制定的准则和文件为依据，自觉遵循廉洁从政行为规范，依法行政，廉洁自律。

四、实现国有资产保值增值的责任

对领导人员进行经济责任审计时，在查明企业资产、负债、损益和所有者权益真实性、合法性、效益性的基础上，进一步查明被审计领导人员任期内国有资产管理使用及保值增值状况，对于确认被审计领导人员对国有资产管理应负的责任及考察其业绩状况十分必要。

领导者所承担的国有资产保值增值的责任体现在对国有资产的科学管理及合理使用上，即领导者对国有资产存量的真实性、资产增减变动的合规性、资产结构的合理性及国有资产的保值和增值负责，确保国有资产的安全与完整。

五、构建内部控制制度的责任

内部控制是被审计单位为了合理保证财务报告的可靠性、经营的效率和效果以及对法律法规的遵守，由治理层、管理层和其他人员设计和执行的政策和程序。内部控制制度的建立并有效执行是领导者履行经济责任的重要制度保障，也是履行其他经济责任的基础。任何单位的领导者都负有建立健全并执行内部控制制度的责任。内部控制制度的健全性与有效性反映出领导者的经济内控能力，体现出领导者的管理哲学、管理能力和管理水平。

六、制定重大经济决策的责任

决策是权力的体现，领导者和领导人员在决策过程中往往起着关键的作用。凡涉及到政府机关和企事业单位的发展目标拟订、机构设置、人员任免、对外投资、基本建设、资产处置、产权转让、外汇收支、招商引资等均属于重大决策，对上述决策中有关经济事项所做的决策是领导者应承担的经济责任之一。

领导者应对重大经济决策的合规性与科学性负责，决策的合规性主要是指决策程序的合规与合理性；决策的科学性主要是指重大决策是否科学可行，有无效率和效果，是否达到了预期的经济效益和社会效益。

七、实现可持续发展的责任

可持续发展，对于拥有决策权的各级领导者而言，加速可持续发展战略的实施具有重要的作用。可持续发展的关键在于如何使单位内部资源与外部机遇相适应，是否有明确的战略定位并构建核心能力。为实现可持续发展的目标，领导者在任职期间不能有只顾眼前利益，不顾长远利益，为了片面追求个人政绩不惜牺牲未来利益的短期行为。

第二节　经济责任审计产生与发展

“经济责任审计是一种有代表性的拥有中国特点的国家审计体系，其本质是保障和监察领导干部在各种经济活动中应当承担责任的一种特殊审计制度，它与其他监督机制共同促进国家良治，推动经济可持续发展。”① 经济责任审计是指由独立的审计机构和审计人员依据党和国家的方针、政策，财经法令、法规、制度以及计划、预算、经济合同等，对经济责任关系主体经济责任的履行情况监督、审查、评价和证明的一种审计方式。

一、经济责任审计的目标

经济责任审计的目标是通过进行经济责任审计所要达到的要求，是审计工作的指南。经济责任审计的目标就是要审查和评价被审计对象的真实性、合法性、效益性和责任性。

---

① 张会敏，安文煜，吴文果．经济责任审计研究领域的文献计量分析［J］．内蒙古科技与经济，2023，515（01）：71.

（一）经济责任审计的真实性目标

经济责任审计的真实性目标主要由下列方面来体现：

第一，通过对财政收支或财务收支的审计，查明其真实性。

第二，通过对被审计领导人员任期经济责任履行情况和经济责任目标完成情况的审计，验证领导人员任职期间经济责任审计履行情况和经济责任目标完成情况的真实性。

第三，通过对会计报表和相关经济资料的审计，查明这些资料的真实性和公允性。

第四，在以上方面的基础上查明被审计领导人员经营管理能力、水平、业绩的真实状况，为相关方面考核和评价领导人员提供真实可靠的依据。

（二）经济责任审计的合法性目标

经济责任审计的合法性目标主要从下列方面来体现：

第一，通过对所在部门或单位的财政收支或财务收支的审计，验证其合法性。

第二，通过对领导人员任期经济责任履行情况的审计，查明领导人员本人财经纪律的情况及经济责任履行的合法性。

第三，通过对会计报表和其他相关经济资料的审计，验证这些资料的合法性。经济责任审计合法性的目标主要是通过评价被审计领导人员任职期间所在部门、单位财政收支或财务收支及其相关经营管理活动是否符合党和国家的法律、法规，是否符合财务会计制度的规定，揭露违法乱纪行为，保护资产的安全和完整，并促进被审计领导人员正确处理国家利益、地方利益、部门和单位利益、职工利益、个人利益之间的关系，长远利益和当前利益的关系。

（三）经济责任审计的效益性目标

经济责任审计的效益性目标主要体现在：

第一，通过审计财政收支或财务收支及其相关经营管理活动，评价领导人员在本部门、单位资金的使用、决策情况和资金运行的质量情况及对经营管理职责的履行情况，如管理制度是否建立、约束机制是否健全、资产管理是否规范等，从而评价其经济活动是否正常、是否符合事物发展的一般规律、是否符合经营管理的一般原理和原则。

第二，评价人、财、物等资源的利用是否经济、是否讲究效率、是否存在损失浪费、投资是否有效益等情况。

第三，评价经营管理目标、决策、计划、方案是否可行，是否讲究效果，并进而最终评价经济活动经济效益的有无高低。在审计过程中，审计人员还应当分析影响经济效益的原因和薄弱环节，提出建设性的意见，促使其改善经营管理，提高经济效益。

（四）经济责任审计的责任性目标

经济责任审计的责任性目标，直接针对被审计领导人员所应负有的经济责任进行评价。通过对领导人员任职期间所在部门、单位财政收支或财务收支及相关经营管理活动的审计，在查明其真实性、合法性、效益性的基础上，分清并确定被审计领导人员在本部门、本单位内存在的各种经济问题。在划分并确定经济责任时，要划清以下界限：前任领导人员责任与现任领导人员责任界限；直接责任和间接责任界限；领导责任与一般管理责任界限；主观原因与客观原因界限；工作失误与故意违法乱纪界限；显现功过和潜在功过责任界限。

二、经济责任审计机制与治理功能

经济责任审计依据“受托经济责任观”确立，使审计委托人、审计部门、审计对象和审计结果运用者等四类关键要素相互作用，旨在明确国家机关和国有企事业单位领导人经营管理责任。从执行机制来看，经济责任审计围绕领导干部任期内执行国家有关政策方针路线情况，重大决策制定、执行情况，预算执行及其他财政收支的真实性、合法性和效益性，部门内部管理和内控制度的建立情况以及领导干部自身廉洁从政情况等内容，对领导干部的政治行为和经济行为进行科学公正的量化评价。

经济责任审计关注权力的行使和责任的落实，促进理好财、用好权、尽好责，念好权力运行的“紧箍咒”，推动公共权力健康运行，敦促领导干部履职尽责、担当作为，为精准选人用人提供决策依据。并将领导干部行使权力存在的问题及时反馈给有关部门，严重的可将其移送纪检监察部门处理，将领导干部权力的行使置于有效的监督之下，具有很强的预警与抵御功能，是制约和监督领导干部权力运行的重要机制。通过经济责任审计实现对领导干部组织监督、纪检监督与审计监督的有机结合，对推进惩治和预防腐败体系建设具有重要意义。

三、经济责任审计程序

经济责任审计程序是指经济责任审计从开始到结束的全过程所实施的工作步骤和内容。审计方法是审计人员在审计过程中用来作用于审计对象，收集审计证据，实现审计目标的技术和手段的总和。审计方法包括一般方法和具体方法。经济责任审计程序是审计一般方法的构成内容，而具体方法的应用则贯串在审计程序中，因此，审计程序与审计方法是密切相关的。科学地制定审计程序，合理地确定各步骤的工作内容，选择恰当的审计方法，有利于审计工作的顺利进行，提高审计效率，也有利于对审计质量进行检查和考核，促进提高审计质量。

不同的审计主体开展不同的经济责任审计，在审计程序方面会有所差别。下面我们以注册会计师进行企业经济责任审计为主介绍经济责任审计的程序。注册会计师在接受国家审计机关委托的经济责任审计事项时，应当按照国家审计机关的审计程序开展工作。国家审计机关在开展经济责任审计时，其程序有相应的特点。为此，我们也补充介绍国家审计机关开展经济责任审计时，在审计程序方面的特殊考虑。注册会计师在开展经济责任审计时，其审计程序一般可分为三个阶段：审计计划阶段、审计实施阶段、审计完成阶段。

（一）经济责任审计的计划阶段

审计计划阶段也称为审计准备阶段、审计规划阶段，是整个经济责任审计的起点，是注册会计师在执行具体审计程序之前对被审计单位和被审计领导人员的了解以及对审计工作进行科学、合理的计划。审计计划阶段有助于有重点、有针对性地实施具体的审计程序，形成正确的审计结论，并可以使审计成本保持在一个合理的水平上，从而既提高审计效率，又确保审计质量。一般认为，审计计划阶段的主要工作如下。

1. 初步调查基本情况

民间（社会）审计组织在决定是否接受委托前，需对被审计单位和被审计领导人员的基本情况进行调查了解。一般情况下，需要调查了解的基本内容有：①被审计单位的业务性质、经营规模和组织结构；②被审计单位的经营情况、经营风险和财务状况；③以前年度接受审计情况；④财务会计机构及工作组织情况；⑤被审计领导人员的任职期限、权限、管理能力、经验、业绩、品行等；⑥被审计领导人员的任期经济责任和经济责任目标；⑦其他与签订审计业务约定书相关的事项。这些情况可以从被审计单位、被审计单位的主管部门、组织人事部门、纪检监察机关及其他相关单位了解。

2. 签订业务约定书

经济责任审计业务约定书应包括的主要内容有：签约双方的名称；委托目的；审计的范围；会计责任和审计责任；签约双方的责任与义务；出具审计报告的时间要求；审计报告的使用责任；审计收费；审计业务约定的有效时间；违约责任；签约时间；签约双方认为应当约定的其他事项。

经济责任审计的委托者一般不是被审计单位，而会计报表审计的委托者一般就是被审计单位。因而应在经济责任审计业务约定书中明确规定审计委托者，应当责成被审计单位和被审计领导人员对审计工作给予配合。另外，审计委托者应当在业务约定书签订后向被审计单位发出“经济责任审计通知书”，或以其他方式通知被审计单位，便于被审计单位做好必要的准备工作，利于审计工作的开展。

3. 组成审计小组

在审计业务约定书签订后，民间（社会）审计组织应当根据被审计单位的基本情况和注册会计师的业务能力、经验、独立性等配备注册会计师和助理人员，成立审计小组。审计小组成立后，应着手收集相关资料，做好审计准备工作。相关资料主要包括被审计单位和被审计领导人员的相关资料和审计过程中需要的评价依据资料。

前者包括：①被审计单位的财务、会计、统计、业务等方面的资料；②被审计领导人员的任期经济责任目标和任期述职总结报告；③被审计领导人员任期内各年度生产经营计划、工作总结；④审计截止日的财产物资清点、债权债务清理及所有者权益资料；⑤被审计单位内部组织机构设置情况和职责分工情况、内部管理制度建立及执行情况的资料；⑥任期内重大经济决策事项的相关资料及会议记录；⑦有关经济管理、监督部门进行检查后提交的检查结果报告或处理意见；⑧对一些重要经济问题说明而形成的资料；⑨审计中需要的其他相关资料。

后者包括：①被审计单位所采用的财务、会计制度；②被审计单位经营管理过程中应当遵守的财经法律、法规，如相关税法等；③当地政府制定的与被审计单位有关的法令、条例、暂行规定等；④被审计单位主管部门制定的规章制度等。

4. 评价被审计单位的内部控制

注册会计师应当根据收集到的被审计单位管理制度，对其内部控制的下列方面进行初步的评估：被审计单位建立了哪些内部控制制度；这些内部控制制度从总体上来说是否健全；有哪些应当建立内部控制的业务没有建立内部控制；现有的内部控制存在哪些漏洞与不足；这些缺陷可能会产生什么样的错误等。在此基础上，初步评估其内部控制的风险水平，并初步确定哪些内部控制可以信赖，有必要进行符合性测试；哪些内部控制很不健全，不值得进行符合性测试。

5. 确定重要性水平和评估审计风险

注册会计师应当根据审计目标的要求，结合被审计单位的特定情况及进行的初步分析性复核结果，初步确定重要性水平，并将整体重要性水平分配到各账户和交易层次；评估被审计单位的固有风险和控制风险，并初步评估检查风险的高低，进而初步确定实质性测试的重点、范围、时间、性质、数量。

6. 编制审计计划

在完成上述工作后，注册会计师应当编制审计计划。审计计划是注册会计师为了完成各项审计业务，实现预期审计目标，在具体执行审计程序之前编制的工作计划，它通常由总体审计计划和具体审计计划构成。审计计划的制订，有利于保证经济责任审计工作有条不紊地进行。

（二）经济责任审计的实施阶段

审计实施阶段是根据审计计划实施具体审核检查步骤，进行审计取证和评价，以形成审计结论、实现审计目标的中间过程，是审计程序的中心环节。审计实施阶段的主要工作如下。

1. 进驻被审计单位，召开座谈会

审计小组在约定的时间进驻被审计单位。进驻被审计单位的当天，审计小组应当与被审计单位的主要领导人员、财务会计部门的工作人员、审计中需要涉及的部门负责人举行座谈会，进行双向沟通。审计小组向他们介绍审计的时间、范围、内容、目标及审计中需要他们积极配合的事项及要求，被审计单位则进一步向审计小组介绍单位的基本情况及已经做好的审计工作准备。通过召开座谈会，可以达到增进理解，相互配合的目的。

2. 评审被审计单位的内部控制

现代审计是建立在对被审计单位内部控制基础上的抽查审计，对被审计单位内部控制进行评审是现代审计的基本内容和方法。经济责任审计也不例外。注册会计师应当首先通过询问被审计单位有关人员、查阅有关内部控制文件、观察经营业务活动和内部控制运行情况等途径进一步了解被审计单位建立了哪些内部控制；其次通过采用文字（书面）说明、调查表、流程图等方法来记录和描述被审计单位的内部控制，确定已建立的内部控制的健全性；最后通过采用抽查凭证、实地观察、实验（穿行测试）等方法对较为健全、拟信赖的内部控制进行符合性测试，验证其有效性。在此基础上，确定被审计单位内部控制的健全性、合理性、有效性，进而评估确定控制风险，并根据控制风险的评估结果对审计计划进行相应的修订。

注册会计师在经济责任审计中对内部控制的评审与在会计报表审计中对内部控制的评审的方法与程序相同，因此不再专门论述。

3. 实质性测试

注册会计师根据审计计划和被审计单位内部控制评审结果所确定的实质性测试的重点、范围、时间、性质等进行实质性测试。经济责任审计中实质性测试的主要内容是被审计单位的财务收支、相关经营管理活动及其会计资料和其他相关经济资料。在根据实质性测试结果进行评价和鉴定时，主要内容有：被审计单位财务收支的真实性、合规性、合法性；经济活动的合法性、合理性、效益性；会计报表及其他相关经济资料的真实性、正确性、完整性、公允性；资产、负债、损益的真实性、正确性；资产的安全完整和保值增值情况；被审计领导人员任期经济责任履行情况和任期经济责任目标完成情况；被审计领导人员对本企业资产、负债、损益是否真实，投资效益差以及违反国家财经法规问题应当负有的主管责任和直接责任；被审计领导人员个人有无侵占企业资产、违反与财务收支有关的廉政规定和其他违法违纪的问题等。

在审计实施阶段，是审计工作底稿形成的主要环节，也是收集审计证据的中心阶段。注册会计师要将所实施的审计程序、完成的审计工作、发现的问题、收集到的审计证据等以审计工作底稿的形式记录下来，作为审计档案。

（三）经济责任审计的完成阶段

审计完成阶段也称审计终结阶段、审计报告阶段，是注册会计师基本完成实施阶段工作后，对审计证据进行整理分析直至完成审计报告的结束过程。审计完成阶段的主要工作如下。

1. 整理、分析和评价审计证据

在审计实施阶段所收集的审计证据是分散的、个别的，其证明力还是潜在的、不充分的。因此，必须对审计证据进行整理、分析和评价。在对审计证据进行整理、分析、评价时，注意对审计证据进行必要的分类，并对其可靠性、相关性、充分性进行鉴定，在此基础上，选择最适宜的、最具有说服力的证据，作为编写审计报告的依据。

2. 汇总问题，确定审计报告内容

分类汇总审计中发现的问题，结合审计中所采用的重要性水平，确定这些问题是否需要在审计报告中披露以及在何处以何种方式披露，并进一步确定审计报告的主要内容。

3. 复核审计工作底稿，重视审计期后事项

为确保审计质量，注册会计师需要对审计工作底稿的完整性、规范性、有效性进行复核，以便对需要实施进一步审计程序、收集更充分审计证据的事项采取相应的补救措施。根据审计工作底稿中记录的有关问题，与被审计单位进行沟通，听取他们对审计证据的真实性与准确性的反馈意见，并决定是否实施追加审计程序。另外，注册会计师还要对期后事项、或有事项等进行审计，以便明确划清该现任领导人员与后任领导人员的经济责任界限。这些工作对于确保审计结论的正确性具有重要意义。

4. 确定审计意见和结论，编写经济责任审计报告初稿

注册会计师应当根据汇总发现的问题，确定审计意见和结论由审计小组成员分工分头编写审计报告的内容，再由审计项目负责人总撰，完成审计报告初稿。或者，由审计小组指定专人负责编写审计报告初稿。审计报告初稿完成后，应当在审计小组内进行讨论、修

改和完善。

5. 征求意见，修改定稿，提交委托人

审计报告在审计小组初步定稿后，应提交给被审计单位，征求他们对审计报告的意见。在经济责任审计中，审计报告应当征求被审计单位、被审计领导人员的书面意见，必要时，还可征求被审计单位工会的意见。被审计单位或被审计领导人员对审计报告中的事实、结论或措辞有异议的，审计小组应当在确保独立性的前提下给予合理考虑，追加实施审计程序、修改完善审计结论或措辞。如果双方不能达成一致，审计小组可将被审计单位、被审计人员的书面意见作为审计报告的附件，连同定稿后的审计报告一同报送会计师事务所，由会计师事务所审核定稿后提交审计委托人。

第三节　党政领导干部经济责任审计

一、党政领导干部经济责任审计的改善建议

（一）整合审计资源，提高工作质量

1. 加强与相关机构的合作

党政领导干部经济责任审计监督全覆盖的要求使审计内容不断增多，审计的难度也随之增大，在基层审计机关人手不足和专业能力欠缺一时无法改变的情况下，适时引入第三方中介机构，利用外部审计力量分担繁重的审计任务成为今后的必然趋势，既可以缓解审计机关人手不足的困境，也可以增强审计机关与社会审计力量的交流合作，互通经验，取长补短。

党政领导干部经济责任审计工作引入第三方中介机构加入，应注意以下几点：

（1）做好对中介机构和外聘人员的资质审查，一般要求外聘人员具备中级以上专业技术职称或相关执业资格，同时要关注该机构及从业人员的行业评价，选择行业评价满意度高的机构进行合作。

（2）注意外包业务的种类，应将非核心业务或者数据分析难度较大的业务外包，不得让外聘人员承担保管涉秘资料、管理经费、监督廉政等事项，不能参加核查重大违法违纪案件的线索，审计组应适时关注外聘人员的工作进展，不能放任不管，必须及时跟进，充分沟通。对于中介机构提供的审计结果，审计机关须按规定对其出具的审计报告进行核查。

（3）要注意审计数据的保密工作，聘用中介尽管可以减轻本机关审计人员的工作压力，但也在一定程度上带来了信息泄露的风险。因此，必须采取保密措施，与外聘机构及人员签订承诺书，外聘人员必须由审计组进行管控，指定任务完成以后或者结束现场审计后，必须把设备与审计资料交还给审计组，同时根据规定对电子数据进行处置。

2. 建设高素质的专业化审计队伍

随着经济新常态和审计全覆盖目标的提出，对新时期审计人员提出了更高要求，特别是审计人员的专业水平对监督职能效果起到直接影响作用。创建专业化、高素质的审计队伍可以有效化解基层审计机关人员结构单一、审计力量不足的困境，切实为该市审计事业科学健康发展提供强有力的人才保障。

（1）多途径引进专业人才，在招考录用、引进人才时扩大招录半径，除常规会计、审计、财务管理等专业外，适当向计算机、智能会计、资源环保、土木工程等专业倾斜，引进一批高素质的专业化人才，改善人员结构，提升综合素质。

（2）注重专业培训，提升业务技能。党政领导干部经济责任审计对审计人员的专业素质提出了更高要求，必须积极开展技能培训，特别是与审计相关的新理论、新知识、新技能的培训，提高审计人员专业素养和岗位胜任能力。同时以优化知识结构、打造复合型人才为目标，采取“请进来”“走出去”等多种培训方式，提升培训效能。

（3）增强实践锻炼，畅通交流渠道，随着党政领导干部经济责任审计内容的不断变化，审计人员确定思路，核查疑点的困难与日俱增。因此，应积极选派业务骨干或青年干部去上级审计机关挂职锻炼、以干代训，增强不同审计机关的互动交流，立足于培养审计人员的宏观思维和综合分析能力，提升综合素养；加强本单位内部的轮岗交流，全力打造复合型审计“多面手”。

（二）加快实施细则建设，完善法律法规体系

1. 制定责任界定的实施细则

如何科学、合理地界定党政领导干部所应承担的责任始终是经济责任审计的重点和难点，现行的经济责任审计法律体系中并没有出台与责任界定相配套的实施细则作为指导，当审计人员发现被审计领导干部存在问题，需要对其担负的领导责任及直接责任进行界定时，审计人员自由裁量权过大，定则标准不统一也导致不同的审计人员对同一问题可能有不同的定责结论，审计的权威性难以保证，因此，应尽快推动出台与责任界定有关的实施细则，使责任界定的标准和方法进一步明确，更好地开展经济责任审计工作。

2. 制定自然资源审计的实施细则

自然资源资产管理和生态环境保护责任审计，强调的是对被审计领导干部履行资源管

理和环境保护的责任进行审计，一般与党政领导干部经济责任审计融合开展，现有的经济责任审计法律体系中，在自然资源资产审计方面尚未建立相应的实施细则。实施细则的缺失导致审计人员在开展此类审计项目时，对查出问题定性只能参照国家出台的环保方面的法律法规，审计定性依据和处理处罚依据不充分，比较单一和薄弱，这种情况一方面给审计组准确定性问题带来了一定困难，另一方面据此出具的处理处罚意见不易得到被审计单位的理解和认可。因此，审计立法机关应根据自然资源审计开展的现状，尽快出台自然资源审计方面的实施细则，健全完善经济责任审计制度体系。

3. 明确审计评价原则

坚持重要性原则，党政领导干部经济责任审计内容繁杂，在进行审计评价时并不是将全部的审计结果进行罗列，或者将审计底稿中的基本情况复制粘贴，而是应该将重点审计内容呈现出来，避免做出泛化的评价而抓不住重点。

坚持定性结合定量原则，定性与定量评估皆为党政领导干部经济责任审计评价的方法之一，区别在于定量评价侧重于把被审计领导干部的工作成绩通过具体的数据予以加权量化，适用于对预算管理执行情况、财政财务收支真实性等部分的评价；对于不宜采用定量评价的部分，审计人员应综合分析研判，采用定性评价的方式进行评价，在党政领导干部经济责任审计中，必须坚持定量评价与定性评价相结合的原则，统筹考虑，做出客观、真实的评价。

（三）深化审计结果运用

1. 加大审计结果公开力度

经济责任审计的最终目的是“治已病，防未病”，促进权力规范运行。通常，可以从以下几个途径对经脱密处理的经济责任审计报告公开：在本级政府门户网站、官方公众号上公开；通过本地区电视、报刊等媒体公开；编制审计查出问题案例向市委市府主要领导呈阅；在审计系统内部以典型案例的形式印发，通过加强对经济责任审计结果的公开力度，扩大经济责任审计的影响力，也在一定程度上对其他领导干部起到警示教育作用。

2. 深化审计整改落实

审计整改是审计监督的“后半篇文章”，也是深化审计成果运用的关键。

（1）健全审计整改工作机制，要按照“谁审计，谁负责督促整改”的原则，强化审计整改责任分工，坚持责任到人，加大对审计整改情况的跟踪检查力度，抓好关键环节落实，促进问题按时整改到位；实行整改动态管理，定期开展审计整改督查活动，建立整改督查记录，实行整改销号清零制；建立审计整改工作报告机制，政府常务会议定期专题听取审计整改工作报告，研究落实推进措施，若存在屡审屡犯、没有完全整改或是未落实整改主体责任的，进行严肃追责问责。

（2）构建协同整改格局，应将党政领导干部经济责任审计整改工作纳入本级审计委员会会议重要议程，形成齐抓共管的工作机制；加强与其他部门的协同联动，发挥人大监督的积极作用，利用巡审联动展开专项督促整改，对审计查出问题清单化管理，落实责任从严从速；编制《审计发现问题清单》《部门经济责任整改责任清单》逐项落实整改责任，人大、政府应及时调度整改情况，实行挂销号管理。

3. 强化审计责任追究

审计问责是深化经济责任审计成果运用的重要手段，但是现阶段党政领导干部经济责任审计工作的问责成效不明显，各部门之间并未形成协同问责的机制。

（1）提高对审计结果的重视程度，在实际工作中，基层审计部门由于受职权限制不能成为问责的实施主体，导致了审计机关的相对弱势，因此审计结果是否能引起党委政府领导的高度重视极为重要，这决定了问责力度能达到的最大值。审计局应加强审计结果的请示汇报力度，及时将审计发现问题、审计成果通过审计专报、审计要情的方式向市委市府汇报，提高审计工作的影响力。

（2）加强各部门之间的协作，建立完善的问责机制，要想审计监督效能得到充分发挥，审计结果得以充分运用，审计部门是要形成不同部门间的“大合唱”。通过各部门间的协调配合，构建一个由审计部门、纪检监察部门、司法机关、主管部门协同配合的监督问责机制，形成完善的问责流程，使审计问责层层有人负责，审计结果得到充分运用。

（四）探索新的审计方式方法

1. 提高大数据审计技术应用水平

合理利用大数据审计手段开展党政领导干部经济责任审计可以有效提高审计质量和效率，帮助审计组迅速找到疑点，高效审计，在实际应用中，应注意以下几点：

（1）广泛收集、获取数据，建立完善的数据审计模式，按照综合分析、发现疑点、集中核实的审计模式，广泛收集有关财政、民生、税收、人社等不同部门的业务数据，与自有数据进行关联比对，最大程度拓展数据的覆盖面。

（2）将大数据审计技术与人工审计结合开展，能有效节省时间，提高效率，但并不是万能的。在党政领导干部经济责任审计的实际开展过程中，并不是所有问题均可建立数据分析模型，利用常用问题数据库来展开分析的。对于不能应用数据分析模型来分析的审计事项，审计人员应利用自身的专业知识开展审计。此外还可以通过数据分析找到疑点后，需花费大量时间和人力去进一步核实了解情况，这些都需要人工审计来承担。因此，在开展党政领导干部经济责任审计的工作实际中，务必将大数据审计技术与人工审计方法实现良好结合，发挥合力。

2. 多元信息融合搭建数据共享平台

在党政领导干部经济责任审计的开展过程中，取数方面经常面临数据标准不同、格式不统一、数据过期等问题，由此也制约了审计效率的提高，因此，建议由上级审计机关或本级政府牵头建立各部门数据共享平台，将各部门的非涉密数据实现开放共享，赋予县级审计机关数据访问权限，使审计机关能从平台上及时获取自然资源审计需要的土地、林业、大气、水资源等动态数据，既节省了大量宝贵时间，提高审计效率，进而及时发现问题线索，开展下一步工作。

在建立数据共享平台的同时，应注意健全数据共享制度，明确共享规则，完善保密措施，避免出现信息泄露的风险。

二、党政领导干部经济责任审计的选拔任用机制优化对策

党政领导干部作为公共权力的掌握者和支配者，选拔任用中的严格把关，对正确贯彻执行党的路线方针政策具有关键意义，对干部队伍的建设具有重要导向作用。依照权责对等的原则，经济责任审计对领导干部经济责任的履行情况做出审查、评价、监督和预警，是督促领导干部守法、守纪、守规、尽责，监督和制约权力运行的重要途径，是干部考核、任免、问责和管理监督的重要参考。

党政领导干部经济责任审计的选拔任用机制优化对策如下：

（一）增强选拔任用的科学性

引入经济责任审计评价指标体系，增强领导干部选拔任用考察评价机制的科学性。将经济责任审计量化指标和“德、能、勤、绩、廉”考核评价标准相结合，优化考察评价机制评价标准的科学性关系到干部选拔的成败。党政领导干部选拔任用评价指标体系，可以借鉴经济责任审计的评价指标体系优化党政领导干部选拔任用的考核指标体系，以党政领导干部选拔任用考核评价的五个评价内容为一级指标，结合经济责任审计工作内容的指标设置二级指标具体展开，将定性指标与定量指标相结合，合理确定指标体系和指标权重，补充、完善党政领导干部选拔任用考察评价机制。

（二）提高选拔任用的有效性

加强部门之间的配合，提高领导干部选拔任用监督保障机制的有效性。利用经济责任审计联席会议制度平台，通过多部门共同参与，将审计的监督问责机制、纪检监察的监督机制与党政领导干部选拔任用制度进行有效结合，强化选拔任用工作流程的监督力度，为

选拔任用工作的有效开展提供了多重监督保障。经济责任审计不仅可以对领导干部的任期履职业绩做出评价，还可以对其个人德行、职业操守做出鉴定，人事部门应注重审用结合，根据审计结果建立一套与领导干部选拔任用相匹配且规范的数据库，基于干部级别设置不同的查询权限，便于信息共享，全面客观真实反映党政领导干部的政治素质、工作能力、工作业绩和廉政情况，提高党政领导干部选拔任用工作开展的有效性。

（三）完善选拔任用的健全性

充分运用经济责任审计结果，完善领导干部选拔任用“能上能下”机制的健全性。根据领导班子、干部队伍建设需要和干部管理权限，人事部门可对新上任尤其是涉及党建、人事、财务职责的内设机构正职领导委托经济责任审计，结合任期目标、岗位职责等对其进行综合考核评价，对基本素质好，但不适宜从事经济工作的干部，交流到其他适合的岗位；对在经济工作某个领域能力突出，但缺乏总揽全局和综合协调能力的干部，安排到与其擅长领域相匹配的岗位上；运用审计结果调整干部岗位，确保干部“能上能下”机制的畅通。

总之，经济责任审计独立性强、评价指标体系科学，在领导干部是否存在不良行为方面有预警功效，在权力监督、廉政建设上能够发挥推动作用，激励优秀党政领导干部的同时亦能揭示惩处存在不良行为的官员，具有很强的治理功能。通过经济责任审计整改落实机制和审计结果长效运用机制，可有效预防和抵制选人用人工作的不正之风，进一步优化党政领导干部选拔任用制度，促进党政领导干部队伍建设，提高党的执政能力。

第四节　行政事业单位领导干部经济责任审计

“经济责任审计对于监督和指导行政事业单位领导干部发挥着关键性的作用，经济责任审计既是廉政建设的主要措施，同时也是保护国有资产，避免国有资产流失的可靠基础。”① 行政事业单位主要是指那些非盈利机构或者那些不把经济利益放在首位的公司和企业，它们基本没有经济收入，经济支出主要是依靠国家财政拨款，这些单位的主要职责是为普通群众提供更好的基础服务，尤其是提供教育、科技、文化和卫生等非物质生产和劳务服务。

行政事业单位的直接领导人是当地政府机关，因此它与普通企业单位最重要的区别是

① 施现秀. 浅析审计信息化在行政事业单位领导干部经济责任审计中的应用［J］. 现代经济信息，2017，(09)：167.

以下两点：①盈利不是这些单位的首要目的，组织更加强调的是公益性和国有性；②这些单位的财政支出并非以短期经济效益的获取作为最终目的。而对于一般的生产性企业单位来讲，往往获利能力才是这些企业最为看重的效益目标，如何使企业利润最大化、股东的权益最大化以及企业的市值最大化才是一般企业考虑的首要问题。

一、行政事业单位领导干部经济责任审计的概念及作用

(一) 行政事业单位领导干部经济责任审计的概念

行政事业单位领导干部经济责任审计是受干部管理机关的委托或由单位领导干部申请，在领导干部任期期间或离任后，由审计机关对领导干部任期期间单位的财政财务收支状况的真实、合法、效益性及有关的经济活动进行监督与评价的审计行为。

行政事业单位以提供社会公益性服务或产品为主要目的，与国有企业相比最大的区别在于不以财政拨款或其他方式获取的资金进行经济活动而获得利润。以行政事业单位为主体的领导干部经济责任审计与以党政机关、国有企业为主体的领导干部经济责任审计在侧重点上有较大区别：国有企业领导干部经济责任审计侧重于企业发展计划的确立、执行以及达成效果情况，并注重经济计划所带来的效益性、资金的收益性，以及重大经济项目安排、资金运作等与经济决策相关的领导干部经济目标责任的履行情况；党政机关领导干部经济责任审计侧重于国有资产、国有资源保值增值情况、财政资金的使用及管理情况、依照相关法律法规执行工作情况、民生情况、领导干部廉洁自律情况、本地区资源浪费情况等；行政事业单位领导干部经济责任审计与前两者相比侧重于单位的经济目标的达成情况、财政资金预算执行情况、重大经济项目决策与管理情况、行政事业单位达成公益性目的情况、事业收入情况等。

(二) 行政事业单位经济责任审计的作用

一方面可以保障国家财产安全，另一方面有利于促进领导干部加强自身廉政建设，行政事业单位审计从中发挥着不可替代的作用。

第一，在选拔领导干部过程中，实施经济责任审计有利于加强对领导人员的监督，能够提升干部自身修养。

第二，提升领导干部反贪反腐意识。通过推动审计工作的执行，加强对领导的监督，提升他们的社会责任意识。

第三，保障了相关人员自觉践行科学发展观。基于中国的特色，行政事业单位的领导干部通常拥有一定的实权，尤其是党政领导干部，其影响力更大，因此他们的行为与作风

会在很大程度上影响整个干部队伍的风气。推行经济责任审计制度，能够对相关领导干部的权力进行监督，防止他们为了谋取个人利益而损害国家和社会的集体利益，从而进一步维护了行政事业单位的工作氛围与风气。

二、行政事业单位领导干部经济责任审计的特点及关注点

（一）行政事业单位领导干部经济责任审计的特点

第一，政策相关性。行政事业单位领导干部经济责任审计的对象为单位内部领导，在对领导干部进行综合评价时会审核其在政策方面的执行情况以及经济方面的决策情况，除此之外还会评估领导干部的政策觉悟，对领导干部的政策理论水平也有更高的要求。

第二，审计期间长。行政事业单位领导干部的任期时间不固定，一般为三到五年或者更久，而对领导干部进行经济责任审计需要贯串领导干部的整个任期，因此审计的期间较长。领导干部任职期间资料数据会不断变化，人员及业务也可能发生变化，审计较长的期间加大了审计工作难度，也提高了经济责任审计的风险。

第三，审计风险较高。行政事业单位领导干部经济责任审计在审计对象上与其他审计类型不同，审计对象是单位内部领导者，审计结果不仅关系到单位领导干部的形象及诚信等问题，而且对领导干部的职业与政治生涯会有较大影响，因此若要进行审计评价，必须拿出具有说服力的审计证据，且审计过程中涉及的材料必须真实可靠，不得没有根据的进行假设推理。若审计过程出现审计错误，导致对领导干部的评价不恰当，造成审计结果失真，不仅会影响审计机关权威性，而且会影响上级组织的用人决策，甚至影响到被审计单位的发展，因此整个经济责任审计过程都具有高风险性。

第四，具有多样性。行政事业单位领导干部经济责任审计多样性表现在审计类型方面、开展业务方面、审计对象方面。①审计类型方面：行政事业单位领导干部的经济责任审计是多种审计类型的集合，在审计过程中，要进行内部控制审计、合法合规审计、绩效情况审计等。②开展业务方面：行政事业单位的领导干部经济责任审计需要开展的业务有审核财务管理情况、考察内部控制制度的建设情况、财政资金预算决算情况等。③审计对象方面：审计对象具有非单一性，由于经济责任审计的审计对象为单位的领导人，而领导人对单位的影响较大，因此在进行审计时，除了开展对单位领导干部的党风廉政及政治觉悟等情况的审计外，还要对被审计单位贯彻落实相关政策的情况进行审计。

（二）行政事业单位领导干部经济责任审计的关注重点

行政事业单位领导干部经济责任审计工作的重点源于审计报告所反映的内容，应关注

以下几个方面：

第一，整体评价方面，主要是查看被审计单位是否落实党和国家的经济政策和经济决策以及领导干部的职责履行情况，比如在中央做出经济方面的规定后，被审计行政事业单位是否根据中央的规定制定单位内部相关的各项规定，并且是否将这些规定贯彻落实到工作中。

第二，预算执行及其他财政财务收支方面，重点关注被审计行政事业单位是否遵守会计法、预算法、税法等，并是否在此基础上达到效益性，需要审查的相关内容有政府采购相关项目、专项资金使用项目、津贴补贴管理等。

第三，重大经济决策方面，主要关注被审计行政事业单位是否严格执行了决策程序，审查“三重一大”的程序要求是否落实，且是否决策达到预期，客观评价重大决策的合法性、科学性、前瞻性等。

第四，内部控制方面，主要关注被审计事业单位是否合理进行内部制度建设，是否合理进行人员的编制，比如查看在差旅和培训方面的管控方面，公车及接待方面，是否建立科学合理的制度并执行。

第五，党风廉政的建设方面，应关注领导个人是否遵守廉政方面的规定等。

第六，公益性建设方面，需要关注被审计行政事业单位为社会提供公益性产品或服务的情况。

三、行政事业单位领导干部经济责任审计的完善建议

（一）强化审计风险的管控

经济责任审计风险的成因较多，根据第四章对审计风险的分析，可以得出其风险成因一方面在于审计机关，另一方面在于被审计单位。因此应从两方面入手，对审计风险进行控制。

1. 引导被审计单位正确认识经济责任审计

针对被审计单位对审计工作不理解的问题，应当在提高被审计单位对经济责任审计工作的认识方面进行完善。审计机关应当加强与被审计单位领导人及其内部员工的沟通交流，将审计的原因、目的等讲明白，消除被审计单位及其人员的顾虑。另外，审计机关应当通过报刊、微信公众号、社会媒体等平台加强经济责任审计工作的宣传力度，使大众理解审计工作是为了更好地帮助被审计单位运行，加强各级人员对审计工作的认识，引导其理解经济责任审计、重视经济责任审计，积极配合审计人员的工作。

2. 针对审计机关可能出现的风险进行管控

应当在建立经济责任审计抽查制度、健全对审计人员的问责制度、加大对审计人员培

养力度三方面防范经济责任审计风险。

（1）加强经济责任审计工作的抽查力度。抽查内容一般包括审计人员是否履行审计应尽职责、严格执行审计程序等，以监督审计组的工作情况。其抽查可以通过三种方式进行：①同级别审计机关互查经济责任审计项目；②上级审计机关抽查下级审计机关经济责任审计项目；③由纪检监察机关、审计机关、人事部门抽调人员形成抽查组进行审计项目的抽查，并公布抽查结果，给予奖励或者警示。以防止审计工作不认真导致审计风险的加大。

（2）完善审计机关的问责机制，若因为审计人员工作失误导致出现严重问题应追究其相关责任，以此增加审计人员的责任感。对审计人员的问责通常包含以下情形：①经过复议后原审计报告需要做出重大变更的；②经过抽查发现存在重大遗漏、隐瞒等问题的；③经行政诉讼后败诉的。对于上述情况，应当追究其相关审计成员、审计组长、主审人员职责范围内责任。

（3）加强对审计人员的继续教育，加大教育力度，对经济责任审计各个环节可能出现风险的地方进行详细讲解，提高审计人员风险防范的意识。也可以采取共享经验的方式，让审计人员通过相互交流熟悉不同类型单位的经济责任审计的不同点，提升审计人员针对不同类型单位的经济责任审计能力，降低审计风险。

（二）优化经济责任审计计划

科学的经济责任审计计划可以提高审计工作效率，使审计工作有条不紊地进行，审计人员依据审计计划各就各位，按部就班，协调配合，合理分配资源，可以最大程度避免浪费，低成本高质量地达到审计目标。

1. 加强审计人员对审计计划的重视

应当定期对审计人员进行审计计划的培训，提高审计人员的审前调查水平、审计计划编制水平等，使审计人员深刻认识审计计划的重要性，充分理解审计计划的各个环节，避免出现审计计划内容不完善、重点存在倾斜的情况。

2. 确保审计计划的可行性

审计计划应当在分析以往年度工作情况及审计目标达成情况的基础上，结合此次经济责任审计的特殊性，确定经济责任审计的目标，根据这一目标制定具体的实施方案，完成后需审查审计计划的漏洞，寻找审计计划中可能出现审计风险的环节，对其进行优化，保证审计工作可以按照审计计划顺利进行。

3. 将预算执行审计与经济责任审计相结合进行

预算执行审计与经济责任审计的内容上有重合但是也有区别。两者重合的内容在于都需要审查被审计单位的资产情况、财政资金使用情况、资产分配情况、财政财务收支情况等，区别在于预算执行审计关注的对象是被审计单位，对被审计单位的预算资金情况、决算情况、资金使用效益情况等方面进行审计，重点审计“事”，而经济责任审计关注的对象是被审计单位的领导干部，对领导干部有关经济责任的认定、党风廉风建设情况、贯彻落实政策情况等进行审计，重点审计“人”。两者统筹推进可以节约审计资源、提高审计效率。但同时推进预算执行审计与经济责任审计对审计计划提出了更高的要求，需要对两者审计的重点、方式进行区分，若处理不当可能会出现重复审计的情况。制订人员分配计划时，应当配置具有预算执行审计经验以及经济责任审计经验的审计人员，并根据被审计单位特殊性配备特殊审计人员。审计计划中应当突出审前交流环节，审前交流可以提高审计组人员对两种审计统筹推进的认识，明确两种审计各自的相同之处与区别，体现两种审计结合的优势，深化审计人员对预算执行审计与经济责任审计计划的理解，使审计效率事半功倍。

4. 确保审计计划的落实情况

完善的审计计划若没有得到落实便无法发挥应有的作用，因此应当建立审计计划的考核机制，包括审计计划的编制水平考核、审计计划的执行情况考核、审计计划的事后完善情况考核等，还应对审计计划中审计目标的达成情况进行考核，将这些指标量化，对审计计划应用情况综合评价，得到准确的结果，判断审计计划的落实情况，并引入奖惩机制，确保审计计划科学完善，发挥应有的作用。

（三）建立经济责任审计沟通机制

1. 明确沟通内容

首先应当明确经济责任审计各个阶段需要沟通的内容：

（1）审前准备阶段。①审计项目负责人前往被审计行政事业单位了解基本状况，通过查询、询问、沟通等方式了解单位性质、收入来源、资产分配、人员情况、单位特点等；②与被审计单位人员沟通了解被审计对象基本情况，包括任职时间、工作内容、经营情况等；③提供审计资料清单并说明特殊要求；④与组织人事处沟通确立人员的安排情况。审计方案确立后，审计组人员针对审计各个程序进行沟通，了解审计工作重点，掌握审计查询单、取证单、工作底稿编制规范等。

（2）审计实施阶段。①审计进点会上与被审计单位沟通过程中，向被审计单位主动说明审计的来意，消除被审计单位的抵触情绪；②介绍审计组人员；③简要介绍此次审计工作的审计目标、审计内容、审计依据等；④对审计工作场所及审计纪律要求进行沟通等。⑤审计工作期间对审计资料有疑虑、不理解的地方及时与被审计单位沟通；⑥取得审计证据后，需要对审计证据的可靠性、关联性与被审计单位进行沟通；⑦若发现重大事项或者违纪事项及时与相关人员进行沟通、取证；⑧审计工作底稿编制完成后，需要针对工作底稿的内容、结论、意见与被审计单位沟通认定。

（3）审计报告阶段。此阶段的沟通方式为口头与书面并存。①审计项目负责人与被审计单位领导干部沟通审计结论、审计意见、审计建议等；②与被审计单位通过审计报告征求意见稿沟通交流，若与被审计单位存在重大意见分歧，则应当召开审计项目组内部会议，针对重大意见分歧进行讨论，及时补充证据资料；③与被审计单位多次沟通下最终通过书面形式确认征求意见稿相关内容，出具审计报告。

（4）审计后续阶段。审计报告出具后，针对被审计单位存在的问题提出相应建议，跟踪调查被审计单位，与被审计单位进行沟通，检查其问题整改情况。

2. 明确沟通流程

经济责任审计沟通的基本流程可分为三个阶段：沟通前准备阶段，沟通期间阶段，沟通完结阶段。

（1）沟通前准备阶段。①确定审计沟通目的。审计沟通目的可分为了解审计工作相关情况、减弱与被审计单位隔阂、推进审计工作进展等。②了解沟通对象的情况。沟通之前应当了解沟通对象的工作情况、学历情况、资历情况、职责情况等，掌握沟通中讲话的分寸。③合理安排沟通工作。沟通时间、地点、情景及人员安排应当科学合理，避免使沟通对象有被“约谈”的感受。④确定沟通的内容。沟通之前应当根据审计沟通目的确定沟通的策略，明确沟通需要了解的问题。

（2）沟通期间阶段。①审计沟通人员应当提前前往沟通地点，沟通对象到达后主动问好，表明沟通意图，消除抵触情绪；②沟通过程应当紧紧围绕审计沟通目的，不打断对方的讲话，仔细倾听，理性考虑，对于不清晰的问题掌握提问的契机，把控审计沟通的主动权；③合理控制讲话的声调、语气，避免使沟通对象反感；④保持职业怀疑态度，对于特殊事件应当引起重视，用正确的方法诱导沟通对象说明特殊事件的具体情况、原因等；⑤沟通结束退场。审计沟通人员应当选择适宜的时机结束沟通，确认达到审计沟通的目的，并向沟通对象表示沟通愉快。

（3）沟通完结阶段。沟通完结后及时记录沟通内容、与项目组成员讨论沟通成果。对于有重大疑点的沟通事项，应当向相关部门、人员反复询问，及时取得审计证据。

3. 学习沟通技巧

审计人员应当学习沟通技巧，提高审计沟通效率，可以从以下几个方面提高沟通能力：

（1）注重倾听。审计沟通过程中审计人员应当耐心倾听沟通对象的讲话，透彻理解沟通对象要表达的内容，捕捉有效信息。

（2）注重讲话方式。①审计人员讲话时要时刻与沟通对象保持眼神交流，不应四处打量，有失礼貌；②注意表达讲话的立场，使沟通对象可以站在审计人员的角度思考问题；③注意讲话的表情，讲话的表情应当以微笑为主，使沟通对象感受到审计人员的亲切感，愿意讲述出更多审计相关的内容；④注意讲话的措辞与态度，审计人员讲话时应当措辞恰当，态度礼貌且温和，不应因为某项分歧或者偏见引起态度欠佳，导致沟通失败。

（3）注重发问技巧。①审计人员对沟通对象表达的信息存有疑惑时，应当选择适宜的时机发起提问，不应打断对方的讲话，且提问的问题应当易于理解，避免由于术语专业化引起双方认识偏差的情况；②对于重大问题，提问方式应当在适宜的时机巧妙发问，用正确的方法诱导沟通对象讲述隐藏的事实，避免提问过于生硬，使得沟通对象难以接受导致沟通失败。

（四）提升审计人员的综合能力

审计人员的素质能力是审计力量的基础，应当建立完善合理的培训机制，从职业道德素质、专业素质能力、综合素质能力三方面提升审计人员能力，降低审计风险，提高审计效率。

1. 提升审计人员职业道德素质

（1）培养审计人员诚信理念。诚信理念是审计人员职业道德素质的基础，应当加大对审计人员诚信品质建设的力度，树立审计人员诚信审计的意识，使诚信贯串于整个审计工作，这样可以降低审计风险的人为因素。

（2）培养审计人员的职业感。审计人员应当对审计工作保持积极的态度，把审计行业作为自己对工作的追求，对审计工作保持热情，才能保证审计工作高效进行。另外，审计人员应当坚定审计职业立场，保持审计人员独立性，廉洁自律，抵制外界的各种诱惑，真实客观地反映经济责任审计内容。

（3）培养审计人员主动学习的意识。审计人员自身应该深刻认识到自我学习的重要性，经济责任审计在不断发展，需要学习的内容永无止境，单靠外界的要求远远不够，只有自我不断地学习与进步才可以适应新时代审计发展的需求。

2. 提升审计人员专业素质能力

（1）强化会计能力。经济责任审计工作离不开对会计资料的审查，审计人员掌握会计技能可以提高对会计信息的认识，通过账目数字了解到经济活动所涵盖的信息，从而提高审计能力，提升领导干部经济责任审计的效率。

（2）强化审计能力。加大对审计人员问题分析能力、逻辑组合能力、判断能力、沟通能力等培养，定期对审计人员进行审计前沿理论的继续教育，使审计人员深刻认识到领导干部经济责任审计的内涵，从重点审查“财务账目”转向重点审查“经济活动”，从重点审查“单位”转向重点审查“领导干部”，避免出现领导干部经济责任审计重点倾斜的情况。另外审计理论与实务在不断地进步，审计人员应当学习最新的审计方法，只有掌握最新的审计方法才能够适应新时代经济责任审计的发展需求。

（3）强化电子数据使用能力。传统的审计方法主要采用抽样调查的方式，审计风险较高，准确度较低，而电子数据审计可以做到对巨大的工作量进行全查，审计风险较低，准确度较高，借用电子数据进行审计可以大幅提高审计效率，但是目前多数审计人员对电子信息并不敏感，上手使用较为困难，因此应当对审计人员进行有针对性的电子信息使用能力培养，使审计人员了解计算机知识，熟练运用财务软件以及审计软件，掌握最新的大数据审计技术，从而在类似于档案审查这类工作量庞大的审计项目中游刃有余，事半功倍。

（4）补充法律法规知识。各类法律法规是经济责任审计工作的法律依据，在对各类法律法规有充分认识的情况下，才能够科学合理地评价经济活动的合法性，因此应当定期对审计人员进行法律法规知识的继续教育，提高审计人员评价经济活动的准确性，降低领导干部经济责任审计的风险。

3. 提升审计人员综合素质能力

（1）强化审计人员心理素质。审计过程中，审计人员会受到各种外界的干扰，尤其在发现被审计单位或者领导干部存在重大问题时，审计评价的结果可能对被审计单位造成较大影响，审计人员会受到各方面压力，在多种因素的干扰下如果没有过硬的心理素质，则直接会影响到审计工作的独立性，导致审计评价失真。因此，应当强化审计人员的心理素质，使其在面对各种外界压力、干扰下依然可以保证审计独立性，坚持审计独立原则，真实客观地反映被审计单位经济活动的情况。

（2）强化审计人员沟通能力。审计沟通贯串于整个审计过程，审计人员对内需要与审计组各个成员协调配合审计工作，对外需要与被审计单位的领导干部、财务人员、管理人员等沟通了解情况，较好的沟通能力可以提高审计工作的效率，保证审计沟通工作的质量，反之，可能会引起被审计单位的抵触情绪，从而降低审计效率，影响审计工作的进展。因此，需要对审计人员进行沟通能力的强化，充分合理的沟通才能使审计人员在审计过程中占据主动权，保证审计沟通的质量，促使审计工作的完成。

（3）强化审计人员管理能力。在审查被审计单位管理模式及管理疏漏问题时，需要审计人员站在管理者的角度，全方面分析被审计单位内部管理上存在的问题，针对管理流程中具有管理风险的环节提出切实有效的整改建议，降低被审计单位因管理疏漏而出现重大问题的可能性。

（五）加大对审计结果的运用

1. 审计结果公开化

审计项目结束后，审计机关应当在保护国家秘密及被审计单位秘密的情况下，发布审计结果的公告，可以通过报刊、电视、网站等平台进行，将被审计单位及其领导干部的问题曝光，使社会舆论和审计监管结合，让人民群众及媒体起到应有的监督作用，这样一方面可以对被审计单位及其领导干部施加舆论压力，使其更重视单位的规范管理，督促其对存在的问题积极进行整改；另一方面可以提高审计的工作质量，审计结果的公告不仅是对被审计单位及其领导干部存在的问题公开，而且同时公开了审计机关的工作内容，使审计工作也受到社会的监督。审计公告的内容必须经得起考验，因此对审计结果的真实性、准确性、充分性、恰当性提出了更高的要求，审计工作的质量也得以提高。

2. 建立信息反馈平台

审计结果公开后，经济责任审计工作的内容以及被审计单位及其领导干部整改的情况都会受到社会的监督，若某个环节出现问题，可能会导致不良舆论的出现，因此应当时刻关注社会反应，建立社会反映的处理平台，对于审计报告中专业性的、可理解性较差的内容积极做好解释工作，且通过反馈平台积极宣传经济责任审计工作的本质，提高公众对经济责任审计工作的认识，同时应当建立与公众交流的平台，对公众抱有的疑惑以及提出的建议积极回应，建立起良好的经济责任审计外部环境。

3. 增强审计报告的可利用性

传统的审计报告多采用文字或数字进行表述，且专业性较强，可读性较差，可以适当的采用图表方式进行表述，用简明的图表将被审计单位及其领导干部近几年工作成果和存在的问题全部表达，使得审计报告使用者对被审计单位及其领导干部的认识更为清晰。

4. 定期总结

审计机关应当定期将一定时间内的审计成果进行整理总结，对各行政事业单位领导干部经济责任审计的审计结果进行分析，将各个项目审计过程中遇到的审计问题汇总，经过归纳整理发现其存在的共性问题，分析其根本原因，对审计过程存在的系统性问题加以改进。

5. 建立经济责任审计回访制度

建立经济责任审计回访制度，跟踪审计结果的落实情况，使经济责任审计的有效性充分发挥。审计项目结束后，应当每隔一段时间对被审计单位及其领导干部进行回访。可以通过评级的方式检查其整改情况，并将评级结果纳入领导干部考核范围，若被审计单位及其领导干部采取了积极措施进行问题整改，审计机关应当给予其肯定；若被审计单位及其领导干部对问题整改抱有消极态度，应当向被审计单位上级部门进行报告。

四、行政事业单位领导干部经济责任审计中的大数据技术应用

（一）大数据技术概述

大数据技术是指大数据的应用技术，指引行业发展的风向标，涵盖各类大数据平台、大数据指数体系等大数据应用技术。大数据技术的特点如下：

第一，数据规模的海量性。21 世纪以来，计算机产业得到迅速的发展，依据计算机所产生的数据也越来越多，进而产生了海量数据这个名词，随后和计算机相关的产业也得到了快速的发展。

第二，数据类型的多样性。如今科学技术的进步日新月异，其中特别是传感器和智能设备以及社交协作这三个产业更是处于飞速发展状态，这使得数据的复杂性也随之增加。对于现在的数据类型而言，其形式已不再只有传统的关系型数据，现在科技发展所带来半结构化和非结构化数据在数据总量中所占的比重越来越高，例如各种文档、电子邮件、图片、视频等。

第三，价值巨大但密度较低。数据规模量巨大，使得信息的价值量密度非常的低，单个信息本身的价值不见得很高，但是将海量信息汇集到一起，进行全集分析，挖掘出背后的关联性之后便能使得其商业价值和经济价值以及社会价值得到充分的体现。

第四，数据流转的快速性。在技术飞速发展的当下，数据产生的速度快到难以想象，在欧洲核子研究中心里，它们的大型强子对撞机在正常工作状态下，数据的产生速度就能够达到每秒 PB 级。而且数据产生的方式多种多样，除了单独个体爆发式产生之外，部分数据产生的单体量虽然不能和欧洲核子研究中心相提并论，但是因为其融入我们的日常生活中、使用基数非常大，其产生的数据总量也会达到和核电研究一样的数量级别。就像我们日常生活中的网络文章的点击流、微博的浏览量、GPS 提供的位置信息等。大数据和传统数据相比最显著的区别就是，产生数据的规模量和数据处理的效率。

（二）行政事业单位领导干部经济责任审计中大数据相关技术的影响

大数据时代的到来，给开展针对行政事业单位领导干部的经济责任审计工作带来了前所未有的挑战，而大数据相关技术的引入，也对其审计范围、审计技术手段、审计模式带来深刻的影响：

1. 对审计范围的影响

大数据相关技术可以拓宽行政事业单位领导干部经济责任审计工作的范围，实现从局

部审计到审计范围全覆盖的转变。在采集被审单位数据时，将不仅局限于企业内部的财务信息、业务信息、决策相关文件等内部资料，还会采集企业相关的政府系统数据（财政、工商、税务等）、互联网平台上所有相关的外部数据等，极大地拓宽了审计资料的获取途径。而且审计过程不再依赖局部抽样，可以从企业内外部多种渠道，在企业自身、政府和市场多重视角之下对被审计的行政事业单位实施多点联动的审计。审计范围也从传统的基于抽样技术的单点离散型局部审计发生质的转变，实现了所有财务、业务数据资料的全覆盖；从仅基于企业内部的微观审计变为与宏观经济形势等市场大环境相结合的多重视角下的审计模式，从而在着眼于微观数据之间因果关系的同时，也关注到整体数据间的关联关系并进行系统的审计分析。审计范围从局部抽样到全覆盖的转变突破了资源的局限性，综合获取了所有可利用信息，提炼得出更加准确恰当的审计结果，更好地发挥了经济责任审计的功效。

2. 对审计技术手段的影响

大数据相关技术的引入，可以使审计技术更加便捷化、智能化和系统化，能够大大优化整个审计流程，降低审计工作难度，提升行政事业单位领导干部经济责任审计的效率和效果。大数据相关技术对于行政事业单位领导干部经济责任审计技术手段的影响，如企业内部的财务信息、业务信息都逐步录入财务核算软件，政府各部门间政务平台逐渐打通，还有互联网平台上所有相关的外部数据，极大程度拓宽了审计资料的获取途径。而采集得到的大量财务、业务数据中包含的重复、缺失、有误差的项目也不再需要大量审计人员人工检查和重新计算，可以利用大数据相关技术对采集到的原始数据进行去重、补充、分类等预处理。通过大数据分析相关技术还能够挖掘出各种数据背后隐藏的真正具有价值的信息，发现数据间的相关性。通过建立相关审计模型，帮助审计人员能够更迅速地发掘出审计重点、疑点，使审计计划、方案的制定更科学合理，降低了对审计人员主观判断的依赖，在降低审计成本的同时，使行政事业单位领导干部进行经济责任审计的效率也大幅度提高，而审计效果也更加客观准确。

3. 对审计模式的影响

随着信息化技术的不断发展，大数据相关技术的运用领域也不断扩展，推动了协同审计模式的建立和发展，使大数据技术分析平台的搭建成为可能。该平台以省级审计机关为主体，将市、县级审计机关数据库纳入，逐步联合各级财政、税务、工商等部门，并实现与网络数据库的对接，通过授权访问的形式，实现各部门的资源共享、数据集中、工作协同。面对大型行政事业单位，对其领导干部进行经济责任审计时，利用该平台就能够打破原有“一对一”的审计模式，在对被审行政事业单位相关数据进行总体分析的基础上，通过数据对比、挖掘关联关系等方法实现进一步的深度分析，筛查出相关审计疑点和应重点关注的领域，然后分散核查、验证，最终将所有证据汇总进行系统分析。而在实际审计项目中，审计局内部也打破原有壁垒，由审计组长牵头，在各级审计机关财政处、商务处、经贸处、教科文处等各个审计处抽调审计人员组建临时审计小组，发挥各自专业领域的优势，实现审计小组内成员优势互补，实现向“多对一”协同审计模式的转变，提高对行政事业单位领导干部进行经济责任审计工作的效率和效果。

（三）行政事业单位领导干部经济责任审计中大数据相关技术的优化建议

下面针对制度、平台、人才队伍这 3 个方面的建设与完善工作提出建议，希望能够进一步推进大数据相关技术在行政事业单位的领导干部经济责任审计中的运用，提高对行政事业单位领导干部进行经济责任审计的效率和效果。

1. 健全大数据技术制度，规范具体操作流程

推动大数据技术在行政事业单位领导干部经济责任审计中的应用，建立健全审计制度是基础，有了与之相适应的制度才能使大数据技术有良好的应用环境。

（1）国家层面上应完善配套的法律法规，明确大数据技术的权威性和合法性，明确各级审计部门进行数据采集的权限。

第一，对数据采集制度进行规范，明确审计与被审计对象双方的权责，从制度层面规范作业流程，使数据在流转过程中的安全性能够得到保证，打消被采集对象的顾虑。

第二，制定数据获取的相关制度和数据采集的标准，使所采集数据更准确、真实、完整。

第三，确定数据采集周期，建立定期采集机制，实现数据的实时更新，全面监测各部门各单位的动态发展，及时发现审计疑点，做出预测性判断，提前规避风险。

（2）作为最高审计机关、主管全国的审计工作的审计署，应积极响应国家政策，及时更新审计准则和指南的内容，从准则和应用指南层面对大数据技术在审计工作中的运用提供指导。

（3）各级地方审计机关应贯彻落实国家方针政策，按照审计法律法规的规定，在审计署的指导下，结合各自的实际状况，对现有的审计机制做出适当调整，对运用大数据技术开展审计工作的操作流程和守则进行规范，建立健全大数据技术平台的各项制度，将相关使用规范细则纳入年度审计项目质量考核，对于线上线下操作的不规范行为实行相应的惩罚和追责。

有了自上而下的制度保障，才能保证数据采集通道的畅通和采集标准的统一、树立起

动态数据采集意识、加强对数据的管理、保障数据的安全，并使所采集数据的效用因大数据技术的运用发挥出最大的效能。

2. 加快大数据平台建设，推进数据整合共享

（1）搭建大数据管理中心平台。为了更好地将各个地区各个层级的政务数据纳入统一的管理体系，实现上下联动和内部数据的实时共享，就要打破各级政府部门之间的政务壁垒，消除“信息孤岛”现象、深化信息化改革，加快各地区各级政府部门的信息化建设，搭建起模块完整、数据格式统一的大数据管理平台。

加强政府信息共享的顶层设计，不仅从纵向上延伸至各个区县，横向上也要将银行、工商、社保、税务等系统的数据接入大数据管理平台。并在政府中成立用于对政府信息建设工作进行统筹规划与协调的部门，从而从行政管理层面对政府各部门信息建设进行统一的指导，进而逐步推进政府各部门综合信息系统的建设，最终保证相关规章制度的有效落实。

除了打通政务系统的壁垒，数据管理平台还对国有企业和行政事业单位数据进行定期采集，以更好地监控国有资产的动向。并对地方各级政府部门在之前采集到的各行业、各单位的存量数据分门别类、按年限年度存储到大数据管理平台，并允许审计局内部的大数据技术分析平台的数据端口接入大数据管理平台，允许审计人员通过身份识别、权限设置等方式调阅这些数据，从而在需要对行政事业单位领导干部进行经济责任审计时，能够直接调取被审计单位的各种相关数据，避免每次审计工作均需要进行重复、烦琐的数据采集与数据处理工作，提高审计的效率和效果。

通过建立包含综合、完善数据的政府信息平台，还可以有效地对不同政府部门、不同类型的数据实现统一存储，将“统一、规范化管理政府数据”这一目标有效落实，从而真正实现在政府各部门之间共享数据、同步分析。当需要对某一单位进行审查工作时，可以一站式获取被审计单位的相关数据，进而避免了“先立项，后审计”造成的在正式开展审计工作前必须花大量时间去采集和处理相关数据的问题，最终提高审计的效率和效果。

（2）优化审计局内部大数据技术平台。降低审计人员进行大数据技术分析的门槛，引入“搜索引擎式的数据分析方法”，使数据分析的方式从专业的 SQL 和 NOSQL 语句查询，向谷歌、百度一样的搜索模式转变十分有必要。简化操作可以使大数据技术模式更具普适性和推广性，让更多审计人员转变传统审计思维，认可大数据技术方式的便捷与高效，使其愿意通过大数据技术平台对数据进行深度分析与挖掘，充分利用数据的价值。

平台的构建相当于“打地基”，地基稳，楼才高。现阶段大数据关联审计多处于初步

的尝试应用阶段，为了更大程度地发挥大数据对于审计工作的利好作用，拓展审计技术方法在更多领域的应用，还应坚持开展审计技术创新，对审计大数据应用平台进行升级改造。数据平台建设涉及的技术性较强，地方审计机关可以通过招投标等方式引进外部专业团队与审计局内部计算机处人员相配合，合力打造出将大数据相关的回归、统计分析，类聚、关联算法等技术手段与审计实务相融合的大数据技术平台。并重视大数据技术模型和经典审计案例的积累，建立专门针对行政事业单位领导干部经济责任的分析模型，并不断对模型予以优化和板块细化，使模型简洁、易理解且更具针对性。成熟审计模型的应用，可以减少审计人员重复思考和创建审计方法的时间，实现快速有效的数据分析，提高行政事业单位领导干部经济责任审计的效率效果。

（3）解决平台的安全性问题。定期与不定期相结合地开展数据安全保密检查工作，对接入审计内网、互联网的计算机要进行全面排查，检查是否有病毒木马感染风险、信息泄露风险，及时加固防火墙、修复系统漏洞。对由于安全问题造成严重后果的，追究主管领导、分管领导、经办人各自的责任。建立严格的审批流程控制，使审计信息保密性得到保证。

3. 完善审计队伍管理，培养大数据技术人才

（1）完善审计队伍管理。随着审计全覆盖的推进，审计监督的范围和对象都呈几何级扩增。为使审计人力资源得到优化配置，有效改善队伍结构，必须完善审计队伍管理。

引进、扩招审计人才，将审计工作中所急需的、能够填补审计队伍知识结构空缺的复合型审计人才引进到审计队伍中，为审计队伍注入一批新鲜的血液，并完善审计队伍的管理制度，制定有利于优秀人才发挥个人实力、稳步晋升的环境，保证审计人才队伍的素质与能力持续健康发展。同时，要在现有人力资源上下功夫，除了以老带新、以强带弱之外，应还加强各个处室之间的交流合作，强化计算机处与其他传统处室的沟通，互相学习、取长补短。充分发挥现有审计专业人才在审计工作中的引领和示范作用，合理调整审计项目中的人员结构和比例，充实一线审计力量，缓解审计力量不足的问题。

（2）培养大数据技术人才。大数据技术的运用，对经济责任审计人员提出了更高的要求，既懂得大数据相关技术又具有丰富的审计实务经验的复合型人才十分紧缺。在完成大数据技术平台的优化之后，虽然使其使用门槛变低，操作得以简化，但对审计人员的后期培养并不能因此落下。

步入大数据时代，习惯于传统审计模式的审计人员在认识和思维方式上也要进入新的阶段，从传统的因果型思维转向相关型思维，从抽样审计执着于样本的精确性转变为总体

审计降低对精确性的要求，从手工查账转变为智能化的平台操作，努力打破固有思维模式和对新事物的偏见，适应新技术带来的审计变革。

加强对一线审计人员数据库知识和大数据分析方面的培训，调动年纪较大的审计人员的学习积极性，让每一位审计人员都熟悉大数据技术平台的各个模块和具体的操作方法，提升审计人员信息化业务素质，紧跟时代发展的步伐，充分发挥出大数据资源的作用。此外，定期组织技术人员与非技术人员交流大数据技术经验和技术方法，帮助技术人员学习审计实务知识、非技术人员学习技术知识，从而提升双方的沟通效率、促进团队整体水平的提高，将技术更好地与审计实践相融合，提高审计效率效果。

第五节　国有企业领导人员经济责任审计

一、国有企业及国有企业领导干部

国有企业，是指由国家持有的企业，国有企业作为我国一种特殊的企业组织形式，在国家财政的收入与支出中扮演着重要角色。国有企业是我国国民经济的重要支柱，也是中国特色社会主义的重要物质基础和政治基础，影响着国民经济未来发展方向和发展趋势。

随着国有企业改革进入深水区，新时代对国有企业领导干部也提出了新的要求。目前，我国国有企业领导干部经济责任审计的对象包括国有和国有资本占控股地位或主导地位的企业（含金融机构）的法定代表人，或者不担任法定代表人但实际行使相应职权的主要领导干部，国有企业领导人作为国有企业发展的领航者，应在谋求企业转型、优化产业结构、健全完善现代企业制度和激发员工积极性方面发挥推动作用，努力做到思想与体制的同步，力求最大程度释放体制机制改革的活力和优势。

二、国有企业开展领导人员经济责任审计的意义

国有企业领导干部经济责任审计，是对领导干部任期内所在部门、单位财务收支真实性、合法性、效益性的审计。领导干部经济责任审计将审计监督引入干部管理，既维护了财经法纪，也促进了国有企业领导干部遵纪守法，保持廉洁自律。

第一，经济责任审计是全面从严治党理念的体现。经济责任审计工作作为时代发展的产物，是新时代监督管理的重中之重。该体系以监督国有企业领导人员经济责任履行状态为着力点，坚持以经济责任履行为方向，充分发挥出审计评价机制作用，保障国有企业领

导人员能够履行自身经济责任，尽职尽责地做好管理工作，为国有企业的良好发展提供坚实的制度保障。

第二，经济责任审计是切实加强干部监督和管理的重要措施。做好经济责任审计工作，能够对国有企业领导人员履职阶段工作业绩和管理成效进行客观、全面、公正的分析评价，审计结果要作为国有企业领导人员任用、选拔和考核的主要依据，从而充分发挥出其监督管理作用，督促企业领导者自觉遵守国家法律，合理运用手中权力。公正的审计报告内容不仅有助于解决“官出数字”的现象，还能从客观角度选用人才。

第三，经济责任审计是改善国有企业经营管理的重要策略。经济责任审计作为保障国有企业经营管理质量的重要策略，良好的经济责任审计工作有助于监督领导人员在任职期间企业各项开支的合理性和真实性。结合审计阶段发现的管理漏洞和问题，提出切实、可行的改善意见，从根源上提升国有企业经营管理质量，保障企业经营的项目都能够获得较高的经济收益，从而达到防控企业经营管理风险的目的，保障企业的高质量发展。

三、国有企业领导人员经济责任审计体系的完善措施

（一）缩短审计周期，及时开展任中经济责任审计

国有企业要不断在实践中完善经济责任审计体系，构建领导人员任中经济责任审计管理机制，以任职三年为审计周期，建立“三年一审”的审计管理模式，与审计行业标杆企业进行良好的沟通，以缩短经济责任审计周期为主要目的，重视审计管理制度的完善。

重点关注国有企业领导者履职阶段“三权”落实情况，即对领导人员经济政策渗透情况、经济管理权限落实情况、重大事项决策权限应用情况进行分析，通过有效的审计管理和监督，及时发掘权利落实阶段存在的相关问题，将违纪违规行为扼杀在摇篮里。

（二）调整方向，提高经济责任审计质量

第一，国有企业应将财政财务收支审计与经济责任审计区分开，财务管理的审计不能等同于经济责任审计，在开展审计过程中应将二者区分开。国有企业审计管理人员还要时刻关注上级党委政府、国务院和党中央颁布的经济管理政策，做好管理方向的控制以及调整。与此同时，还应拓宽审计管理工作面，将审计管理优势发挥到最大。

第二，应从“离任”管理模式中走出来，逐步向“任中”审计方向转型，从传统的以结果为导向转变为以实践为导向，做好经济审计的转型工作。

（三）完善审计结果运用机制，督促审计问题整改到位

国有企业人事管理部门需要结合审计管理部门提供的领导人员审计报告制订专项审查考核计划，将专项考核结果作为领导人员任免、奖惩、考察的主要依凭，并且企业应贯彻落实“不审不用、先审后用”的指导方针，避免出现一边审计一边提拔或是先提拔后考核的不良情况。

国有企业应分析审计管理问题，做好问题集中整改，不断强化对审计整改问题的检查、监督和跟踪，保障审计整改工作能够真正意义上落到实处，同类别问题得到改善。国有企业还要结合实际发展情况建立审计问题整改落实问责机制，针对整改主体管理责任淡薄、未建立长效控制管理机制、整改责任相互推诿等情况进行集中处理，以问题为导向制定完善合理的审计整改问题监督管理策略，将整改情况与奖惩机制相融合，保障经济责任审计工作能够充分发挥出自身优势。

（四）提高审计队伍的整体素质，促进审计人员职业化和审计队伍精良化

第一，为有效地改善这种状态，国有企业需要从制度管理角度出发，做好审计职业化，聘请经验丰富的审计管理人员，树立审计管理职业形象和职业管理意识，确保审计人员职业水平能够达到预期，为后续审计管理工作顺利开展奠定基础。

第二，企业还要从经济责任审计发展角度着手，坚持“人员精、素质高”的管控原则，不断吸纳政治素养、组织协调能力、职业水平良好的复合型管理人才。

第三，应建设横向交流、上下联动、高标准的动态控制管理体制，提升审计管理人员职业水平和综合素质。与此同时，国有企业应重视政策的学习和掌控，结合政策发展方向做好人才培训计划，针对审计人才职业水平考核结果做好专项审计计划，保障审计工作顺利开展。国有企业还要重视审计管理队伍建设，了解目前审计管理工作实际状态以及人员组织架构，从管理需求角度出发，不断充实不同专业审计管理人员知识架构和管理水平，不断提升人才管理优势，实现综合发展。

此外，国有企业审计队伍在开展领导人员经济责任审计过程中，队伍中应配置政策普及人员，时刻关注审计管理政策动向，结合政策内容调整审计内容，保障审计决策的适用性，提升审计结果的可靠性。审计队伍管理者应意识到队伍的搭建与人才的培养不是一蹴而就的，需要不断地在实践中积攒经验，定期引进法律、管理、信息化以及审计方面的人才，向审计管理团队内注入新鲜血液，不断提升审计人员的工作积极性。与此同时，还应建立奖惩制度以及绩效考核机制，不断鼓励审计人员学习法律、政策、信息管理等方面的

知识，建设职业水平高的审计队伍，为审计工作良好开展奠定人才基础。

（五）创新审计服务模式

国有企业应改变这种固有思维，引进先进的审计服务理念与方法，创新审计策略和服务模式，以问题为导向，不断分析企业领导人经济责任审计工作需求，优化审计深度，从全局角度出发充分考虑问题，保障审计效果。

审计部门在创新审计服务管理模式时，除了要对领导人员经济责任做出正确评价外，还要为企业内部治理、风险防控、发展战略、生产经营管理等把脉，不断发现企业在管理经营过程中存在的问题，发现、了解内部控制薄弱环节，从建立完善的管理机制、管理制度角度出发，提出审计建议和改善意见，保障新型审计管理模式为企业经济发展赋能。在建立新型审计服务管理模式后要做好实践，先局部运用审计管理模式，在保障审计管理效果达到预期后，应逐步推广，在运用中做好审计管理模式的优化和创新，在实践中积攒经验，将经济责任审计工作价值充分发挥出来。

审计部门管理人员也要与时俱进，不断优化审计管理模式，结合创新型审计管理内容，建立完善的审计管控制度，确保审计报告更具时效性，为决策层提供更高效经验的咨询管理服务，促进企业降低经营管理风险。在落实创新型经济责任审计管理模式后，要将审计评价结果与传统的审计评价结果进行对比，以保障创新工作带来实效。

总之，国有企业领导人员经济责任审计结果是其留任、提拔与否的主要依据，因此，经济责任审计工作对企业稳健、持续发展至关重要。新时期，国有企业应高度重视经济责任审计模式的创新，助力国有企业实现发展转型与管理转型。审计部门管理人员应顺应时代发展趋势，以政策为导向，不断完善审计模式和审计策略，提高经济责任审计在企业管理监督中的重要性的认识，探索更加高效、实用的审计方式方法，确保经济责任审计工作能够充分发挥为企业良性发展保驾护航的功能。

（六）建立有效的评价机制

经济责任审计评价机制的建立尤为重要，应作为保障领导人员经济责任审计工作有效性的策略之一。

第一，审计人员应保持公正、客观、准确的态度，坚持合规合法原则，以法律法规、政府政策、地区规章制度、政府部门领导方针为主要依据，保障审计工作的合规性、效益性、真实性。

第二，坚持全面评价管理原则，既要评价领导人员履职阶段做出的成绩，也要评价领导人员履职阶段的不足之处，做好全方位的评价管理。

第三，坚持定量和定性有机融合的管理原则，用定性指标评价国有企业经营管理任务完成情况，用定量指标评价经营业绩完成状态，以保障指标更具完善性和合理性。

（七）提升大数据审计技术的运用频率

将大数据审计技术与经济责任审计管理工作进行融合，保障数据处理质量和效率，从根源上提升经济责任审计工作的合理性和有效性。从实践数据分析可知，大数据技术能够有效地提升审计管理工作的合理性，构建以大数据管理技术为基础的审计管理模式已成为国有企业审计管理部门的必然趋势，企业审计管理人员也应提升大数据管理技术的应用频率，搭建多角度、多口径的数据管理评价平台，实现信息数据的精准收集。

以实际管理数据为基础，用大数据技术做好基础数据的管理和筛分，使经济责任评价管理体系实现数字化和科学化，以便为管理者提供更加合理科学的审计结果。与此同时，国有企业高层领导还应引进云计算技术、数据共享平台等，缓解审计人员工作强度、压力，以确保审计管理人员能够将更多的时间和精力用在数据分析方面。

第五章　企业经济管理与审计新发展

第一节　企业经济管理

一、国民经济的细胞——企业

企业是国民经济的细胞，是集合土地、资本、劳动力、技术、信息等生产要素，在创造利润的动机和承担风险的环境中，有计划、有组织、有效率地进行某种事业的经济组织。企业的含义归纳的要点包括：①企业是个别经济单位，或为工业，或为商业，在一定时期内，自主经营、自负盈亏。②从事经济活动，集合土地、资本、劳动力等生产要素，创造货物及劳务，以满足顾客需要。③企业是一种营利组织，其生存的前提在于“利润的创造”。

（一）企业的特性

第一，比较普遍地运用现代科学技术手段开展生产经营活动。采用现代机器体系和高技术含量的劳动手段开展生产经营活动，生产社会化、机械化、自动化、计算机化程度较高，并比较系统地将科学知识应用于生产经营过程中。

第二，生产组织日趋严密。内部分工协作的规模和细密程度极大地提高，劳动效率呈现逐步提高的态势。

第三，经营活动的经济性和营利性。企业必须通过为消费者提供商品或服务，借以实现企业价值增值的目标。经济性是企业的显著特征。企业的基本功能就是从事商品生产、交换或提供服务，通过商品生产和交换将有限的资源转换为有用的商品和服务，以满足社会和顾客的需要。一切不具备经济性的组织不能称为企业。企业作为一个独立的追求利润的经济组织，它是为盈利而展开商品生产、交换或从事服务活动的。盈利是企业生存和发展的基础条件，也是企业区别于其他组织的主要依据。

第四，对员工福利和社会责任的重视，形成特有的企业精神。企业具有公共性和社会性，要想谋求长远发展，必须得到股东、员工、顾客及社会公众的支持，因此，利润、员工福利和社会责任构成企业存续的三个基本因素。企业的一切经营活动，尤其是生产规模的扩大，无不借资金以成之，而资金最可靠的来源，则是企业的盈余。企业的利润是企业存续的第一要素。企业是生产设备和员工组成的一种经济组织，而人是机器设备的主宰者。生产效率的高低，受人为因素的影响最大，因此，企业为求生存，必须尊重员工的人性，重视员工的福利，以提高士气，建立互信。企业是构成整个社会的部分，若不重视社会大众的利益，甚至剥夺其利益，妨害社会安宁，污染环境，则必然遭到全社会的谴责和抵制，以致不能生存，因此，企业的管理者，无不重视社会责任。

企业是现代市场经济和社会生产力发展的必然产物，它较好地适应了现代市场经济和社会发展的客观要求，具有独有的特征。

（二）企业的功能

企业具有如下功能：

第一，对社会慈善机构及服务机构，可以提供救济金、奖学金和各种服务基金。

第二，对政府而言，按期纳税，执行政府的相关政策，与政府共谋经济发展。

第三，对股东而言，报告企业的财务状况及经营情况，分配优厚而平稳的股息，保障股东投资安全。

第四，对职工而言，提供良好的工作环境和合理的工作报酬，提供适当的工作保障，重视工作的安全性，给予员工发表意见的机会。

第五，对顾客而言，提供价格合理的产品或服务，源源不断地提供充足且品质良好的商品。

第六，对供应商而言，创造合理的采购条件，准时支付货款。

（三）企业的经营机会分析

评价一家企业经营机会的过程，要评价该企业进入行业的吸引力，评估企业业务的竞争力量和业绩潜力，以决定下一步采取什么样的战略行动。

1. 识别当前的企业战略

企业需要考虑是否在寻求相关或不相关多元化或二者混合、最近的购并和剥离行动的本质和目的、公司管理试图创建多元化经营的种类等问题。具体来说，企业要考虑以下几个方面：①公司多元化的程度。这可以通过每一项经营业务的销售额和经营利润占总销售额和经营利润的比例来衡量，并要看多元化的基础是宽还是窄。②公司的经营范围是以国内为主，还要考虑国际化、全球化。在企业中增加新业务的决策和在新行业中确立地位的任何决策。③剥离已经失去吸引力的经营业务的决策。④最近采取的增加关键经营业务业绩或提高现存业务经营地位的决策。⑤管理人员为获取战略匹配利益和利用业务间的价值链关系创建竞争优势。企业对当前的战略和其合理性有一个清楚的了解，可以弄清业务组合中的强势和弱势，决定是否要对战略进行适当的细微改进或重大变动。

2. 检验行业吸引力

这是要评价公司所在的每一行业的长期吸引力。在评价一个多元化经营公司的业务构成和战略质量时，考虑的首要因素是其进入的行业的吸引力。这些行业越具有吸引力，公司的长期利润前景越好。

企业必须检查所进入的每一行业，判断它是否是较好的经营领域。这一行业长期增长的前景是怎样的，竞争条件和显现的市场机会是否为长期获利能力提供了好的前景，该行业的资本、技术和其他资源需求是否能与公司的能力很好地匹配。

影响行业长期吸引力的因素如下：

（1）市场规模和表现出的增长率。当然，大的行业比小的行业更有吸引力，快速增长行业比缓慢增长行业更具有吸引力。

（2）竞争强度。竞争相对较弱的行业比竞争较大的行业更具有吸引力。

（3）显现的机会和威胁。不远的将来有着明确的机会和较小威胁的行业比有着不明确的机会和较大的威胁的行业更具有吸引力。

（4）季节和周期性因素。需求相对稳定的行业比购买者需求在年内或年间有较大波动的行业更具有吸引力。

（5）资本需求和其他特殊资源的需求。有着资本需求低的行业比投资需求可能抑制公司财务资源的行业相对更有吸引力。同样，不需要专门技术或独特的生产能力的行业比资源需求超过公司拥有的资源和生产能力的行业更具吸引力。

（6）与公司现在的业务存在战略匹配和资源匹配关系。如果一个行业的价值链和资源需求与公司进入的其他行业的价值链活动以及公司的资源能力存在很好的匹配关系，那么这个行业更有吸引力。

（7）行业获利能力。有着相当高利润和高投资回报率的行业通常比一直是低利润高风险的行业更有吸引力。

（8）社会、政治、法规和环境因素。在消费者健康、安全或环境污染等这类领域存在重大问题或者违反严格规章的行业不如在这类问题上好于多数其他经营的行业更有吸引力。

（9）风险和不确定程度。有着较小的不确定性和经营风险的行业比未来不确定、经营常常失败的行业更具有吸引力。多元化的公司需要对所从事生产经营活动的各个行业的吸引力做出比较，将资源配置给那些有着最大长期机遇的行业，剥离掉不盈利的行业。

3. 检验竞争力

企业要评估自己的各个经营单位的竞争力，了解它们在各自所处的行业中的状态，以便了解它们在行业中的定位是否正确，是否已经能够成为一名强有力的市场竞争者。进行这种检验，企业可以采用类似于衡量行业吸引力的方法，来评估每个经营单位的竞争力。

（1）相对市场份额。经营单位的相对市场份额是指其市场份额与该行业中最大对手的市场份额的比值。从经济学的角度讲，相对市场份额可以反映出产品的相对成本和大规模生产的经济性。相对市场份额较大的企业可以以更低的单位成本进行生产经营。

（2）成本的竞争力。企业的经营业务在成本方面非常具有竞争力，可以在行业中比那些想要达到与主要对手相同的成本水平的经营业务处于更强的地位。

（3）质量和服务上的能力。公司的竞争力还取决于它的产品在性能、可靠度、服务等重要属性方面是否能满足购买者的期望值。

（4）讨价还价的能力。企业能够对供应者或购买者具有讨价还价的能力，本身就是一个竞争优势的源泉。

（5）技术和革新能力。在企业里有着技术领先地位和革新能力的经营业务，在各自的行业中通常是强有力的竞争者。

（6）经营业务与行业成功关键因素的匹配能力。企业的经营业务的各项资源与行业的关键成功因素越是相匹配，其竞争地位越有利。

（7）品牌与信誉。企业具有很好的产品品牌及声誉也是一项有价值的竞争性资产。

（8）相对于竞争对手的获利能力。企业经营业务连续获得高于平均水平的投资回报，并比对手有着更高的利润率，通常处于强有力的竞争地位。检验竞争力的方法与评价行业吸引力的方法类似，要对每个竞争力衡量标准设置一个权数，表明其相对重要性。多元化的公司正在将它们的资源集中于能够使它们成为强有力的市场竞争者的行业上，并将不太可能成为市场领先者的业务进行剥离。

4. 检验战略匹配

企业通过检验战略匹配来考察各种经营业务价值链中的匹配关系以及其所形成的竞争优势潜力。一般是从两个方面来看匹配关系：第一，企业内有多少经营业务与公司多元化进入的其他业务间有着战略匹配关系；第二，每个经营业务是否与公司的长期战略很好地吻合。

当相关多元化公司的各项业务组都具有相关的技术、相似的价值链活动、交叉的分销渠道、共同的顾客或其他一些有价值的联系时，这个公司就可以获得完全不相关多元化的公司所无法得到的竞争优势。多元化经营公司具有战略匹配关系的业务越多，就越能在实现范围经济、增强特殊经营业务的竞争能力、提高其产品和业务的竞争力等方面获得很好的绩效。

5. 检验资源匹配

企业检验自身的资源力量是为了更好地了解现有的资源是否能满足公司现在业务的需求。为此，多元化经营公司各项业务之间需要具有很好的资源与战略的匹配关系。

（1）财务资源的匹配关系。多元化公司中不同的经营业务会有着不同的现金流量和投资特点。公司检测财务资源的战略匹配关系，首先要从现金流量与现金需求方面来把握。处于迅速增长行业中的经营业务经常是“明星”型业务，它们每年的现金流量不能满足每年的资本需求。为了满足“明星”型业务不断增长的需求，保证它成为行业的领先者，企业就需要向其注入所需要的财务资源。“现金牛”型业务处在缓慢增长的行业中，但居于领先地位，而且对资本的需求不大。它们本身能够产生较大的现金流量剩余，足以超过资本再投资以及维持其领导地位等方面的需求。

多元化公司要保证“现金牛”型业务具有长期现金增值能力，从而支持其他类型的经营业务。为此，公司需要认真考察哪些业务是“明星”业务，哪些是“现金牛”型业务，使公司的资源可以很好地在各项业务之间转移形成最好的投资组合。

公司除了从现金流量方面进行考虑以外，还应该看到如果一项经营业务对于实现公司业绩目标有所贡献，并且能够增加股东价值，它就具有很好的财务匹配关系。

（2）管理资源的匹配关系。多元化经营公司在制定战略时必须考虑如何使其资源更好地满足其业务在竞争和管理中的需求，并在两者之间形成很好的匹配关系。

在公司所进入的行业中，其业务已经能够成功地开发出所需的竞争力和管理能力时，这种多元化就会增加股东价值。如果这种新的经营业务没有很好的资源匹配关系，公司就需要考虑对它们进行剥离。

在多元化的进程中，公司对资源和能力的补充状况也决定了它的竞争能力。公司多元化战略越是将资源和能力集中投入在新的业务上，就越需要建立足够的资源贮备，保证这些业务能够创建竞争优势。否则公司的资源就会被分散，从而失去创建竞争优势的机会。

值得注意的是，很多多元化战略是以将资源能力转移到新业务上为基础的，但这种转移过程并不是那么容易。很多新业务很少能如预期地发展，其主要原因如下：①企业将一种资源能力由一项业务转移到另一项业务中需要一个学习过程。员工需要很好地把握新业务的知识，并建立相应的团队，保证将新业务所需要的资源能力更好地转移过去。②企业在某些经营业务上已经取得了成功，再进入具有同样资源需求的类似的新业务时，往往对成功的希望过于乐观，结果导致失败。③企业在新的业务中错误地估计了自己与竞争对手在资源和能力上的差异，不能突破竞争对手形成的进入障碍。

6. 制定新的公司战略

在前面工作的基础上，企业可以完成新的公司战略，在制定公司战略时，企业需要通过对未来的研究、试验，收集更多信息挖掘各种选择的能力，确定新的机会，对危机做出防范，充分认识战略相关因素及其重要性。

（四）企业的公司治理结构

公司治理结构是有关所有者、董事会和高级经理人员（执行者）以及其他利益相关者之间权力分配和制衡关系的一种制度安排，表现为明确界定股东大会、董事会、监事会和经理人员职责与功能的一种企业组织结构。公司治理结构是现代公司运行和管理的基础，在很大程度上决定了企业的效率。良好的公司治理结构可以激励董事会和经理层通过更有效地利用资源去实现那些符合公司和股东利益的奋斗目标。

1. 公司治理结构的原则

公司治理结构的原则包括：①治理结构框架应保护股东权利。②治理结构框架应确保所有股东，包括小股东和非国有股东受到平等对待。如果其权利受到损害，应有机会得到有效补偿。③治理结构框架应确认利益相关者的合法权利，并且鼓励公司和利害相关者在创造效益和工作机会以及为保持企业良好财务状况方面积极地进行合作。④治理结构框架应保证及时准确地披露与公司有关的任何重大问题，包括财务状况、所有权状况和公司治理状况的信息。⑤治理结构框架应确保董事会对公司的战略性指导和对管理人员的有效监督，并确保董事会对公司的股东负责。这些基本原则总结了状况良好的公司治理所必备的共同要素。

2. 公司治理结构的要求标准

公司治理结构的要求标准是：①给经营者足够的控制权，使其自由经营管理公司，发挥其职业企业家的才能；②完善激励与约束机制，保证经营者能从股东利益出发，而不是从个人利益出发来行使权力；③保证股东自由买卖股票，使股东充分独立于职业企业家，给投资者以流动性的权利，充分发挥开放公司的关键性优势。当然，这些标准在实际执行中很难完全实现，因为它们常常是相互冲突和矛盾的。而公司治理结构就是要在各利益相关者的权益和利益的矛盾中寻求动态平衡。

3. 公司治理结构的内容

公司治理结构坚持决策权、执行权、监督权三权分立的原则，由此形成了股东大会、董事会、监事会和经理层的“三会一层”的组织结构。

各机构的职责及相互关系如下：

（1）股东大会。股东大会是公司的最高权力机构。国家授权投资的机构和国家授权的部门以及其他出资者，选派代表参加股东大会并依法行使权利。股东大会的职权包括以下几方面：

第一，人事权。股东大会选举和更换公司的董事与监事，并且决定他们的报酬。

第二，重大事项决策权。如批准和修改公司章程，批准公司的财务预算、决策方案，决定公司的投资计划等。

第三，收益分配权。股东大会批准公司的利润分配方案和亏损弥补方案。

第四，股东财产处置权。如公司增加或减少注册资本，公司的合并、分立、解散或破产清算等涉及股东财产的重大变动，需由股东大会做出决议。股东大会从资产关系上对公司的董事会形成必要的制约。

（2）董事会。董事会是公司的经营决策机构。董事会对外代表公司，由公司董事组成。董事人选通常由股东推荐，经股东大会选举产生。董事会对股东大会负责，执行股东大会的决议。董事会的主要职权包括：①对公司的经营做出决策，如经营计划、投资方案等。②决定公司内部管理机构的设置和基本管理制度。③制定公司财务预算、决策方案，利润分配和亏损弥补方案，公司增减资本和发行公司债券方案等。④人事权。负责任免公司总经理、副总经理、财务负责人，并决定其报酬。董事会实行集体决策，一般采取每人一票和简单多数通过的原则。每个出席董事会的成员应当在会议记录上签名并对董事会的决议承担责任。董事会决议违反法律法规或公司章程，致使公司遭受严重损失的，参与决策的董事对公司负赔偿责任。但在表决时曾表明异议并记录在案的，可免除责任。

（3）总经理。总经理依照公司章程和董事会授权，统一负责公司的日常生产经营和管理工作。总经理由董事会聘任或解聘，对董事会负责。总经理的职责包括：①组织实施董事会决议。②组织实施公司年度经营计划和投资方案。③人事权。总经理提请董事会聘任或解聘公司副总经理和财务负责人，直接聘任或解聘其他管理人员。

公司总经理可以从外部聘任，也可经公司董事会决定由董事成员兼任。

（4）监事会。监事会是公司的监督机构，成员一般不少于 3 人。监事会成员可由股东代表和一定比例的职工代表组成，职工代表由工会或职工民主选举产生。监事会的主要职责有以下两方面：

第一，对公司董事、经理执行公司职务时违反法律法规或公司章程的行为进行监督，防止他们滥用职权。发现其行为有损公司利益时，有权要求予以纠正，必要时可向股东大会报告，提议召开临时股东大会，采取解决办法。

第二，检查公司的财务。为保证监督的独立性，公司的董事、经理及财务负责人一律不得兼任监事。

总之，公司治理结构的各部分间的相互关系是很密切的，它作为联结并规范所有者（股东）、支配者（董事）、监督者（监事）、经营管理者（经理）等相互权力和利益关系的制度安排，是为了处理好股东大会、董事会、监事会和经理层之间的关系，在股东大会、董事会、监事会和经理层之间建立相互制衡的有效运行机制。股东大会对董事会是一种委托代理关系，董事会对总经理是一种授权经营关系，而监事会有各自不同的职权。有效的治理结构可以保证企业权能在四者之间合理分配，形成权责分明、相互制衡、运行合理、管理科学的公司治理结构。

二、宏观经济管理与企业市场经济发展

宏观经济管理在助力市场经济高质量发展、解决贸易摩擦、化解市场经济的重大风险等方面具有重要意义。今后，宏观经济管理可以在坚持党的领导前提下，从法律法规建设和人才队伍培养两个方面做出努力，有序解决市场经济发展中存在的诸多问题。新时期宏观经济管理的内涵经济发展新常态成为宏观管理新认识我国的经济新常态主要有三个方面的特点：①主动适应经济增速的下降，为进一步的经济结构性改革预留空间。②随着人口红利的消失，就业形势更为复杂。③更加重视债务风险问题。宏观经济管理要有自身的新变化，要更加注重精准调控、过程调控和科学调控。

（一）创新驱动发展战略成为宏观经济管理新战略

创新驱动战略本身的内涵很丰富，有制度创新的意味在，用创新来改善我国的宏观经济管理方式，是尊重国情和世情的决定，把创新融入宏观管理中是符合市场经济发展规律的。创新指的是在特定环境中为了实现某种目标而开拓出来的新路径、新方法，其本身是一个无止境的过程。用创新来推动我国宏观经济管理的进步能够为经济发展提供新动能。我国经济正处于转型发展的重要时期，要实现经济的长久稳定发展，就要创新宏观调控制度，这一创新要贯彻于新时期市场经济发展的始终，破除体制机制的羁绊，为市场资源合理配置营造广阔空间。

（二）宏观经济管理对于企业市场经济发展的重要性

宏观经济管理能够保证国家的稳定和经济的发展，在当前国内经济形势日趋复杂的背景下，强化宏观经济管理能够进一步增强国家经济竞争力、拓展国家之间的经济合作、迅速化解经济发展中遇到的重大问题。

1. 宏观经济管理能够助力市场经济高质量发展

国家和相关政府职能管理部门作为宏观经济管理工作的主体，一定要结合自身经济发展实际与经济管理工作的特点与需求，及时落实和不断推进宏观经济管理工作的改革和创新。社会主义市场经济发展中出现的问题迫切需要宏观管理体制机制上强化谋篇布局，进一步构建与经济高质量发展相适应的宏观管理体系。

（1）为了顺应经济发展的现状。需要转变宏观管理理念，推动供给侧结构性改革，积聚新型发展动能，促进全社会生产要素的合理调配，增强经济发展的稳定性和协同性。

（2）科学设定宏观管理的目标，在推进经济高质量发展中不断增强我国经济的竞争力。

（3）我们要在创新宏观经济管理方式上付出努力，侧重宏观管理的精准性和过程性，设置多元化管理方式和管理目标。实施针对性的宏观调控手段。在调控幅度、调控设计方面下功夫，确保各个部门在工作中做到协调互动，实现中长期调控政策的互补匹配。

我国的市场经济发展自始就与中央的宏观调控紧密结合，在新时期实现新进步更离不开精细化的宏观管理。推进经济高质量发展需要宏观调控设计科学的绩效体系、构建良好的制度环境、不断丰富调控手段，保障宏观调控政策的落实。只有这样，才能解决社会主义市场经济建设中遇到的一系列问题，保障经济高质量发展。

强化宏观经济管理一方面可以减少贸易摩擦，另一方面可以实现国际合作中的共赢。总书记高瞻远瞩地提出未来很长一段时间将是拉近与发达国家发展差距的关键时期，并清晰地预见到国际经济合作与交流是实现经济高质量发展的重要手段。长期以来，我国一直重视与各国建设友好合作关系，积极发展互惠双赢的经贸往来，致力于新型国际发展格局的构建。“一带一路”“亚投行”“丝路基金”等重大举措取得显著成效就是宏观管理推进国际合作的铁证。宏观经济管理能够做到在国家合作中深入挖掘经济发展共性，强化经济发展黏性。国家更要在经贸合作中发挥人文纽带的作用，推进文化输出、强化教育合作，构建深入合作、高度互信的经贸合作关系。在经济全球化背景下，只有依赖于政府的宏观调控，中国的市场经济才能站得更稳、走得更远，才能够更为从容地应对国际经济风险，构建全球经济发展新秩序。

2. 宏观经济管理促进企业市场经济发展的措施

坚持党对宏观经济管理的领导地位搞好经济建设的关键在于坚持党的领导地位。

（1）党对经济工作的领导是总领性的、根本性的，可以保证经济发展的成果惠及全体人民，不断激发市场活力。

（2）党对经济的领导可以引导科学发展观念的建立，做到对市场规律的充分尊重。中国充分吸取古往今来全人类的智慧，其所做的一切指示都具备一定前瞻性。宏观经济管理要发挥党的价值引领作用，按照市场规律办事，将市场经济发展的要求内化为社会主义市场经济进步的内在动力。

（3）加强党对经济工作的统一领导，破除制约社会主义市场经济发展的阻碍性因素。在宏观经济管理中要将党的意志上升为国家意志，推进建设良好的社会环境，为市场经济的发展创建良好外部环境。最后，加强党的领导是社会主义制度优越性的体现，能够集中精力解决影响市场经济发展的负面因素，防止市场经济的风险演变为系统性风险。总之，只有党的领导才能够有效把握经济发展方向，实现经济发展的总目标。

三、企业管理

（一）企业管理的意义

在宏观经济体制转变，微观管理转型的形势下，企业管理仍然处于重要的地位。

第一，企业管理是企业长寿的根基，是培育企业核心竞争力的重要途径。生产经营活动是企业的基本活动，企业的主要特征是进行商品生产或提供服务。因此生产什么样的产品，生产多少，什么时候生产，从而满足用户和市场的需求，就成为企业经营的重要指标。企业管理就是要把处于理想状态的经营目标，通过组织产品制造过程转化为现实。

第二，市场力量对比的变化对企业管理提出更高的要求。在卖方市场条件下，企业是生产型管理。因为产品在市场上处于供不应求的状态，所以只要产品生产出来，就能够卖出去。企业管理关心的是如何提高生产效率，增加产量。

第三，企业领导角色的转化要求强化企业管理。在现代市场经济条件下，企业的高层经理人员要集中精力，做好与企业的长期发展密切相关的经营决策。这需要有一套健全有效的企业管理系统作为保证，否则，如果企业的高层经理人员纠缠于日常管理活动，便难以做好企业的宏观决策。从这个意义上讲，企业管理属于企业发展的基础性工作。

（二）企业管理的原理

企业管理的基本原理是指经营和管理企业必须遵循的一系列最基本的管理理念和规则。

1. 企业管理的系统原理

系统是由两个或两个以上相互区别又相互联系、相互作用的要素组成的，具有特定功能的有机整体。一般来说，系统具有整体性、相关性、目的性、层次性、环境适应性等特点。系统本身又是它从属的一个更大系统的组成部分。从管理的角度看，系统具有的特征包括：目的性、整体性、层次性、独立性、开放性、交换性、相互依存性、控制性。

系统作为一种方法，在研究、分析和解决问题时必须具备以下观点：①整体观点。整体的功效应大于各个个体的功效之和。②开放性与封闭性观点。若系统与外部环境交换信息与能量，就可把它看成是开放的系统。反之，就可把它看成是一个封闭的系统。③封闭则消亡的观点。凡封闭的系统，都具有消亡的倾向。④模糊分界的观点。将系统与其所处的环境分开的“分界线”往往是模糊的。⑤保持“体内动态平衡”的观点。开放的系统要生存下去，至少必须从环境中摄取足够的投入物来补偿它的产出物和其自身在运动中所消耗的能量。⑥信息反馈观点。系统要达到体内动态平衡，就必须有信息反馈。⑦分级观点。每个系统都有子系统，同时它又是一个更大系统的组成部分，它们之间是等级形态。⑧等效观点。在一个社会系统内，可以用不同的输入或不同的过程实现同一个目标，不存在唯一的、最好的方式。

2. 企业管理的效益原理

效益原理，是指企业通过加强管理工作，以尽量少的劳动消耗和资金占用，生产出尽可能多的符合社会需要的产品，不断提高企业的经济效益和社会效益。

提高经济效益是社会主义经济发展规律的客观要求，是每个企业的基本职责。企业在生产经营管理过程中，一方面要努力降低消耗、节约成本；另一方面要努力生产适销对路的产品，保证质量，增加附加值。从节约和增产两个方面提高经济效益，以求得企业的生存与发展。

企业在提高经济效益的同时，也要注意提高社会效益。经济效益与社会效益是一致的，但有时也会发生矛盾。一般情况下，企业应从大局出发，满足社会效益，在保证社会效益的前提下，最大限度地追求经济效益。

3. 企业管理的弹性原理

弹性原理，是指企业为了达到一定的经营目标，在企业外部环境或内部条件发生变化时有能力适应这种变化，并在管理上表现出灵活的可调节性。弹性原理在企业管理中应用范围广泛，计划工作中留有余地的思想，仓储管理中保险储备量的确定，新产品开发中技术储备的构想，劳动管理中弹性工作时间的应用等，都在管理工作中得到广泛的应用，并且取得了较好的成果。

近年来，在实际管理工作中，人们自觉不自觉地把弹性原理应用于产品价值领域，收到意想不到的效果，称其为产品弹性价值。产品价值由刚性价值与弹性价值两部分构成。形成产品使用价值所消耗的社会必要劳动量叫刚性价值，伴随在产品使用价值形成或实现过程中附着在产品价值中的非实物形态的精神资源，例如产品设计、制造者、销售者、商标以及企业的声誉价值，都属于产品的弹性价值，又称无形价值或精神价值，是不同产品的一种“精神级差”。这种“精神级差”是产品市场价值可调性的重要标准，是企业获得超额利润的无形源泉，在商品交换过程中呈弹性状态，是当今企业不断追求的目标之一。

4. 企业管理的分工原理

分工是生产力发展的要求，分工原理产生于系统原理之前，其基本思想是在承认企业及企业管理是一个可分的有机系统前提下，对企业管理的各项职能与业务按照一定的标准进行适当分类，并由相应的单位或人员承担各类工作，这就是管理的分工原理。分工的主要好处包括：①提高劳动生产率；②减少工作损失时间；③有利于技术革新；④有利于加强管理，提高管理工作效率。分工要讲究实效，要根据实际情况进行认真分析。一般企业内部分工既要职责分明，又要团结协作，在分工协作的同时又要建立必要的制约关系。分工不宜过细，界面必须清楚，才能避免推诿、扯皮现象的出现。在专业分工的前提下，按岗位要求配备相应的技术人员，是企业产品质量和工作质量得到保证的重要措施。在搞好劳动分工的同时，还应加强对职工的技术培训，以适应新技术、新方法不断发展的要求。

5. 企业管理的动态原理

动态原理是指企业管理系统随着企业内外环境的变化而不断更新自己的经营观念、经营方针和经营目标，为达到此目的必须相应改变管理方法和手段，使其与企业的经营目标相适应。企业在发展，事业在前进，要管理跟得上，关键在更新。运动是绝对的，静止是相对的，因此企业既要随着经营环境的变化，适时地变更自己的经营方法，又要保持管理业务上的适当稳定，没有相对稳定的企业管理秩序，也就失去了高质量的管理基础。

在企业管理中与此相关的理论还有矛盾论、辩证法。好与坏、多与少、质与量、新与老、利与弊等都是一对矛盾的两个方面；在实际操作过程中，要运用辩证的方法，正确、恰当地处理矛盾，使其向有利于实现企业经营目标的方向转化。

6. 企业管理的激励原理

激励原理，是指通过科学的管理方法激励人的内在潜力，使每个人都能在组织中尽其所能，展其所长，为完成组织规定的目标而自觉、努力、勤奋地工作。激励理论主要有需求层次理论、期望理论等。严格地说，激励有两种模式，即正激励和负激励。对工作业绩有贡献的个人实行奖励，在更大程度上调动其积极性，完成更艰巨的任务，属于正激励；对由于个人原因而使工作失误且造成一定损失的人实行惩罚，迫使其吸取经验教训，做好工作，完成任务，属于负激励。在管理实践中，按照公平、公正、公开、合理的原则，正确运用这两种激励模式，可以较好地调动人的积极性，激发人的工作热情，充分挖掘人的潜力，把工作做得更好。

7. 企业管理的创新原理

创新原理，是指企业为实现总体战略目标，在生产经营过程中，根据内外环境变化的实际，按照科学态度，不断否定自己，创造具有自身特色的新思想、新思路、新经验、新方法、新技术，并加以组织实施。

企业创新，一般包括产品创新、技术创新、市场创新、组织创新和管理方法创新等。产品创新主要是提高质量，扩大规模，创立名牌；技术创新主要是加强科学技术研究，不断开发新产品，提高设备技术水平和职工队伍素质；市场创新主要是加强市场调查研究，提高产品的市场占有率，努力开拓新市场；组织创新主要是企业组织结构的调整要切合发展的需要；管理方法创新主要是企业生产经营过程中的具体管理技术和管理方法的创新。

8. 企业管理的可持续发展原理

可持续发展原理，是指企业在整个生命周期内，要随时注意调整自己的经营策略，以适应变化了的外界环境，从而使企业始终处于兴旺发达的发展阶段。现代企业家追求的目标，不是企业一时的短期兴盛，而是长盛不衰。这就需要按可持续发展原理，从历史和未来的高度，全盘考虑企业资源的合理安排，既要保证近期利益的获取，又要保证后续事业得到蓬勃的发展。

（三）企业管理的组织职能

组织，泛指各种社团、企事业单位。管理学上的组织包含三层含义：①组织有一个共同的目标，即经济效益。②组织是实现目标的工具。组织目标能否实现，要看组织内各要素之间的协调、配合程度，要看组织结构是否合理有效。③组织包括不同层次的分工协作。例如层次分工、部门分工、权责分工等，同时还需要进行协作，把组织上下左右联系起来，形成一个有机的整体。

无论哪一种类型的组织，为了实现组织目标，都要开展一系列的活动，以有效地配置组织内部的有限资源。实质上就是实现管理的组织职能。组织职能一般包括以下活动：

1. 组织结构的设计

组织结构的设计，直观地讲包括两个方面：

（1）纵向组织结构设计。纵向组织结构的设计解决的是管理层次问题，就是对各层次、各部门的权力和责任范围及其相互关系予以明确，建立起领导隶属关系，为在组织整体目标的实现过程中，有一个协调一致的管理系统。这个管理系统涉及管理幅度和管理层次等问题。

管理幅度就是指一个管理者有效管理下属的人数。管理幅度影响着组织的横向结构。在确定管理幅度时，应视具体情况而定，没有一个普遍的通用模式。

管理层次。由于管理幅度的限制，当组织规模扩大时，组织主管就要委托一定数量的人员分担管理工作，这就形成管理层次。管理层次是指一个组织内部从最低层次的工作人员到最高层组织主管之间的隶属关系的数目，即组织层次数目。一个企业管理层次多少标志着该企业组织结构纵向的复杂程度。

（2）横向组织结构设计。横向组织结构的设计解决的是部门划分问题，它主要是依据专业化程度将组织的工作划分成若干个单位或部门，建立起分工协作关系。在部门设计时，要因事设部门，防止“因人设庙”，造成机构臃肿。部门一般根据其职能、过程、产品、地域等标准予以划分。主要有：①职能部门就是按相同或相近的工作进行组织安排，形成横向的部门。②产品部门就是以生产产品的过程或产品的种类进行组织安排。③地域部门就是按照地理区域设立的专门部门。许多全国性或国际性的大公司常常采用这种组织形式。

总之，在组织机构设计时，尽可能地把两种形式结合起来，根据具体情况，扬长避短、合理选用，以取得最佳效果。

2. 职权分配与合理授权

权力是推行组织结构运行的核心力量，合理地进行职权分配与授权是组织职能的关键所在。

（1）职权与职权分配。在组织内部各个部门和每个管理层次中，必须设置一系列的职位。占据组织中的职位所拥有的权力，即职权，与其相对应的是职责，是指相对组织职位必须履行的责任。权责应呈对等关系。

为了有效地履行职责，实现工作目标，将组织的权力在各管理部门、管理层次、管理职务中进行配置和分授，就是职权的分配。职权的分配有两种基本类型：①职权横向配置，就是依据目标将职权在同一管理层次的各管理部门和人员之间进行合理配置。②职权纵向配置，就是依据目标将职权在不同管理层次的部门或人员之间进行分割。集权与分权是其主要表现形式。

（2）授权。授权是分权的重要实现形式，是指上级主管把一部分权力委授给下级任用者，并明确其工作任务、职责和利益，并为其提供必要的条件，让其放手大胆工作。合理的授权可以增加下级的责任心，激发他们的工作积极性和创造性，以提高工作效率；可以使下级在工作中锻炼和提高自己，培养和造就独当一面的主管级人才；可以充分运用专门人才的知识和技能，使上级领导者扬长避短，提高整体管理水平；可以使领导者摆脱不必要的日常事务的缠绕，集中时间和精力履行自身的主要职责，处理好全局的重大问题。

3. 人员选配

组织结构的设计为组织的建立和运行提供了一个框架和指导，而现代组织是以人为本的，没有人员的组织是毫无意义的组织。因此，合理配备人员是管理者组织职能的重要组成部分。人员配备，即通常所说的“用人”，包括组织管理者和普通成员的选聘和任用。它是在组织结构和职位确定以后，为各层次、各部门的不同职务和岗位配备合适的人员，以谋求人和事、人和结构的最佳组合，促进组织和人的共同发展。

现代管理强调人是组织发展的最重要的资源，是组织中处于中心地位的要素。组织的竞争归根结底是人力资源的竞争。所以人员选配不仅仅是人事部门的事，更是人力资源的开发与运用，是组织最高主管的职责。

组织在进行人力资源开发与管理中，要始终贯彻人本精神，具体表现为以下几方面：

（1）建立合理的人事分配制度。合理的人事制度应体现量才使用的原则。在安排具体人员工作时，应扬长避短，并创造必要的工作条件。分配制度要贯彻按劳分配，并本着公开、公平、公正的原则，以员工工作的业绩为分配依据，充分调动员工的工作积极性。

（2）完善考核和奖惩制度。对员工的考核应从德、能、勤、体、绩等方面全面考核。奖惩工作必须与绩效评价相结合。

（3）做好员工培训工作。员工培训是企业的一项基本职能，应在提高企业员工的文化修养和继续教育两个方面开展工作。

（4）实现从管事向管人的过渡。从管事过渡到管人，需要解决三个问题：①管人问题。当一个企业逐步发展壮大时，用标准管人、约束人就成为企业领导者的一项重要工作。②育人问题。例如对一些战略性岗位的管理人员可立足于自己培养。③用人问题。在管理活动中应该适当分权与授权，就是企业往上成长，权力往下发放，从而使高层主管集中精力考虑企业的发展战略。

4. 组织协调与变革

（1）组织协调。组织在运行过程中，常常会出现不平衡现象和矛盾，这就需要通过整合人员，使之协调一致，保证组织目标的实现。这实质上就是组织的协调。组织协调工作一般可划分为横向协调和纵向协调两大类。纵向协调就是对组织内不同管理层次之间的职权、职能所进行的协调。这种协调是在上下级之间进行，往往只需借助权威，协调比较容易。横向协调则是对组织结构中相同管理层次，不同业务部门之间的职权、职能所进行的协调。常用的横向协调方式有制度性方式、结构性方式和人际关系方式。

（2）组织变革。组织变革是必然的，其变革的动因可归结为以下两个方面：

第一，内部环境因素。主要有以下几方面：①技术条件的变化。例如组织引进新设备后，员工不仅要重新设置工作，还要进行培训，或要求他们形成新的协作方式。②人员条件的变化。如人员素质的提高可能影响奖惩制度的修订等。③管理水平的提高。随着管理水平的提高，管理层次减少，管理机构和人员要发生精简，就会重新确定机构、确定部门，并划分职权等。

第二，外部环境因素。组织外部因素有政治的、经济的、社会的、技术的、文化的、法律的等因素，当这些因素发生变化时，就要求组织做出相应的变革，以适应其变化。

此外，对组织实施变革时，一般应按以下四个步骤进行：①确定问题。即找出组织结构存在且需要变革的问题。②组织诊断。即召集有关管理人员和管理专家搜集各方面的资料和情况，对组织结构进行全面分析，以便找出原因。③实施变革。针对问题应考虑各种可行性的变革方案，并对各种方案进行分析、评估，然后确定变革方案，并组织各部门和人员具体实施。④变革效果的评估。就是根据变革实施后的结果，进行评估，做到边改革边评价，并及时调整、完善变革方案，以及最终解决问题。

四、企业经济管理的特征及意义

（一）企业经济管理的特征

企业实行经营管理，其目标在于提高企业的经济效益，提升企业在市场上的核心能力，进而促进公司的长期发展。现代企业经济管理具有关联性、指导性、全面经营等特征。

第一，关联性。关联性是指现代公司的经营方式与经营水平之间的关系。这一点突出了经济管理方式的重要性，而经济管理方式的好坏将对公司的发展产生重大的影响。

第二，指导性。指导性是指公司的经营方式对公司的经营行为起到指导作用。企业的发展取决于其经济管理方式，不管是发展的速度，还是经营的实际工作，都是以其经营的方式为主线。

第三，全面经营。全面经营是指经济经营方式对公司整体经营产生了很大的影响。通过建立标准化的经济管理模型，全面地管理企业的各项工作，以达到最大的效益。企业的经营与管理都需要各个部门的协同配合，一个规范、合理的经营模式，可以充分发挥企业现有的资源，并使企业保持持续、稳定发展状态。

（二）企业经济管理的意义

企业经济管理实质上是运用有关经济学的基本理论，对其进行理性分析，并做出合理决策。企业进行有效的经济管理，是实现企业员工行为的合理控制、实现企业发展的目的之一。高效的运营可以推动企业朝着正确的方向发展，从而实现企业盈利、规模发展壮大。企业经济管理的实施，需对目前企业的发展状况进行系统分析，对市场的发展做出理性的判断。在企业发展过程中，经济管理与企业的资金流通和经济效益密切相关，是经济运行的前提。目前，企业经营的重要性越来越突出，不仅是为了适应新经济的发展，更是为了调整公司的战略。

随着我国社会迅速发展，已步入知识经济时代，知识经济在我国的地位越来越突出，企业在发展过程中，必须不断进行自我完善和创新，以满足市场需求，合理进行内部结构的调整。信息知识经济是我国经济发展的一个重要特征，因此，企业要强化创新意识，采取有效的市场营销方法提高企业的信息化水平，以保证公司的长远发展。在经济一体化和经济全球化背景下，我国为加快企业的发展，进行了一系列的战略调整，而在企业运营过程中，企业的经济管理也发挥了重要作用。企业的经济管理主要是管理公司的资产，保证公司资金的正常流通，从而保证公司的持续发展。资金的流动对于企业的发展至关重要，只有掌握了一定的资金及资金的流动规律，才能制定出相应的应对措施，进行有效的内部管理和成本控制。企业发展过程中，要面对各种风险，而这些风险又会给企业带来很大的冲击，要科学应对这些风险，需要在管理上进行改革，采用创新的经营方法，突破传统的管理模式，提高企业的经营效率。

五、企业经济管理规范化的实施战略

（一）资金配置的最优化控制

企业适度增加内源资金，在对外融资时，要合理地分配负债与股权融资的比例，为公司的实际情况选择最优的资金结构，避免出现财务风险。资本结构的最优配置需要企业管理者在经营过程中，将生产成本和投资成本降至最低，从而达到最大的经济效益。根据当前企业发展融资的理论需求，对需要大量资金支持的项目，可以通过融资渠道实现由内部向外部的融资。因此，在经济管理的调整阶段，必须要通过外部融资来为企业的经营管理活动创造有利的融资环境，通过内部融资和外部融资的合理比例来满足企业的融资需求，为以后的市场经济和金融危机的发生做好准备。

（二）加强企业财务管理企业资源计划系统应用

在信息科技快速发展的今天，必须不断提高资讯处理技术与水平，达到自动化与过程化管理的发展模式。因此，必须持续建立与完善的内部发展机制，以确保资讯的安全性与可靠性。在企业的日常运作中，资金流和信息流是相互拉动、相互支撑的，企业资源计划系统就是其中一个重要的组成部分，它是一个以人力资源、资金、信息资源为基础的企业信息管理系统，可以很好地整合企业所需资源，从而推动企业的发展。

企业资源计划系统是一套集成的管理体系，包括管理理念、人力资源、基础数据、业务流程等，其中包括客户、供应商、代理商、各地制造工厂等经营资源信息等，将这些信息与财务信息结合起来，会得到更为科学、具体的数据。将云会计应用于企业会计信息化系统中，也存在多种好处：①可以利用现有数据进行全方位的分析，从而得到更好的服务。②可以节省企业的成本，有效地提升资源的使用。③应用云会计可以促进企业的业务流程和会计核算的整合，促进两者的协调发展，优化决策过程，提高企业内部决策的速度和准确性。

（三）合理规划经济指标，完善企业经营评价

合理地规划企业的经济目标，不仅可以规范公司的经营行为，而且可以促进公司的经

营管理方式的规范化。在进行经济运行时，必须结合当前的经济发展状况和未来发展趋势，制订符合公司发展的经济目标，确保在发展的过程中，按照经济发展的要求，实现现实的发展。在对公司的经济目标进行了有效的规划后，还要对其进行审计，确保其目标的规划，使其符合规范的企业的经营管理，使公司的利润最大化。

为了对企业的经营进行有效的控制，就必须建立一个严格、客观的评估体系。因此，要保证企业的内部经济系统不会有任何的灰色地带，也不会有任何的偏袒，就应该建立一个更为严格的评估制度。①使经济管理各环节的评估更精确、真实，就必须先对自己的经济运行情况进行全面的归纳和分析，以保证以后的评估结果更科学、更客观。②企业还应该对未来的经济风险做出预测，比如股票市场的走向、经济运行的趋势，以保证企业的预测具有远瞻性。③通过与第三方评估机构的协作，动员公司内部全体人员参与到评估工作中来，使评估工作更加透明，从而改变企业的经营作风。

（四）提高企业经营管理人才的专业素质

企业内部的财务管理人员是影响公司经济运作是否正常的关键，因此，为了保证公司的各项经济活动能够得到更好的控制，就需要加强内部经理的专业素质和实际的财务管理能力。企业要积极聘请具有丰富的管理经验和经济管理知识的专职指导人才，对新进员工进行经济管理的培训。另外，公司应该加强对经理的考核和要求，定期进行经济管理专业知识的测试，以掌握员工的能力，同时，建立健全的激励制度，以促进公司的经营活动。

在企业的经济发展和建设中，管理者是影响整个公司发展的关键因素。公司高级经理必须清楚公司的经营管理的首要目的，并能在法律许可的范围内，按照当地的政策和法规进行经营。①首先要保证自身的专业素质，其次是在日常的宣传和教育中，做到全方位地指导基层的工作。为了保证经济管理模式的正常运行，必须时刻注意市场动态，以保证公司的业务发展取得较好的经济效益。在建立了企业运营管理模式以后，各阶段的绩效和目标都会有很大的差别，因此，公司的高管必须与各部门的员工保持密切的联系，充分发挥公司的优势，及时掌握公司目前的发展状况。当管理人员在工作阶段受到个体或工作时间限制时，也应当要求其他人员协助进行经济管理，定期评估、改进和完善提高经济管理模式的运用价值。

第二节　企业经济责任审计优化

“伴随着我国经济进入新常态发展阶段，在新的社会经发展时期，作为经济主体的企业，在新的经济环境适应特别是面对产业升级发展的要求面前，提升经济责任审计能力和水平，进而从不同方面对企业经济责任审计的状况进行改善很有必要。”①

一、完善经济责任审计体系

优化完善的审计体系能够在开展经济责任审计时提供可靠依据，站在审计工作本身角度来看，能够令审计组织与企业部门之间形成制约关系，这一形式在审计工作开展过程当中得到充分证明。因企业不同部门所能够起到的作用存在一定程度差异化，审计部门能够对不同部门工作人员状况与相关管理人员评估准确性提供保障，从而以第三方方式加强审计，有效地提高审计工作深度和广度。相反，企业组织部门也可以将审计服务最终获得的审计结果引进到日常工作中，并将其作为奖励和惩处制度基础。另外，审计与管理之间的联系主要在以下两方面得以体现：

第一，审计工作能够促使管理部门将反映的不同问题作为参考对象，以在收集相关数据时检查各种问题，并从中分析问题的起因，确保审计要点能够明确，并结合审计结果提出相应改进建议。

第二，审计结果可以为管理部门各项工作的开展提供重要依据，这对于提升企业自身业务管理水平而言有着诸多裨益。

此外，针对在企业经济责任审计中所面临的各种问题，加快企业经济责任审计发展并完善审计体系是首要工作，若想切实做到这一点，需要相关审计与管理部门相互合作。①审计部门必须充分行使其职能，通过制定相关审计条例并严格执行。②还应对计算机网络技术充分应用，将其作为被审计企业与管理人员建立相应信息记录的工具，为每个审计工作验证记录精准性提供保障，并促使意外发生概率大幅度降低，同时，国家相关管理部门，尤其是法务部门必须对企业经济责任审计密切关注，并及时制定相关法律法规，从而使企业经济责任审计标准化切实实现，并允许所有相关人员依法行事，为我国企业经济责任审计发展奠定坚实基础。

二、优化经济责任审计方式

在企业执行经济责任审计工作过程中，主要作用是及时获取与应用审计结果。因此，企业必须根据实际情况建立相关制度，同时加强“在职审计”的力度，坚持“有离必审、先审后离”这一审计原则，将审计结果用作管理人员升职、奖励、惩罚的标准。

此外，考虑到经济责任审计的具体因素，包括诸多审计对象成绩，若想有效避免不良

---

① 郑清海．基于内部控制的企业经济责任审计方法［J］．现代企业，2022，(12)：190.

现象，对企业造成负面影响，审计与管理部门应展开交流合作，在对企业管理层调任且实施经济责任审计工作后，需将审计结果作为依据，对企业管理人员进行全面考查，从而促使经济责任审计作用能够得到充分发挥。

三、提升经济责任审计人员素质

第一，提高审计工作人员自身审计能力与综合素质，为企业高质量经济责任审计提供保障，就现阶段我国企业情况而言，自身员工人数与人员分配和实际工作需求之间仍然存有较大差异。因此，企业需开展审计专业培训，培训内容主要包括两个方面：①专业素质；②专业水平。在专业素质培养方面，在日常工作中，应着重对员工良好职业道德进行培养，对员工错误工作态度及时纠正。

第二，定期组织专业培训活动，内容可以为审计技能交流或员工学习，促使审计人员自身专业水平得到提高。针对现阶段审计条件，仍有一些内容需要优化，通过建立健全经济责任审计体系，能够为我国企业经济责任审计提供有效指导，同时进一步促进经济责任审计可持续发展。

第三，做好与公司各部门的合作，科学制订经济责任审计工作计划，以促进各部门之间的信息交流，使管理人员上任前能够对企业经济责任审计情况拥有更深层次理解。此外，在任命过程中，将规划在各个部门中执行落实，以确保各部门之间的良好合作关系，确保企业经济责任审计工作能够顺利开展。

总之，通过经济责任审计工作，能够促使企业管理人员职业行为得到有效规范，同时也为企业在参与经营活动时提供有利条件，但是，责任审计在实施过程中，由于受到诸多因素影响而致使其出现某些问题，因此，企业应提升思想认知，同时与实际情况相结合，切实做好审计人员培训，促使企业经济责任审计工作效率与水平得到有效提升。

第三节 信息技术背景下企业内部审计工作

一、内部审计概述

内部审计是组织内部通过审查和评价业务活动、内部控制和风险管理的适当性和有效性来促进组织目标实现的一种独立客观的确认和咨询活动。内部审计侧重于完善企业管理、加强内部控制、提高经济效益的作用。

（一）内部审计的独立性与重要性

1. 内部审计的独立性

独立性指内部审计部门或首席审计官不偏不倚地履行职责，免受任何威胁其履职能力的情况影响。要达到有效履行内部审计部门职责所必需的独立程度，首席审计官需要直接且无限制地与高级管理层和董事会接触。这一要求可以通过建立双重报告关系来实现。独立性所面临的各种威胁必须在审计师个人、具体业务、职能部门和整个组织等不同层面上得到解决。首席审计官必须向组织内部能够确保内部审计部门履行职责的层级报告。首席审计官必须每年至少一次向董事会确认内部审计部门在组织中的独立性。内部审计师必须有公正、不偏不倚的态度，避免任何利益冲突。内部审计的独立性是通过内部审计部门的组织状况和内部审计人员的客观性来实现的。

（1）内部审计的组织地位。一般来说，内部审计部门是企业的职能部门，内部审计部门的规模和地位适应企业的需要而设置或确立，是否设置内部审计部门、内部审计组织规模的大小、内部审计隶属于哪个部门等问题应由企业决定，不应由企业外部（如政府有关部门、企业主管部门）强加于企业，因为这与建立现代企业制度的要求是不相适应的。在20世纪80年代，我国国有企业的内部审计组织大多是作为政府审计的基础，为了满足政府审计机关审计的需要，由企业行政主管部门硬性规定设立的，这在人们缺乏对审计工作的认识和审计工作的作用还没有充分发挥的情况下，对内部审计的发展起了重大的推动作用。

国内外的内部审计实践表明，内部审计的组织地位和其作用的发挥是相辅相成的，内部审计组织地位的提高有赖于其在财务审计、合规审计、内部控制审计、经营审计等方面作用的发挥，有赖于内部审计组织所提供的有价值的服务。相反，内部审计组织地位的提高，会增强内部审计组织的独立性，同时为内部审计人员卓有成效地履行其职责，发挥内部审计的职能提供了条件。另外，还应该看到外在环境，尤其是法律环境、经济环境对内部审计组织的影响。

内部审计部门在组织关系上的独立性是内部审计人员保持客观公正的职业态度的前提，因此，内部审计部门的组织状况要使它能够圆满地完成它的审计职责。为此，内部审计组织地位的最低要求是独立或不隶属于企业中其他的职能部门，以保持内部审计人员在部门关系上与被审计的部门、单位及其相关业务活动相分离。内部审计部门组织地位的高低表现为内部审计报告的呈报对象，即接受审计报告的人要有足够的权威，能够保证对审计报告中的问题和建议给予合理、正确的分析判断，并及时采取改进措施。为此，内部审计人员必须取得高级管理层和董事会的支持，这样，他们才能得到被审计者的合作，并且不受干扰地开展工作。

（2）内部审计人员的客观性。客观性指不偏不倚的工作态度，内部审计师方可在开展业务时确信其工作成果，不做任何质量方面的妥协。客观性要求内部审计师对于审计事项的判断不得屈服于他人。客观性所面临的各种威胁必须在审计师个人、具体业务、职能部门和整个组织等不同层面上得到解决。内部审计人员要做到客观性需要注意以下三点：

第一，精神上的独立性。审计人员在思想上、精神上保持独立，独立性是一种客观公正的能力和立场。

第二，形式上的独立性。审计机构和审计人员在外在形式方面应独立于被审计单位之外，不参加其管理活动，与被审计单位及其主要负责人在经济上没有利害关系。

第三，审计过程的独立性。审计人员在审计计划的制订、审计计划的实施和审计报告的提出过程中保持独立。审计计划制订阶段，在选择审计技术、审计程序和确定其应用范围时不受控制和干扰；审计计划实施阶段，在选择应检查的范围、活动、人际关系和管理政策方面不受控制和干扰；提出审计报告阶段，在陈述经检查明确的事实，参照检查结果提出建议和意见时不受控制和干扰。

2. 内部审计的重要性原则

内部审计应遵循重要性原则，即依据企业自身的风险和控制的重要性确定审计重点，关注重点区域和重点业务。内部审计应以面临的战略风险和重大风险为导向，在两个层面上展开审计工作，即计划层面和执行层面。

（1）战略分析，在战略层面了解被审计单位及其所处的市场和行业。

（2）企业风险识别和评估是帮助企业识别关键风险并优化风险管理框架的一个过程。评估结果有助于内部审计计划的制订，并通过风险导向原则使内部审计人员集中关注高风险领域，从而提高工作效率。

（3）制订内部审计计划，内部审计计划应基于风险导向原则而制订。

（4）执行内部审计计划，了解业务流程，制定内部审计方案并开展审计工作。执行审计计划还包括了对控制活动的验证和测试，以及对发现问题的记录。

（5）报告审计结果，指导在战略分析、了解业务流程以及执行内部审计等各阶段的报告工作，包括向审计委员会进行的报告，如年度报告和季度的更新情况报告。

（6）落实跟进审计发现，对审计发现的解决和跟进。内部审计是一种独立、客观的保证与咨询活动，旨在为组织增加价值和改善组织的运营。它通过应用系统化、规范化的方法，评价和改善风险管理、控制及治理过程的效果，帮助组织实现其目标。根据内部审计的定义，内部审计职能在传统的监督检查之外，更多地体现了“咨询”角色、“服务”理念，促进组织目标实现的“战略”定位，拓展了内部审计作为董事会和高管层的“谋士”

角色。

（二）内部审计的作用

1. 三道防线作用

“三道防线”① 的概念最早应用在医学方面，后来被广泛运用，特别是企业“风险管理的三道防线”。

第一道防线是业务操作部门，是风险所有者和责任人，负责识别、评估、控制、缓释和报告在业务开展过程中遇到的风险。

第二道防线由风险管理职能、合规职能及其他监控职能（如人力资源、法律）构成，负责协调并监控业务操作部门有效实施风险管理实务。风险管理职能协助一道防线定义风险敞口并形成各级风险报告。合规职能负责监控银行对法律、法规和标准的违规情况。这些职能同时也是控制职能，确保与风险承担相关的政策和程序被切实履行。

第三道防线是内部审计职能，运用风险导向方法评估银行内部控制设计和运行的效率性和效果性，定期向高级管理层和董事会提供合理保证。内部审计职能对风险管理、合规及其他监控职能的工作进行定期评估。

2. 反舞弊的作用

运行良好的内部审计职能可以有效地防范和发现舞弊行为，监控并改进银行运营和资源使用的效率和效果，内部审计就舞弊风险管理流程的充分性和适当性以及运行有效性向董事会提供合理保证。

（1）舞弊控制环境建设。内部审计负责人作为员工守则制定小组的成员，对员工道德行为、反舞弊意识等企业文化建设事项提供咨询建议，对企业高级管理人员管理舞弊风险的能力进行定期评估，了解高管层的反舞弊的理念和基调。推进各级人员的反舞弊意识，定期对员工开展道德培训，包括对银行政策和程序的不当管理行为的识别和警惕等。内部审计章程中应明确规定内部审计在舞弊风险管理中的职责。

（2）舞弊风险识别和评估。内部审计可对舞弊风险评估流程的有效性进行测试和评价，内部审计在制订审计计划时应考虑银行对舞弊风险的评估结果。与开展舞弊风险评估的人员进行定期沟通和访谈，确保相关舞弊风险得到了恰当的考虑和处理。内部审计可以定期审阅业务部门风险识别结果的全面性和充分性，特别是对于管理层凌驾控制的风险识别。

---

① 医学中的人体三道防线，即第一道防线是由皮肤和黏膜及其分泌物构成；第二道防线是由体液中的杀菌物质（如溶菌酶）和吞噬细胞构成；第三道防线是由免疫器官和免疫细胞构成。

（3）舞弊风险应对措施。内部审计可代表审计委员会对企业员工，特别是高管人员招聘的背景调查流程执行穿行测试和评价。对举报流程和企业热线的设置情况进行穿行测试和评价，协助审计委员会了解这一流程，对舞弊控制活动的运行有效性进行测试和评价。

（4）舞弊信息沟通。监督和评价员工沟通渠道的有效性，例如员工调查工作是否定期执行，员工调查内容是否包含反舞弊意识、舞弊风险识别和举报的相关内容等。对举报热线或相关内外部信息沟通途径进行监控，确保其有效运行。就舞弊事件的识别和调查情况与审计委员会进行及时沟通。

（5）舞弊调查和监控。对内外部举报热线接收的问题处理情况进行监控和跟进，有效改进举报流程的透明度。对参与舞弊检查人员的资格、技能和独立性进行评估，发起或配合相关各方开展舞弊调查，分析舞弊产生的根本原因，提出潜在改进建议，内部审计负责人应对内部审计人员开展舞弊调查培训，使内部审计人员了解、熟悉相关的舞弊迹象特征。

（三）内部审计的角色

内部审计作为其风险管理的重要组成部分，必须适应外部环境的变化，进行自身角色的再认识，这样对于提高其风险管理能力，建立谨慎的风险管理文化，帮助构建全面风险管理框架具有重要作用。

内部审计应是结合风险管理、公司治理和内部控制评价为一体的综合审计。它应关注公司治理框架中风险发现与风险管理，关注管理者及其经营管理行为可能出现的风险，关注组织在整个治理过程中的决策风险和经营风险。通过对风险管理、内部控制、公司治理三大领域的风险识别、评估，来发挥其确认和咨询职能，从而实现其完善公司治理，创造价值的目标。内部审计在风险管理中的再认识是立足于辩证法原理，具体分析内部审计对风险管理发展的促动作用及内部审计在风险管理的不同阶段发挥的不同作用，来实现内部审计价值增值的目的。

1. 内部审计对全面风险管理的促进作用

公司治理不完善是导致风险的主要原因，而内部审计作为治理结构的组成部分，其工作恰好能够帮助建立透明、有效的治理，推广董事会风险管理文化，根据风险管理战略的变化，调整对管理层风险管理的评价重点，提出改进建议。所以改善风险管理也就自然成为内部审计的工作属性。

风险在商业银行内部具有感染性、传递性、不对称性等特征，所以对风险的认识、防范和控制需要从全局考虑，但各业务部很难做到这一点，而内部审计不从事具体业务活动，独立于业务管理部门，这使它与生俱来地可以从全局出发、以客观的角度对风险进行识别，及时建议管理部门采取措施、控制风险。而且内部审计部门和内部审计人员在风险管理方面拥有外部审计无可比拟的优势，内部审计对整个行业及自身面临的风险更了解，对防范风险、实现目标有着更强烈的责任感、义务感，还具有连续性、实效性强的服务特征。尤其是在兴盛或业绩增长受到抑制时都能与利益相一致，保护资产。

2. 内部审计在风险管理的不同阶段发挥的不同作用

内部审计在全面风险管理框架中发挥着重要的作用，由于风险管理框架涉及的范围广泛，所以内部审计需要在不同阶段、不同环境下变化角色定位，为全面风险管理建设服务，这不仅需要发挥内部审计的检查、评价的作用，还需要进一步发挥风险管理的推动者、参谋者等作用。

（1）内部审计六种角色的划分。

第一，布道者。由于各层次的管理者并不十分熟悉风险管理，而首席审计官（CAO）及其团队可以通过长期的职业培训来帮助他们了解全面风险管理框架，并从谨慎的角度，将该框架的各个要素向各层次的管理者和董事进行介绍。

第二，推动者。实施风险管理需要高质量的风险评估。内部审计能够进行高质量的风险评估，制定风险应对，因此扮演着推动者的角色。同时，在协助将风险评估转化为风险应对的过程中，起到积极的推动作用。

第三，联系者。因为风险管理在“促成框架”过程中需要在各个部门采用共同语言，内部审计就能发挥增值的协调作用，确保这些“促成框架”在银行得到一致的运用。

第四，整合者。内部审计的独立地位，可以帮助其在企业范围内收集、分析和综合各个渠道的数据和信息，并且可以报告整个银行范围内的风险审计结果，为董事会提出有效的风险管理改进建议。

第五，评价者。内部审计可以用全面风险管理框架的八部分来评估风险管理，评估的对象可以是整个银行，也可以是分支行或控股子公司。为风险管理流程提供保障，评估和检查关键风险的管理工作是否全面，是否覆盖了所有的不确定性。

第六，咨询者。内部审计可以利用其在风险管理方面的经验，为管理层在制定风险管理政策、风险识别程序时提供咨询服务，这种咨询服务，可以更好地帮助管理层在风险和收益方面达成符合银行长远利益的平衡。

（2）六种角色形成的闭循环。上述六种内部审计角色在风险管理的不同阶段可以进行角色转换，或者由一种转变成另一种角色，或者六种角色同时出现，或者一种角色作用突出，其他角色作用相对较弱，但是也在发挥着作用。如在缺乏风险管理程序的情况下，内部审计可以向管理层提出建立企业风险管理的建议，这时候主要发挥布道者的作用，以说服董事会推动风险管理文化的树立和体制框架的建设；在实施风险管理的初期，内部审计更多地体现协调者和推动者的作用，甚至直接担任总协调人，通过协调各部门，可以大大推动风险管理建设的周期；而在风险管理基本框架构建完成阶段，内部审计则突出整合者的作用，在此阶段，内部审计还可以发挥咨询者和评价者的作用，对经营部门的技术疑问进行解释，对风险管理框架的完整性进行评价。

当风险管理逐步成熟、运作稳定以后，内部审计作为主要评价者，对风险管理进行压力测试或情景测试，以评价运行的效果及效率，并对照其进行完善，这对风险管理又起到推动者的作用。但因为环境的不停变化，使风险管理永远处于动态平衡中，企业的风险管理文化和策略也需要不断调整，这时就又需要内部审计再发挥布道者的作用，推动风险管理不断的更新。这样周而复始，形成一个闭循环，通过内部审计与对象间具有的高整合性，使其在监督、评价风险管理有效性、帮助改进风险管理的六种角色的不同转换中，体现内部审计的张力，而这种张力就是一种反促动力。而且，内部审计可以根据风险评估结果来安排审计工作，使风险管理与内部审计始终协调一致。

此外，内部审计的报告关系也会影响其在风险管理中的角色，报告关系层次越高，独立性越强，内部审计就越能够从全局和战略高度参与风险管理；反之，则只从局部和流程角度参与风险管理，同时，内部审计为了更好地实现角色要求，需要运用现代审计方法，不断改进对企业的内控与流程的评价手段。内部审计应成为企业在治理结构和内部控制环境方面的业务顾问和控制专家，帮助提高风险管理决策的有效性，实现资产的保值与增值。

（四）审计委员会的构成、职责及应处理的关系

审计委员会隶属于董事会，对董事会负责并提交工作报告。它一般由董事会聘请的非执行董事担任，人数为3~8人，大多数是来自企业界的具有财务知识的人员，也有一定数量的其他专业人员（如法律、工程技术人员等），有些企业可能聘请一些社会代表人物参加。有的商业企业还选择一些顾客参加审计委员会。审计委员会的成员不一定懂审计，但要求具有勇于提出问题和洞察问题的能力。在董事会领导下的审计委员会履行的职责是检阅对外披露的财务信息、内部控制系统以及所有的审计程序，帮助董事会避免疏忽。具体包括以下方面：

第一，审计委员会负责为企业选聘会计师事务所并报经董事会批准，审阅和通过支付会计师事务所的审计费用，解聘会计师事务所，以保证会计师事务所审计的公正性。

第二，审计委员会负责协调会计师事务所与内部审计组织的关系，使内部审计组织的工作作为外部审计的一部分，例如：内部控制、财务审计等，以减少外部审计的费用。

第三，审计委员会负责检查内部审计长的任命、更新、解聘，并对上述事件有否决

权；负责审查内部审计组织制订的审计计划，并监督计划的执行情况，确保内部审计组织在财务审计、管理审计、内部控制方面独立地发挥审计作用。

第四，审计委员会应该向管理者、内部审计长、会计师事务所询问有关重大风险及充分披露事宜并评估管理者将其最小化的措施；询问内部控制的健全有效性、重大发现及管理者的反映。

第五，年度报表审计后，审计委员会应该与管理者和会计师事务所共同审阅企业的年度财务报告及附注、审计报告、审计师的判断、审计过程中的困难判断、与管理者的分歧等。

第七，审计委员会应该与管理者和内部审计长共同审阅当年的重大发现及管理者的反映、内部审计师遇到的困难、审计计划的变动、内部审计章程、内部审计准则的执行情况。

由于审计委员会与董事会的直接联系，而且与内部审计部门负责人定期会晤，这就为董事会与内部审计部门之间提供了沟通信息的渠道。内部审计部门可以通过审计委员会了解董事会对内部审计在开展审计工作的方向性意向，而董事会又可通过审计委员会了解一定时期内部审计工作的重点以及所应关注的问题，而审计委员会通过内部审计可及时了解企业的经营管理环境和可能的风险，有助于预测企业的发展趋势和考虑内部审计的政策。

一般地说，在董事会设有审计委员会的情况下，审计委员会与总经理没有直接关系。审计委员会并不向总经理报告工作，但如在经营审计、管理审计和内部控制中发现重大问题时，审计委员会要与总经理协商，共同研究解决问题。审计委员会隶属于董事会，取代现行的监事会制度。优化董事会结构需要做好以下工作：①增加外部董事、独立董事的比例，强化董事会的监督和约束机制，保护中小股东的权益，保证企业的规范运作。②董事会下设若干专业委员会，其中包括审计委员会，为董事会提供各种专业资料和咨询意见。一方面可以保证董事会决策的科学性，另一方面又可以防止权利的过分集中，发挥集体优势和民主作用。③完善监事会制度，不设立审计委员会。这种思路符合企业法的要求，可以减少监督成本。该思路存在的问题是在国有股高度集中、一股独大的情况下，在监事会下设审计委员会，也无法发挥其监督作用。另外监事会独立于董事会，只能发挥其事后监督作用。

（五）内部审计机构与组织

为了确保企业内部审计机构顺利履行其验证报告的职责，充分发挥内部审计确保会计资料的可靠性、完整性，保护财产的安全完整，内部控制的有效运行，经营活动的经济性、效率性、效果性等方面的作用，必须建立健全的内部审计机构，赋予内部审计机构适当的职责和权限。

1. 内部审计机构设置原则

设置内部审计机构应遵循以下原则：

（1）内部审计机构应在组织上保持独立性。内部审计机构应是企业中的一个独立的组织机构，独立于其他职能部门之外，除了履行其职责范围内的活动外，不负责其他业务活动，尤其是有损内部审计独立性的活动。如内部审计隶属于财务部门的领导，承担部分会计核算工作是不可取的。

（2）内部审计机构应是精练与高效的，应该贯彻成本效益的原则。内部审计机构的设置成本应该小于其为企业带来的效益，即所得大于所费。这要求内部审计机构人员要少而精。

（3）内部审计机构与企业中其他职能部门的关系，既是审查、评价与被审查、评价的关系，又是服务与被服务的关系。其中以后者为主，因为内部审计的目的是协助该组织的管理成员有效地履行他们的职责。

（4）内部审计机构应有与所完成职责相适应的权限，具备一定的权威性，在对被审计事项的验证报告过程中遇到的有关问题有一定的处置权。同任何一个职能部门一样，必须明确内部审计部门的职责，并赋予它完成职责的权限。内部审计机构是否有权威取决于内部审计报告呈送给谁，审计报告中提出的审计处理决定与建议能否得到实行。

（5）内部审计机构同国家审计机关和民间审计组织共同构成我国的审计组织体系。国家审计机关依法对各级政府及其部门的财政收支及公共资金的收支运用情况进行审计；内部审计组织则是验证并报告本部门、本单位的财务收支和经营管理活动；注册会计师审计是接受委托对客户开展报表审计和会计咨询业务。三者既相互联系，又各自独立、各司其职，泾渭分明地在不同领域开展审计工作。他们各有特点，相互不可替代。因此，不存在主导与服从的关系。

2. 内部审计机构的组织形式

一般地，内部审计机构所隶属的层次越高，独立性和权威性越强；反之，则越低。在西方国家，企业内部审计机构的组织形式主要如下：

（1）由董事会或其下设审计委员会的领导。这是一种主要的组织模式。这种模式使内部审计机构具有较大的独立性和权威性。因为内部审计机构可以在不受企业管理层影响或干涉的情况下开展工作。但是，内部审计结果不直接向企业管理层报告，企业管理人员在根据审计结果采取改善经营管理、提高经济效益的措施方面要迟缓些。需要注意，采用这一形式的企业一般是上市企业，设有审计委员会，审计委员会由总经理、副总经理、审计、财务等部门的负责人组成。它是企业内部审计工作的最高决策机构，负责制定审计工作的规章制度、制订年度审计计划、决定重要的审计事项等。

（2）由本企业总裁或总经理领导。在这种模式下，内部审计机构根据企业主要负责人的要求开展工作，并将审计结果直接向其报告，有利于企业管理人员根据审计结果采取改善经营管理、提高经济效益的措施；但由于内部审计机构属于企业的一个组成部分，所以，其工作有时会受到企业管理层的制约，内部审计的独立性较弱。另外，内部审计机构只能从事日常的内部审计工作，而对总经理的经济责任和经营行为则缺乏有力的监督。

（3）由企业主计长的领导。西方企业的主计长相当于我国企业的总会计师或主管财务的副总经理。这种形式与前两种形式相比，内部审计的独立性与权威性要差一些。此时，内部审计组织的地位与企业其他职能部门的地位是相同的，是审计工作保持独立的最低要求，它不能有效地开展审计工作，不利于内部审计职能作用的发挥。

（4）受董事会下设的审计委员会和主计长的双重领导。应该说，这种模式有利又有弊。利处是内部审计机构的独立性与权威性较强，弊病则是内部审计机构要接受两个方面的领导，在工作上有时会无所适从，影响审计工作的效率。第一、二种模式是西方国家企业内部审计组织的主要形式。在这两种模式之间究竟何者更佳，尽管理论界有不同的看法，但多数人认为，为了企业的日常经营管理，内部审计机构最好由企业总经理领导，并可以不受限制地同董事会或其下设的审计委员会进行个别接触，以反映审计结果。

在我国，目前的企业内部审计机构大多由总会计师或主管财务工作的副总经理领导；随着现代企业制度的广泛推行，应逐步改变这种内部审计组织形式，借鉴西方国家企业审计的组织模式。一般而言，在实行企业制企业中，内部审计机构应由董事会或其下设的审计委员会直接领导，以保证内部审计机构的独立性和相对权威性；在未实行企业制的企业中，内部审计机构应由企业总经理直接领导，以改变由总会计师或主管财务的副总经理领导的独立性和权威性相对不足的问题。

3. 内部审计的职业组织

（1）国际内部审计师协会。国际内部审计师协会是由内部审计人员组成的国际性审计职业团体，成立于 1941 年，其前身是美国内部审计师协会，其会员称之为国际注册内部审计师。经过长期的发展，现在已发展成为国际内部审计师协会。该协会的职责是：负责制定内部审计实务准则，内部审计师的教育和培训工作，出版有为内部审计人员服务的、研究内部审计理论和实物的专业性刊物——《内部审计师》。该协会还从 1972 年起开始组织注册内部审计师资格考试，对通过考试者颁发国际注册内部审计师证书。

（2）中国内部审计协会。1987 年我国成立了内部审计学会，同年，我国内部审计学会以国家分会的形式加入国际内部审计师协会。我国内部审计学会承担着发展内部审计组织，组织内部审计人员培训，出版内部审计书刊、加强国际内部审计学术交流等任务。中国内部审计协会，是由具有一定内部审计力量的企事业单位、社会团体和从事内部审计工作的人员自愿结成的全国性、行业性、非营利性社会组织。接受业务主管单位审计署和社团登记管理机关民政部的业务指导和监督管理。

中国内部审计协会的宗旨：服务、管理、宣传、交流。即以内部审计职业化建设为主线，通过向会员提供优质服务、实行职业自律管理、加强内部审计宣传、开展国内外交流，实现协助国家审计机关对内部审计业务履行指导和监督职责，不断提升本会的职业代表性和社会影响力，充分发挥现代内部审计理念引领者、职业代言人、实践推动者、智力支撑者的作用，以推动我国内部审计事业的科学发展。

（六）内部审计的具体准则

具体准则是依据基本准则制定的，是内部审计机构和人员在进行内部审计时应当遵循的具体规范。具体准则的权威性虽低于基本准则，但要高于实务指南，并有法定约束力。为了适应内部审计的最新发展，更好地发挥内部审计准则在规范内部审计行为、提升内部审计质量方面的作用。

1. 业务类具体准则

（1）内部控制审计。内部控制审计是指内部审计机构对组织内部控制设计和运行的有效性进行的审查和评价活动。内部控制审计按其范围划分，分为全面内部控制审计和专项内部控制审计。全面内部控制审计，是针对组织所有业务活动的内部控制，包括内部环境、风险评估、控制活动、信息与沟通、内部监督五个要素所进行的全面审计。专项内部控制审计，是针对组织内部控制的某个要素、某项业务活动或者业务活动某些环节的内部控制所进行的审计。

从组织层面和业务层面对内部控制审计的内容做了较为细致的规定。其中，组织层面内部控制的内容主要是按照内部控制五要素进行规范，同时借鉴、吸收了《企业内部控制评价指引》中有关内部控制评价内容的规定，力求与《企业内部控制基本规范》及配套指引相衔接。内部审计机构可以参考《企业内部控制基本规范》及配套指引的相关规定，根据组织的实际情况和需要，通过审查内部环境、风险评估、控制活动、信息与沟通、内部监督等要素，对组织层面内部控制的设计与运行情况进行审查和评价。

内部审计人员开展内部环境要素审计时，应当以《企业内部控制基本规范》和各项应用指引中有关内部环境要素的规定为依据，关注组织架构、发展战略、人力资源、组织文化、社会责任等，结合本组织的内部控制，对内部环境进行审查和评价。

内部审计人员开展控制活动要素审计时，应当以《企业内部控制基本规范》和各项应用指引中关于控制活动的规定为依据，结合本组织的内部控制，对相关控制活动的设计和运行情况进行审查和评价。重点关注监事会、审计委员会、内部审计机构等是否在内部控制设计和运行中有效地发挥监督作用。可以针对采购业务、资产管理、销售业务、研究与开发、工程项目、担保业务、业务外包、财务报告、全面预算、合同管理、信息系统等，对业务层面内部控制的设计和运行情况进行审查和评价。

内部审计人员应当结合内部控制自我评估报告，确定审计内容及重点，实施全面内部控制审计。主要包括：①编制项目审计方案；②组成审计组；③实施现场审查；④认定控制缺陷；⑤汇总审计结果；⑥编制审计报告。

（2）信息系统审计。信息系统审计是指内部审计机构和内部审计人员对组织的信息系统及其相关的信息技术内部控制和流程所进行的审查与评价活动。审计的目的是通过实施信息系统审计工作，对组织是否实现信息技术管理目标进行审查和评价，并基于评价意见提出管理建议，协助组织信息技术管理人员有效地履行职责。

从事信息系统审计的内部审计人员应当具备必要的信息技术及信息系统审计专业知识、技能和经验。必要时，实施信息系统审计可以利用外部专家服务。信息系统审计可以作为独立的审计项目组织实施，也可以作为综合性内部审计项目的组成部分实施。当信息系统审计作为综合性内部审计项目的一部分时，信息系统审计人员应当及时与其他相关内部审计人员沟通信息系统审计中的发现，并考虑依据审计结果调整其他相关审计的范围、时间及性质。

内部审计人员应当采用以风险为基础的审计方法进行信息系统审计，风险评估应当贯串于信息系统审计的全过程。信息系统审计主要是对组织层面信息技术控制、信息技术一般性控制及业务流程层面相关应用控制的审查和评价。内部审计人员在进行信息系统审计时，可以单独或者综合运用下列审计方法获取相关、可靠和充分的审计证据，以评估信息系统内部控制的设计合理性和运行有效性：①询问相关控制人员；②观察特定控制的运用；③审阅文件和报告及计算机文档或者日志；④根据信息系统的特性进行穿行测试，追踪交易在信息系统中的处理过程；⑤验证系统控制和计算逻辑；⑥登录信息系统进行系统查询；⑦利用计算机辅助审计工具和技术；⑧利用其他专业机构的审计结果或者组织对信息技术内部控制的自我评估结果；⑨其他。

（3）绩效审计。绩效审计是指内部审计机构和内部审计人员对本组织经营管理活动的经济性、效率性和效果性进行的审查和评价。经济性是指组织经营管理过程中获得一定数量和质量的产品或者服务及其他成果时所耗费的资源最少；效率性是指组织经营管理过程中投入资源与产出成果之间的对比关系；效果性是指组织经营管理目标的实现程度。

根据实际情况和需要，绩效审计可以同时对组织经营管理活动的经济性、效率性和效果性进行审查和评价，也可以只侧重某一方面进行审查和评价。绩效审计主要审查和评价内容包括：①有关经营管理活动经济性、效率性和效果性的信息是否真实、可靠；②相关经营管理活动的人、财、物、信息、技术等资源取得、配置和使用的合法性、合理性、恰当性和节约性；③经营管理活动既定目标的适当性、相关性、可行性和实现程度，以及未能实现既定目标的情况及其原因；④研发、财务、采购、生产、销售等主要业务活动的效率；⑤计划、决策、指挥、控制及协调等主要管理活动的效率；⑥经营管理活动预期的经济效益和社会效益等的实现情况；⑦组织为评价、报告和监督特定业务或者项目的经济性、效率性和效果性所建立的内部控制及风险管理体系的健全性及其运行的有效性；⑧其他有关事项。

绩效审计评价标准的来源主要包括：①有关法律法规、方针、政策、规章制度等的规定；②国家部门、行业组织公布的行业指标；③组织制定的目标、计划、预算、定额等；④同类指标的历史数据和国际数据；⑤同行业的实践标准、经验和做法。

2. 管理类具体准则

（1）内部审计机构管理。内部审计机构管理是指内部审计机构对内部审计人员和内部审计活动实施的计划、组织、领导、控制和协调工作。内部审计机构的管理主要包括：①实现内部审计目标；②促使内部审计资源得到充分和有效的利用；③提高内部审计质量，更好地履行内部审计职责；④促使内部审计活动符合内部审计准则的要求。

内部审计机构应当接受组织董事会或者最高管理层的领导和监督，内部审计机构负责人应当对内部审计机构管理的适当性和有效性负主要责任。内部审计机构应当制定内部审计章程，对内部审计的目标、职责和权限进行规范，并报经董事会或者最高管理层批准。内部审计章程应当包括：①内部审计目标；②内部审计机构的职责和权限；③内部审计范围；④内部审计标准；⑤其他需要明确的事项。

内部审计机构应当建立合理、有效的组织结构，多层级组织的内部审计机构可以实行集中管理或者分级管理。实行集中管理的内部审计机构可以对下级组织实行内部审计派驻制或者委派制。实行分级管理的内部审计机构应当通过适当的组织形式和方式对下级内部审计机构进行指导和监督。

内部审计机构管理的主要内容包括：①审计计划；②人力资源；③财务预算；④组织协调；⑤审计质量；⑥其他事项。

内部审计机构的管理可以分为部门管理和项目管理。部门管理主要包括内部审计机构运行过程中的一般性行政管理。项目管理主要包括内部审计机构对审计项目业务工作的管理与控制。内部审计机构应当根据内部审计目标和管理需要，加强人力资源管理，保证人力资源利用的充分性和有效性，主要包括：①内部审计人员的聘用；②内部审计人员的培训；③内部审计人员的工作任务安排；④内部审计人员专业胜任能力分析；⑤内部审计人员的业绩考核与激励机制；⑥其他有关事项。

（2）内部审计机构与董事会或最高管理层的关系。内部审计机构与董事会或最高管理层的关系是指内部审计机构因其隶属于董事会或者最高管理层所形成的接受其领导并向其报告的组织关系。对内部审计机构有管理权限的董事会或者类似的机构包括：①董事会；②董事会下属的审计委员会；③非盈利组织的理事会。

内部审计机构与董事会或最高管理层的关系主要包括：①接受董事会或最高管理层的领导；②向董事会或最高管理层报告工作。在设立监事会的组织中，内部审计机构应当在授权范围内配合监事会的工作。

内部审计机构接受董事会或者最高管理层领导的方式主要包括：①报请董事会或者最高管理层批准审计工作事项；②接受并完成董事会或者最高管理层的业务委派。

内部审计机构应当向董事会或者最高管理层报请批准的事项主要包括：①内部审计章程；②年度审计计划；③人力资源计划；④财务预算；⑤内部审计政策的制定及变动。

内部审计机构除实施常规审计业务外，还可以接受董事会或者最高管理层委派的下列事项：①进行舞弊检查；②实施专项审计；③开展经济责任审计；④评价社会审计组织的工作质量。

内部审计机构应当与董事会或者最高管理层保持有效的沟通，除向董事会或者最高管理层提交审计报告之外，还应当定期提交工作报告，一般每年至少一次，工作报告应当概括、清晰地说明内部审计工作的开展以及内部审计资源的使用情况，主要包括：①年度审计计划的执行情况；②审计项目涉及范围及审计意见的总括说明；③对组织业务活动、内部控制和风险管理的总体评价；④审计中发现的差异和缺陷的汇总及其原因分析；⑤审计发现的重要问题和建议等。

（七）内部审计信息化意义与发展趋势

内部审计信息化建设是指企业在应用大数据、信息化管理手段的基本前提要求下，以会计信息化控制理论框架为分析基础，以现代化计算机硬件、软件为分析工具，运用多种计算机信息技术手段，使所有内部审计各项工作环节能够进展更快、更顺畅，实现会计实时在线监督、实时远程控制。内部稽核审计信息化控制构架体系主要内容由企业信息的管理和审计监控，以及以监控为最核心功能的内部计算机监控审计体系两个核心部分构成。利用数据库对现场电子数据资源进行汇总及分析，加入了互联网信息技术指导，远程实时指导操作和在线审计服务工作，实现在线审计系统业务运行自动化。

1. 内部审计信息化的意义

信息化审计内控准则规范的适时细化和补充完善都是我国企业推进内部信息化审计与

经济发展同步的一条重要法治保障，必须引起决策层足够的重视。要结合自身国情，针对企业未来外部信息化管理的最新发展趋势，开辟一条新的规范政策，完善旧政策的约束，对推动未来我国信息化审计工作的深入发展起到进一步规范引领和有效推动的作用。因此，要努力克服这种缺陷，适应未来技术的发展和趋势，重视高层次人才的培养引进和积极学习吸收国外成果的新理念，对企业信息平台技术进行持续完善和研究创新，将可以为国内企业高效利用移动信息化技术的诸多便利要素提供一种更好的平台环境。

2. 内部审计信息化的发展趋势

（1）信息安全性及可靠性将成为在未来的审计检验工作重点。在会计信息化管理的背景下，审计信息逐渐成为会计各类项目审计内容中的重要一环，是确定审计结论至关重要的理论支撑。审计信息管理的研究重点则是怎么保证会计数据质量的安全可信和可靠。保证财务系统业务处理结果的完整、合法性是从事现代财务管理审计业务人员工作目标的重中之重，审计操作人员有时可能更需要他们以更多宝贵的实践经验和时间来研究控制财务计算机系统，以及信息处理活动的外部审查技术和质量评估等方法，从而真正确保所有外部信息使用者所提供的信息资源的安全性和可靠性。

（2）内部审计将由静态审计向动态实时审计系统转换。在数字化时代信息水平已日益提高的今天，信息载体的广大使用者往往对获取信息的质量要求越来越高，而掌握最新变化的重要信息资源能否获得及时有效处理和实际应用，对评价一个会计单位审计报告的最终成败都至关重要。因此，现有的数据审计评价模式与目前传统审计的单一报表分析审计评判方式相比，将有助于显著提高对会计报表各类相关信息来源有效性的及时审核确认和及时披露结果的有效重视运用程度。在对今后的内部信息系统审计的工作指导中，审计研究人员今后将要更加多注重对各单位内部进行信息系统事前、事中信息审计，对涉密信息内容的合法性及时地披露报告和实施审核，对内部信息数据的合法使用及价值利用进行跟踪监督审计和有效控制，提高审计信息数据库的综合可用性。对日常研究工作指导中发现的各种问题，及时的提出有效实用的工作建议和对策建议，保证了内部审计机构管理部门决策程序的顺利正常运转。

（3）内部审计范围将得到进一步拓展。审计处理形式的彻底转换，首先是在信息化社会进程中进行的一种重要的观念变革。现代内部开展审计监察工作所用的统计对象也不再完全是单一来源的原始数据，而是直接以大型计算机系统数据为直接处理统计手段之一的审计信息采集处理系统。在当前社会信息化进程全面加速发展变革的背景下，电子化管理发展过程初期阶段所已经形成起来的一种独立运行的、单一高效的复杂业务及其处理运行方式，已渐渐被高效计算机信息业务处理过程这种系统关联性强度和运行复杂性等均明显较高的作业模式所全面取代。内部控制审计系统执行任务过程中还需要始终紧扣单一高效业务工作处理原则，更新甚至是重构现有业务功能以及工作处理流程。要求审计业务数据、财务数据、财务审计处理结果三者有机紧密相结合，形成为一个完整统一规范的工作整体，将财务内部审计方法与财务管理过程审计手段相统一融合，是二者相互联系、相互影响的关系。这种监管要求又无形中扩大了企业内部管理审计业务的范围。通过实施内部财务审计系统获取一定的经营管理活动信息，对企业决策层和高层管理人员的最终行为决策会产生一定的影响。

二、企业内部经济责任审计

（一）企业内部经济责任审计的必要性

内部控制机制建设、经济管理效率提升和个人诚信评估的基础是内部人员展开自我管理，能提高组织的整体经济效益。展开经济责任审计的最终目的是预防腐败，引导个人践行廉洁，促进国家的法治治理。大力推行内部经济责任审计制度，可以进一步加强对管理者工作的监督，严肃查处不遵守法律法规的违法行为，鼓励管理者不断提高管理水平，坚定遵纪守法意识，提高自律能力，从源头上预防腐败，做到廉洁奉公。

（二）企业内部经济责任审计的特点

传统的收支审计、财务报表审计和企业内部经济责任审计有着本质的区别，主要体现在以下方面：

第一，审计的目的不同。收支审计和财务报表审计是企业财务绩效的直接显示，客观反映企业财务绩效的真实情况，从而揭示企业财务平衡中存在的问题，保护企业所有者的利益。企业内部经济责任审计的主要目的是监督企业领导人的经济职能，监督审查企业领导人，促进企业管理，确保企业资产增值。

第二，审计在不同的领域进行。收支审计和财务报表审计主要涉及被审计单位的财务事项，通过查阅相关资料进行审计，包括被审计单位的会计账目。

第三，审计时间不同。收支审计与财务报表审计的工作重点主要是对企业一个会计期间进行审计，审计的时间在大多情况下都与会计核算年度一致。企业的内部经济责任审计时间需要与企业领导的任职时间符合。

第四，审计内容不同。收支审计和财务报表审计的主要目的是确保企业账目对账和与会计报表的一致性，一般来说，审计根据会计报表及其附注进行。经济责任审计主要是检查企业的经营业绩和管理者的业绩，确认管理者经济责任的履行情况。为了保证审计工作的完整性，经济责任审计还包括对管理者业绩的评价和对管理者个人经济责任的评价。

第五，审计方法不同。开展经济责任内部审计必须采用企业账户正确性审计、企业内部控制审计、访谈审计等综合方法，综合分析审计结果，全面评价管理者的经济责任。经济责任审计报告富含财务收支数据及财务报表审计信息，能结合财务收支审计结果及相关结论进行综合分析。

（三）企业内部经济责任审计的内容

企业内部经济责任审计无论在理论基础上，还是在审计实践中，都能发挥监督和评价的作用，在企业财务状况、内部控制机制建立和实施情况、法规的执行情况等方面都有体现。

1. 收支审计

收支审计主要是对企业财务收支真实性和合法性的检验。在内部财务责任审计中，企业的内部审计服务是检查财务收支便捷高效的方法。企业内部审计部门通过审核有关会计凭证，对财务报表的真实性进行审计。会计信息在一定程度上准确反映企业在一定时期内的经营状况，为经营者经济责任的评价提供依据。在会计记录方面，内部审计人员可以检查企业资产、负债、所有者权益、营业收入、交易费用等的估值是否正确，查看是否存在资产负债多报、收入多报、支出少报等问题问。在有形资产方面，内部审计人员可以检查企业是否已经严格清查资产、是否已记录所有有形资产、是否已发生资产外逃。

2. 法律法规和重大经济决策的执行情况

企业的发展决策一般由企业领导层决定，如企业员工的任免等重大决策，将直接影响企业的经营发展。因此，企业内部法律法规和重大经济决策的执行情况审计尤为重要。法律法规和重大经济决策的执行情况审计要遵循重要原则，突出重点，主要工作包括制度建设、管理过程监督、操作有效性评估反馈等。

3. 诚信廉洁审查

诚信廉洁审查指对企业管理者是否违反法律、法规和廉洁纪律的检查。企业内部审计部门根据法律法规对管理者的纪律和诚信进行评估，有助于评价管理者的个人素质，为内部人员任免提供依据。诚信廉洁审查主要包括以下内容：管理者是否意图挪用企业财产、是否利用自身的权力开展不正当交易、是否存在隐性收入、是否存在偷税漏税等。

4. 内部控制建立与执行情况审计

企业内部控制建立与执行情况审计的开展，主要是审查企业内部控制的有效性，以及企业的领导人员在内部控制上应承担的责任。以往，部分企业的领导人员在经营企业时很少对企业内部各项数据进行有效分析，只是把相关的数据收集起来，导致对企业的实际经营状况了解甚少。当前，越来越多的领导人员开始重视企业的内部信息数据的重要性与局限性，陆续加大力度建立内部控制制度，通过强化内部控制，高效管理企业的信息数据。

三、信息技术背景对于企业内部审计的影响

信息技术背景已给企业自身的内部控制产生了较大的影响，如一些企业自身获取企业信息内容和管理数据资料的查询渠道逐渐快捷化、信息化，企业及其内部的管理和部门人员的管理业务流程已经开始趋向自动化，信息数据的获取处理已开始迈向高效等。信息化办公环境对于企业实施内部审计活动的实际影响范围也是比较大的，主要包括对以下几个方面的影响：

第一，信息技术背景对于企业控制环境有着较大的影响。信息化企业环境下审计具有可快速直接获取各种信息文件和数据的功能特点，企业领导层干部和各级管理层员工可以通过企业审计相关部门取得的审计数据资料，快速准确了解企业总部决策层及其他各层级组织的实际发展、经营运作情况，对相关企业信息系统现状的分析掌握深度和内容了解方面也能更加系统全面，能够随时针对当前企业环境发展状况的各个基本要素状况变化进行跟踪考核研究和自我评估，针对自身企业管理存在的关键问题快速进行应对策略与调整，更快速地实现降低内部管理成本，减少公司组织管理层级，从而最终达到企业管理的组织结构目标。

第二，信息技术背景给审计工作带来风险。在科技信息化趋势的直接影响下，企业现有的电子信息档案存储管理方式已经实现由原来纸质档案全部转换为数字化载体，便于档案保存、复制和数据整理再加工。

第三，审计信息技术背景能够加强基层审计管理部门之间以及与上级部门的沟通。在信息化传输的工作环境条件下，可以同时通过使用电子邮件、聊天类软件、通话类工具、传真机等多种现代化信息手段同时将大量信息迅速传递出去。这四大类企业信息化传递手段通常都能具有信息快速、即时性好和操作便捷性高等信息传播特点。审计监察部门也可以同时通过和运用好上述各种信息化审计手段，加强企业与审计管理层内部以及社会其他有关各部门人员的联络沟通，保证会计信息提供得准确、真实、可靠。

四、信息技术背景下企业内部审计工作的优化措施

（一）提高对审计信息化的认识

要加强媒体对推进现代审计信息化系统建设意义的广泛宣传，提高全社会对信息化审计工作的认识高度。到现在为止，我国真正能够有效运用好计算机的信息化审计，需要的

时间还相当长，无论是对企业，还是对于广大企业审计人员都是有一个逐步地去适应现代信息技术发展的过程，要特别注重如何将计算机技术能够更有针对性、更好地、更有效地去融入内部审计中。

（二）完善审计信息系统

由于信息化在业务审核办理过程中涉及的原始纸质凭证大幅度减少，审计取证过程中往往会出现纸质存储业务数据内容与电子业务数据信息不一致的情况，给业务审计人员造成困扰。因此，可以先根据企业开展内部信息审计相关工作领域的技术独特性和应用特殊性，建立出与该企业信息技术审计手段相匹配的专用信息系统，这种专有信息系统原则上只能直接由专业审计相关人员所操作，对这些信息、数据随时进行动态发布维护和维护更新，并合理利用该信息系统中的相关程序，不断地探索将先进计算机技术逐步运用到公司自己管理的内部信息系统中。此外，企业组织内部各级人员均可以及时对信息系统组织内部工作进行现场监督分析和反馈管理，企业管理层可以随时随地根据掌握的所有具体数据信息及时提供管理层决策与参考，掌握信息化企业运行的实时发展动态。

（三）加强内部审计法规机制建设

内部审计信息化阶段一般要求具备相应信息化项目审计工作条件基础的相关企业，能够充分独立完整地合理使用现有计算机应用软件等现代化信息技术对数据业务进行有效处理，并且必须有适用于这些传统的审计工作方法基础的管理规范和规定。应考虑逐步加快建立起研究和制定能规范企业相应领域业务流程的一套现代会计信息化审计规章制度。

从我国有关会计法律规范、业务规范、技术规范标准体系等多方面的要求去对当前整个信息化审计各行业信息数据化做出一套系统规范，由此即可通过选取任何一个审计重点行业领域来进行系统深度的分析设计及研究，详细地分析并阐述当前信息科技审计事业发展存在的一系列新的问题对象、新的工作目标、新的发展规划内容。还可通过研究并制定整理出一系列相关技术规范标准制度，供各个行业与实际相关企业在实践中操作研究与推广使用，并注重其应用经验总结，在相关项目执行管理与过程操作环节中应逐步地对一些现有相关准则规范制度内容进行必要调整、更新和适当地补充，使其在具体实践运用中逐步有效地成为各主要行业、审计部门实务人员，可直接选择进行的内部或信息化内控与审计等活动提出的有效而可靠的制度依据，为国内各个相关行业以及监管部门提供规范化管理制度依据、操作指引和实务操作参考，使审计监管相关部门有法规可依。

（四）加强整体队伍建设

当下，企业可以立足于大数据技术，利用“互联网+”的方式进行企业经济管理和内部审计的宣传，引导相关人员进行深入学习和研究，以加深自身的认知和理解，并科学树立全新的内部审计思想和大数据理念。还可从企业的实际发展入手，结合内部审计工作要求和岗位需求，在了解现有的内部审计人员的数量和水平的前提下，科学进行具有较高专业水平、综合素质、职业素养的优秀内部审计人员的招聘。设计较为严格的准入标准和考核机制，全方面、多角度、深层次地对相关人员进行考核。

加大对其持证上岗资格的验证力度，以确保新加入人员具备较高的能力和水平，能通过岗前培训了解和熟悉各项工作流程和要求，并能在大数据背景和企业经济管理的前提下更好地完成内部审计任务。另外，也可以通过提升人员待遇的方式，吸引更多优秀的分析师和审计师。或是聘请具有丰富内部审计经验的人员入职，弥补审计队伍存在的不足和短板。或结合内部工作队伍情况进行法律、理论、技术顾问招聘，不断完善内部审计队伍结构，以提升内部审计队伍的整体建设效率和综合职业素养。

针对现有的内部审计人员，则需要充分考虑其专业发展、职业发展，以及实际的企业经济管理的具体需求，构建长效性和科学性的人才培训体系，根据不同阶段的具体情况进行不同培训项目的设置。在理论培训中，可引入内部审计相关的理论、概念、思想，或是设计心理学、管理学、经济学、信息学、法律学等跨学科和跨领域的内容，不断完善内部审计人员的知识体系，全面提升其理论素养。也可在充分考虑企业经济管理要求的前提下，科学地在培训当中设计基于内部审计的信息分析、获取、存储，以及相关的内部审计软件和系统操作、云计算、物联网、大数据等的技能型培训。利用虚拟现实技术和大数据技术构建网络实训环境，引导内部审计人员借助相关设备和计算机接入系统，结合自身情况进行技能训练。企业可在培训过程中增加一些内部审计的突发状况和问题，引导内部审计人员理性地进行分析和判断，利用自身的专业知识和技能解决相关问题，以全面提升内部审计人员的技术纯熟度，以及经济运作能力和综合职业素养。

此外，企业还必须定期地开展基于内部审计的主题讲座和座谈会，引导优秀内部审计工作人员到其他企业进行学习，掌握更多先进的内部审计软件和系统的操作应用技巧，并累积更多的内部审计信息经验和心得，从而在后续各环节工作中进行科学转化和应用。

（五）创新审计工作思路

在信息化时代背景驱动下，内部的独立审计人员如果在外部同时要执行多种类型不同独立审计项目、主体任务及独立审计领域相关各项业务时，要能通过采用检查、观察、询问、监盘、函证、分析和程序、计算等各种优于传统的独立审计程序的先进技术方法手段进行取证，也要通过综合采用吸收并大量借鉴应用了西方管理学、计量技术以及技术经济学基本原理等当今诸多相关领域较为先进应用的其他各种专业技术方法工具来辅助取证，更需要通过利用互动式的案例知识的分享等方法获取相关证据。

企业可以通过利用移动互联网随时随地查找有关政策、法律法规以及企业对周围人们的一些不同层面的心理认知，所身处公司、所属的行业地位等各种情况。可适当利用个人或现有机构丰富扎实的政策法规相关法律知识基础，借用成熟和完善有效的法律专业技术模板、系统而完备准确的相关行政法规条文和丰富且完善的法律法规、行业资料，增强自身法律法规理解专业程度和相关政策判断力等能力；与国内有关的行业专家、内部相关机构的审计业务咨询指导组成员、客户专家代表以及相关审计、相关领域、行业利益群体共同进行现场的头脑风暴式和多角度深入的学术互动及探讨，从而充分获得国内外各类证据材料、智慧信息互补、更全面和客观可靠的国内相关审计事实证据，增强现场专业审计实务团队人员的整体专业及综合业务判断推理能力，进而达到全面有效促进我国整体审计研究成果质量上的有效提高。

第四节　企业内部审计信息化建设对策

随着信息化进程的加快，内部审计作为企业健康发展的重要保障，实施审计信息化不仅能够促进审计手段的创新、提高审计效率和加强审计成果的利用，还有助于实现审计“全覆盖”。企业内部审计信息化建设的对策建议如下：

一、加强对内部审计信息化建设的重视

发展审计信息化既需要加强企业治理层、管理层的重视程度，也需要提升企业内部审计人员自身的认识高度。

第一，加强企业治理层、管理层对发展内部审计信息化重视程度。内部审计信息化的发展需要大量的资金投入，因此只有治理层、管理层重视内部审计信息化发展，内部审计信息化才能得到真正有效的实施。在保证正常生产经营情况下，企业治理层和管理层应当加大对内部审计部门数字技术的投入，加快内部审计信息化发展。同时，内部审计人员也需要及时向管理层汇报审计过程中通过数字技术手段发现的问题并提出客观准确的整改意见，进一步体现内部审计信息化提升的价值，从而提高治理层和管理层对审计信息化的重视。

第二，提升企业内部审计人员对审计信息化的认识高度。内部审计人员作为审计信息化的主要实施者，其态度和能力直接影响审计信息化的效果。①内部审计人员要接受新的审计理念，要建立起从事后审计到事前、事中审计以及持续审计的新理念。依靠审计信息

化发展，对企业实施全覆盖审计，提升内部审计的价值，促进企业高质量发展。②内部审计人员需要主动学习新的数字技术，尝试新的信息化手段，深刻认识到审计信息化是提升审计价值的重要驱动力。只有不断提升自身竞争力才能更好地应对信息化时代，只有不断提升审计信息化水平才能适应企业高质量发展的需要。

二、加强复合型人才培养

完善内部审计信息化，不仅需要培养相关人员的专业知识能力，更要加强信息技术运用能力等方面的培养，以适应快速发展变化的数字经济时代。

企业内部审计部门和相关部门应强化员工基本素质教育，定期开展信息化培训，以审计融合、考察研究等多种方式，为培养复合型内部审计人才提供支持。企业应采取一系列措施，促进内部审计人员顺应数字时代发展需要和企业自身发展要求，主动参与相关专业知识及信息技术的学习，如给予提高薪酬、授予职位、宣传表彰等形式的奖励，从而推动企业复合型人才建设，促进审计信息化水平不断提高。

三、整合企业资源，实现数据共享

企业应当加强内部资源整合，实现数据共享，助力内部审计信息化发展。审计信息化发展不仅取决于内部审计部门自身，在一定程度上还依赖于企业其他部门的支持及部门间的相互配合。

第一，单一企业。为避免出现“信息孤岛”问题，企业应当建立各部门信息共享机制，尤其是在业务、财务和内部审计部门之间，通过信息化系统打破各部门各自为营的局面，消除信息共享障碍，实现资源整合，使内部审计人员更加全面地获取企业信息，加快审计信息化发展，实现审计全覆盖。

第二，集团企业。各级子公司应当建立信息化标准，打造信息化共享平台，实现信息采集的统一，提升数据利用率，促进内部审计信息化发展。同时，企业应当注重信息采集和共享过程中保密机制的建立与完善，避免出现由于资源整合过程中的信息泄露等风险导致各子公司及部门负责人不愿意进行数据共享的情况。

四、加强信息化审计成果应用

企业应当加强对审计成果的整合运用。一方面，借助信息化平台全面深入了解企业业务流程，通过数据分析，形成审计信息化的工作标准，建立合理有效的审计信息化流程和审计模型；另一方面，通过审计信息化系统中的反馈功能，利用数字技术，全面跟踪审计过程中挖掘出问题的整改状况，建立问题整改的跟踪管理体系，自动统计、分析审计成果，巩固审计的监督作用。

总之，在数字技术高速发展的时代，企业应加强对内部审计信息化建设的重视，结合自身状况积极主动开展审计信息化建设方面的探索与实践，加强复合型人才培养，消除子企业、各部门之间的信息壁垒，提升对信息化发展和审计资源整合共享必要性的认识和重视程度，促进审计成果得以充分有效利用，使内部审计更好发挥职能，为企业的高质量发展保驾护航。

第六章　医院经济管理与审计新发展

第一节　医院经济活动分析

医院通过科学、合理、有效地利用卫生资源，向社会提供优质的医疗服务，满足人民群众的健康需求，促进社会人群健康水平的提高。医院在向社会提供医疗服务的过程中需要投入一定的人、财、物等医疗卫生资源。医院提供医疗服务的过程同时也是这些经济资源耗费的过程，对于这些资源的配置、使用、补偿、分析与评价等形成了医院经济活动。

医院经济运行是极为复杂的，通过对医院经济管理活动进行分析，可以最大限度地增收节支，提高社会效益及经济效益，也可以检验、衡量医院管理的水平，是考核医院运营管理好坏的尺度。医院开展经济活动分析是为了改进工作，科学有效地分析为改进医院运营管理提供了科学依据，也有助于实现医院改革的目标。

一、医院经济活动分析的意义

医院不仅是公益性、福利性的卫生健康保障单位，还是一个集聚专业知识、多门学科、多个系统结合的，具有单独性、高风险性、高竞争性的经济实体。现代医院经济管理模式与经济活动分析，已经成为医院财务管理发展与时代相结合的重要课题。经济活动分析是医院经济管理的有效手段，将经济活动分析成果，运用到医院医疗服务中和医疗经济管理中，可以有效提高医院运行能力，这是当下医院管理中的重要任务。如何提升经济活动分析是目前医院发展的首要任务，提高经济活动分析对医院经济管理至关重要。

二、医院经济活动分析的原则

医院经济活动分析，总体来讲，要遵循医院的特殊性，对医院的经济运行进行科学的分析，并给予正确的评价。具体来说，在分析时要遵循以下原则。

（一）实事求是原则

医院的经济活动分析要从客观实际出发，真实反映医院经济运行状况，客观地做出结论及评价，只有这样才能提出正确的改进措施，为医院实现科学管理提供依据。在分析时，不能形而上学，不能将主观臆想或片面情况作为判断的依据，更不能凭主观的意见定性，然后去找数字、找例证、凑情况、凑问题，这样分析，不仅得不出正确的结论，还会对医院的经济管理带来严重的负面影响。

（二）经济效益与社会效益相结合的原则

医院开展经济活动分析时，一方面要关注医疗卫生资源的合理配置与使用，提高医院的经济效益；另一方面要坚持社会效益优先的原则，通过对医院经济活动的分析与管理，提升医院的质量、服务、安全性，有效发挥医院的公益性，将社会效益与经济效益有机结合在一起。

（三）坚持相互联系、系统分析的原则

医院的经济活动是非常复杂的，必须把各项有关指标结合起来，从医院经济活动的各个方面，相互联系、系统性地进行研究，才能对医院的经济效益做出恰当的评价。例如，在进行医疗收入分析时，不能单纯根据医疗收入的增减来评价医院的运营状况，还应结合业务量、均次费用、医疗质量等一起来分析研究。又如，医疗业务成本中的药品及卫生材料的分析，不仅有价格的因素，还有使用数量、疾病构成等因素的影响。而这些影响因素有的是主观因素，有的是客观因素，必须相互联系、系统地来分析研究。

（四）坚持辩证分析的原则

医院经济活动分析必须坚持辩证分析的原则，任何事物都是可以一分为二的，要善于用辩证的方法，既要看到先进的一面，也要看到不足之处；既要揭露矛盾，找出差距，也要在肯定成绩的同时，发现前进中的问题。例如，医院的经济运行比较好，但并不等于医院所有方面都是好的；医院经济活动存在问题，但也会有亮点。

因此，在经济分析时，既不能否定一切，也不能肯定一切，要坚持使用辩证的方法。

三、医院经济活动分析的程序

医院经济活动分析的程序如下：

（一）明确目标、制订计划

明确分析目标是经济分析的关键，经济活动分析过程应始终围绕分析目标而进行。医院经济活动涉及的内容很多，这就要求分析者首先应根据管理上的要求，明确分析目标。

分析目标确定之后，就应该根据分析目标所确定的内容和范围，并确定分析的重点内容，分清主次和难易，并据此制订工作计划。

（二）收集资料、整理加工

收集、整理资料是保障分析工作质量和分析工作顺利进行的基础性程序。一般来说，资料的收集、整理与加工应该贯串于医院经济管理工作的始终，在日常的工作中就应该注意收集资料。应尽量避免在进行分析时才收集资料，切忌在资料不全时就着手进行技术性分析。

收集资料的过程中还需要对所收集的资料进行整理加工，整理资料是根据分析的目的、内容和范围，将资料进行分类、选择和修正并做好登记和保管工作，使之便于使用和理解，以便提高分析工作的效率。

（三）对比分析、发现问题

医院按照一定的方法，对各项经济指标进行基本的数量对比分析，从各项经济指标的数量关系中，研究医院经济运行的规律，发现经济运行存在的问题，并找出原因加以改进。在进行比较分析时，可以从三个方面来比较研究：

第一，按照经济活动的不同目标进行比较研究，如预算执行、资源配置与使用、收入与支出、医疗成本等，研究各种运营能力的状况。

第二，按照不同时期进行比较研究，可以将本期各项经济指标与上期的指标进行同项对比，以观察医院运营的发展变化。也可以进行趋势分析，用以观察各项指标的变化趋势，寻求医院经济活动的规律。

第三，按照不同的标准进行比较分析，比较标准主要有行业标准、历史最好水平、预算水平、竞争对手等。通过分析找出差距，寻求改进运营管理之道。

（四）深入研究、查明原因

根据初步分析发现的问题，抓住重点，深入研究，查明原因，是搞好经济活动分析的关键。这就要求一方面进一步收集资料，作为深入分析的依据；另一方面深入实际调查研究，了解真实的状况，只有在全面掌握资料，深入研究的基础上，才能明确区分影响指标好坏的原因和责任。

（五）总结评价、提出改进措施

总结经验，提出改进措施，是进行经济分析的目的，它是分析工作的最后一步。通过前几个步骤的分析，掌握了大量情况和问题，每一种情况或每一个问题，都说明了医院经济活动的一个方面，有的甚至是矛盾的。在总结评价时，要把所有这些情况和问题集中起来，相互联系地研究，总结经验，进行综合概括，写成简明的分析报告，对医院的经济效益，做出正确的评价，并提出进一步改进工作、提高经济效益的措施。最后，还要指出，对经济活动分析所提出的各项改进措施，要抓好措施的落实，并检查其实现的效果。分析是为了提高经济效益，改进医院的经济管理工作，分析中所提出的改进措施是否达到这个目的，要依靠领导和职工群众去贯彻。在措施的实施过程中也可能会出现新的矛盾，提出有待进一步解决的问题，有时所提出的改进措施不切合实际或短期内无法实施，这就要求进一步提高经济活动分析的质量。

四、医院经济活动分析的主要方法

第一，建立健全各项制度。健全的制度能保障有效地开展经济活动分析工作，只有通过制度上的保障才能更好地开展医疗工作，所谓“工欲善其事，必先利其器”，完备的制度是完成经济活动分析的有效保障。医院领导要高度重视，在医院内部要统一思想，充分开展经济活动分析，要真正做到把优质、低耗、高效经济运行，作为经济活动运营基础。

第二，开展多样化经济分析活动。经济分析活动要充分利用网络科技，建立网络系统，明确各级人员的职责与分工，管理会计小组要做好医院成本核算，提升会计操作技能，保证医院核算质量和水平，制定相应经济管理模式。要加强经济管理，严格落实医院科室内部资金管理规定，落实财务制度职责，管理要符合医院制度职责规范，积极开展医院经济分析活动，丰富经济分析内容。

第三，加强会议建设与会议制度。加强医院经济管理委员会作用，通过召开医院财务科长会议、经济管理委员会议，明确经济管理的方式，明确经济活动分析的方法，对内部分科成本进行相应的核算，利用经济活动分析对医院进行管理。会议中要制定可实施的方案以及可实施的发展策略。

第四，经济管理新模式与经济活动的成效。通过经济分析活动提高医院综合实力，重点分析如何增加医院效益，降低医院成本，充分挖掘医院的潜力。通过不同的经济活动分析发现，改变管理模式能增强员工的成本观念，促进医院的发展，不同分析为医院带来不同运行效果。

总之，经济活动分析能有效增强医院财务管理水平，增强财务管理质量。只有医院经济管理观念发生根本性的转变，才能更好地提升管理者驾驭医院经济发展的能力。

五、医院经济活动分析的组织

医院经济活动分析是做好医院管理的一项重要工作，要很好地组织，要有专门的机构负责领导，要建立分析的制度和分析的框架体系，明确各职能部门、医疗科室的分析责任制度，配备一定的人员，使经济活动分析工作能正常开展，提升医院经济管理水平。

（一）建立统一领导、分级分析的组织体系

医院在开展医教研等各项业务过程中需要投入一定的人、财、物等医疗卫生资源，对于这些资源的配置、使用形成了医院经济活动。医院经济活动涉及医院所有的人员、部门、科室。因此，医院经济活动的分析需要全员、全院共同参与，并贯串于医院经济管理的全过程。为了做好医院经济活动分析工作，必须建立有效的医院经济活动分析组织及制度体系。

医院的分级分析制度，应该分几级比较合适，必须从医院的实际情况出发，同医院内部的管理制度相结合。规模比较大的医院一般建立院级、科室级（部门）、班组（单元）三级经济活动分析体系，规模比较小的医院可建立院、科两级分析体系。

班组（单元）分析一般由相关人员分工负责，逐日（或按周）分析他们业务完成情况及所管理的指标，并由班组核算员汇总分析，针对计划完成情况、成绩和问题、原因和改进措施写出简要分析材料。班组（单元）的日常分析应该同班组的业务工作紧密结合在一起，采用简易的分析方法，按期（日、周）报送科室和有关部门。

科室（部门）经济活动分析建立在班组（单元）分析的基础上，由科室专业职能人员分工负责，按月（或按周、旬）分析他们所管理的各项指标的实施情况，提出存在的问题和改进措施，并编制科室（部门）经济活动分析报告，报送医院或相关部门。

院级经济活动分析建立在科室、班组分析的基础上，在总会计师领导下，由医院各个职能科室分工负责，按月分析其所管理的各项经济指标。一般的分工是医疗业务的指标完成情况由医务处、门诊部、护理部等负责分析；人力资源配置与使用指标由人力资源部负责分析；医疗设备的配置与使用指标由设备部负责分析；药品、材料的购置与使用由相关供应部门负责分析；保障维护方面的指标由后勤等相关部门负责；有关费用及成本指标由财务及相关部门负责。在各职能科室分析的基础上，由财务部门负责综合，并编写医院的经济活动分析报告。

各个职能部门的专业分析报告，不是医疗科室、班组和日常分析的简单汇总；全院的经济活动分析，也不是各种专业分析的简单汇总。一定要抓住医疗科室、班组分析中的主要问题，注意各个环节的相互配合，抓住各项指标的相互协调、综合平衡，针对医院经营管理中的重大问题，有重点地分析和解决问题。

（二）完善医院经济活动分析制度

为了健全各项指标的分析责任制度，医院还要确定各级、各部门分析的内容，分析资

料提供部门和分析报告报送日期等制度。

医院经济活动分析的结果，要根据不同的目的和要求，采取多种形式及时公布与反馈，便于组织力量，落实措施，进一步调动员工的积极性。

经济活动分析会议是一种广泛应用、行之有效的重要分析形式。根据分析的内容，可以召开全面经济活动分析会、专业分析会或专题分析会；根据分析的范围，可分为院级经济活动分析会、科室（部门）经济活动分析会。

院级会议应每季度举行一次，有条件的也可以每月举行一次，会议由院长或总会计师主持，负责综合分析的部门做分析报告。根据分析报告所发现的问题，经过充分讨论、研究，确定改进措施。科室（部门）会议每月召开一次，由科室主任（部门负责人）主持，会议形式与院级会议相同。

（三）建立职能部门工作人员的岗位分析制度

医院的经济活动分析制度，要建立在岗位分析的基础上。采购、库存、招标、绩效、财务、医疗、门诊、护理、后勤等职能部门都应该参与到经济活动分析工作中来。医院职能部门中的每一位管理人员，都要按照个人的分工，本着干什么、管什么就分析什么的原则，建立岗位分析制，使人人关心经济活动的效果，养成善于分析总结的分析习惯。

要使职能部门人员持久地开展经济活动分析工作，各个职能部门必须由粗到细，逐步建立起一套完整的岗位分析标准、规范、流程和表格，并应该将每个职能部门所负责的经济指标融入岗位分析制度中，使之成为每一位管理人员日常工作的一部分。各职能科室应该每月召开科内分析会，分析会由科室领导主持，本科室全体人员参加，由相关人员汇报所管工作分析的内容及措施建议，领导综合，做到相互汇报，沟通情况，使每一位管理人员对部门工作心中有数，明确自己的工作努力目标，提高工作效率。

医院经济活动分析工作涉及医院的方方面面，涉及医院所有的部门和人员。因此，每个职能部门所发现的问题，可能要涉及几个或多个部门，不是某个职能科室内部所能单独解决的，而是要由各项指标的主管科室，召集有关科室参加的专业分析会议来研究解决。职能科室之间要建立固定的协作制度，使专业分析逐步走上制度化。

（四）加强医院经济管理的基础工作

加强医院的基础工作，完善医院经济管理机制，实行预算管理和健全核算工作，是做好经济活动分析工作的必要条件。

开展医院的经济活动分析工作，必须明确医院内部各科室、部门之间的经济责任，正确考核各单位的运营成果，落实各项管理措施。医院的各项基础工作是提高核算数字准确性、划分经济管理责任的重要条件。基础工作不健全，不能加强经济核算，分析也就失去依据。所以，要加强基础工作，实行计划与预算管理，制订各项定额，健全原始记录和计量工作，同时，应该完善医院的信息系统，确保相关数据快速及时地收集。

计划和预算管理作为落实医院战略的具体行动方案，是医院对未来整体医教研活动的规划和安排。预算编制、执行、分析，可以使医院经济活动有序地运行。同时，计划与预算也是医院开展经济活动分析的重要参考依据和标准，通过将实际运行结果与计划、预算比较，发现经济管理中存在的问题，找出影响预算编制、预算执行的各种因素，是实现经济活动分析科学化的重要手段。

定额是计划与预算的基础，也是考核医院经济活动的尺度，没有合理的定额就无法进行核算与分析。因此，医院要制订完整的定额，包括人员定编、支出定额、药品耗材库存定额、均次费用定额等。没有定额的要及时制订，定额不全的要补齐，定额还要随着医疗技术和管理水平的提高定期修订，并注意保持相对的稳定性。

原始记录是分析研究医院经济活动的第一手资料，因此，要把医院经济活动的原始记录建立和健全起来，包括医疗、人事、设备、供应、后勤、绩效、财务等方面，要规定各项原始数据的格式和使用方法，保证原始数据的准确性和完整性。

药品、卫生材料、其他材料的采购、发放、使用，劳务服务的使用，医疗业务服务等方面都必须搞好计量工作，提供准确的数据，以保证经济活动分析的数据真实可靠。

（五）完善医院经济活动分析信息系统

医院经济活动分析必须建立信息化分析系统，应该以财务和医教研业务活动数据为基础，借助计算机、网络通信等现代信息技术手段，对信息进行获取、加工、整理、分析和报告等操作处理，为有效开展经济活动分析提供全面、及时、准确的信息支持。

医院经济活动分析信息化系统功能模块应与医教研业务活动系统功能模块紧密集成，实现经济和医教研业务活动数据的自动生成过程，同时实现对经济和业务数据的预警或控制。

医院在实施经济活动分析信息化时，一方面应制定统一的标准和规范，实现数据的集中统一管理；另一方面应借助系统的无缝对接，实现数据的一次采集，全程共享。并在此基础上，借助数据挖掘等商务智能工具方法，实现多维度自动报表的生成。

六、医院经济活动综合分析的特殊意义

成本、可持续发展、核心竞争力是任何一家医院所关注的，这三个方面相互联系、相互影响，管理过程中必须综合考虑三者之间的关系。医院经济活动综合分析在对上述各个

方面分析的基础上，把医院经济活动各个方面联系在一起，从全局出发，在整体上做综合平衡的分析研究，概括地了解医院经营管理状况，资源配置与使用状况，比较经济效果，认识和掌握提高医院运营管理的规律性。

医院的各项经济指标是相互联系、相互制约的，医院综合分析是各项指标分析的综合、概括和提高，它有助于医院的管理者和员工，全面考察医院医疗活动中各个主要方面的经济效果，为制定决策提供依据。医院经济运行综合分析的任务，就是通过各项主要经济指标的相互联系的分析，医院医疗过程各个方面平衡协调，认识和掌握医院提高管理水平的规律性，充分运用现有医疗卫生资源，从整体出发，在经济活动中统筹兼顾，合理配置，全面权衡得失，抓住重点，充分发挥人的主观能动性，最大限度地提高医院经济活动的效果。

医院经济活动综合分析的特殊意义如下：

（一）综合分析应突出社会效益导向

综合分析指标是医院管理者和员工的工作目标，具有导向性。过去许多医院曾采用单一的财务指标来进行评价，如业务收入、收支结余等，并且将这些指标同科室及个人利益挂钩。由于医疗信息的不对称性，医院的道德风险增加，存在着诱导需求的现象，致使有些科室或医务人员在利益的驱动下，为病人提供过度的医疗服务。因此，在医院的综合分析评价指标的选择中，应以将财务与非财务指标为主，正确引导医院工作人员努力提高服务质量，重视社会效益，不断满足人民群众的医疗需求。

（二）综合分析应重视资源的利用效率

医院的综合分析应重点关注资源的利用程度，引导科室与员工以最低的耗费，取得最大的经济效益和社会效益。由于医院的性质，医疗保险制度的实施，医疗收费价格的限制，医院收入特点及医疗信息的不对称等因素的影响。要求医院必须通过提高科技水平、工作效率，不断降低医疗成本获取经济效益。因此在医院的综合评价指标的选择中，应重点关注科技水平与工作效率，以及成本等方面指标，以提高医院资源的利用程度。

（三）综合分析应考虑医院管理的复杂性

医院的服务对象主要包括：①治病病人，②开展医学研究，③培训医务人员，④向社区提供健康服务等。随着医学科学的发展，医学模式的转化，医院专业化分工越来越细，技术的要求也越来越高。医院各部门、科室的相互联系、相互协调也越来越密切，医院的管理较为复杂。因此，在综合分析评价医院经济运行时，必须充分考虑医院管理复杂性，综合评价医院业绩。

（四）综合分析应关注医疗费用增长的特点

医疗费用的增长是一个现实问题，无论在发展中国家，还是在发达国家，都面临着医疗费用的过快增长。一般认为造成医疗费用上涨的原因是：①医学科技的发展；②费用支付方式的改变；③新技术、新材料、新药品的应用；④消费者需求的影响；⑤医院管理因素的影响。因此，在分析评价医院的经济运行时，应充分分析病人医疗费用增长的原因，弄清其相应的增长机制，应从服务费用的增长是否能代表资源的有效利用来分析医院的运营业绩。

七、医院经济活动分析报告

经济活动分析报告是医院根据财务及其他有关资料对医院的经济运行进行系统、客观分析的基础上写成的文字报告，作为向上级部门、医院管理者提供决策依据的书面汇报材料。

医院经济分析工作人员，不仅要学会经济活动分析，而且要学会撰写经济活动分析报告。经济活动分析报告是经济活动分析的结果，但分析报告不是分析资料的简单总结，而是对经济活动分析暴露出来的主要问题所做出的实际结论。医院在医疗活动过程中的主要问题是什么，怎样解决，经济活动本身并没有回答这个问题，而是分析人员运用分析资料，进行调查研究的结果。通过分析，达到从感性认识到理性认识的飞跃，这种飞跃，不是在经济活动分析过程中，而是在分析报告中完成的。分析报告中提出的问题，解决问题的方法是否正确，还要通过下一步实践来检验。

经济活动分析报告的撰写要求如下：

第一，标题要简括。标题就是经济活动分析报告的精华缩写，它与主题密切相关。所以，选择主题要简要明确，高度概括地揭示出经济活动分析报告的主题思想，做到题文相符，使人一目了然。标题还要体现经济活动分析的范围或时间。

第二，开头要简要。开头就是经济活动分析报告全篇的引子，又是正文不可分割的部分。通常有两种写法：①简要介绍一定时期的经济活动状况，以此作为分析的依据展开分析。②首先说明作者的观点，然后说明分析对象的经济状况，以此作为分析的依据展开分析。

第三，主题要突出。主题就是经济活动分析报告的纲要，它贯串全篇的始终，成为全文的中心。一篇经济活动分析报告只能有一个主题，其余都是从属的，它们都是为全文中心服务的。

第四，结构要明晰。结构就是经济活动分析报告的支架，是表现分析报告的手段。所以，要求层次分明，条理清晰，前后呼应，顺理成章。各布局之间层层递进、层层深入地联系和分析，环环紧扣，结构严密，体现出相互依存、相互制约、相互联系的因果关系。

第二节　医院经济管理

一、医院经济管理的概述

“医院管理的重要组成包括经济管理，可以说经济管理与医院发展密不可分，也是能让医院在市场竞争中争得一席之地的保障和基础。”① 作为医院管理的重要组成部分，医院经济管理的状况直接影响着医院的生存和发展。目前，在全民医疗卫生保障制度尚不完善，社会主义市场经济建设有待进一步加强，医疗卫生事业改革不完全到位的情况下，作为医院的管理者，只有通过加强医院经济管理工作，完善财务管理和成本核算制度，落实相应的人、财、物管理措施，才能切实解决好当前人民群众关心的重大问题，从而为构建社会主义和谐社会做出贡献。

医院经济管理是指为满足人民群众的医药卫生需求，运用科学、合理的经济手段，严格按照客观经济规律的要求，对医疗机构的经济活动进行有效的计划、组织与实施，并在此过程中开展监督指导和分析核算，合理使用好人力、物力、财力，在提升医疗卫生服务水平的同时增加医院的经济效益，提高工作效率，更好地完成以医疗为中心的医药、教学、科研等各项任务。

（一）医院经济管理的原则

第一，坚持“社会效益”为先原则。医疗卫生事业是社会公益事业，在医院经济管理工作的过程中要严肃处理好“经济效益”与“社会效益”之间的关系，并坚持“社会效益”为先的原则。

第二，坚持突出“质量控制”原则。医疗机构的经济管理工作涉及范围广，数据、信息量较大，在实际工作中必须严格落实好“质量控制”原则，保证经管工作的质量和实效。

第三，坚持可持续发展原则。医院管理者要用具有前瞻性的眼光看待医院的整体发

① 张勇. 现代医院经济管理模式与经济活动分析［J］. 财经界，2021，588（17）：52.

展，确保医院各项经济活动协调、有序发展，坚持“可持续”的发展原则。

第四，坚持实行经济管理和绩效考核挂钩原则。为了进一步加强做好医院经济管理工作的动力，医院管理部门可以将经济管理工作的成果和单位绩效考核挂钩，使医院的经济效益与每个职工的切身利益相关，从而有利于更好地发挥职工的主观能动性，进而促进医院的经管工作。

第五，坚持按经济规律办事的原则。无论在何种形势背景和制度安排下，从事医院经济管理工作时都必须坚持按照客观经济规律办事，不能为了一时的“发展”或短期的“效益”而逆经济规律行事。

（二）医院经济管理的要素

1. 财务管理要素

财务管理无疑是医院经济管理工作的重中之重，财务管理绝不仅仅是单纯的收费管理，而是根据医疗业务和经济管理的需求，在理顺工作流程、优化管理模式的基础上实现临床业务、账务管理和经济决策之间的相互协调，保证收费和服务的一致性。同时也根据实际的收支情况对医院各科室进行成本核算，以便对日常业务和经济决策提出进一步的指导。

2. 物资管理要素

医院的物资管理涉及很多方面，主要包括药品管理、医疗器械管理、医用卫生消耗材料管理、卫生循环使用材料管理、医用库房管理等。其中，最重要的就是药品管理和医疗器械管理。

（1）药品管理。在医疗活动中，药品是必不可少的基础性物资，药品的供给、销售和管理历来就是医院医疗和经济活动中的重要组成部分，在医院的运营成本中占有很大的比重。因此，药品管理是医院经济管理中必须予以重视的问题。

在日常的药品管理中，应重点做好四个方面的工作：①重视与临床沟通，使医务人员及时了解药品的购销信息，做好用药指导；②细化价格管理，及时掌握发展和改革委员会等上级主管部门公布的物价管理信息，严格遵照物价规定，从患者的角度出发，公平、合理定价；③强化库存管理，严格执行药品时点时发制度，实现药品进销存的动态统一；④完善合理用药制度，对临床用药进行监督并进行细致的统计分析，形成药品知识库。

（2）医疗器械管理。医疗器械管理是医院物资管理中的一个重要组成部分，其采购、使用、折旧和报废也是医疗经济活动中的关键环节。使用科学的方法和先进的管理手段对医疗器械进行管理，提高其使用和管理水平，提高医疗机构资金使用效率，获得最佳的经济技术效果，对于医院整个的经济管理工作都有举足轻重的意义。

3. 信息管理要素

医院信息管理是医院整体管理的重要组成部分，涉及医院日常工作的各个方面。它纵向贯串于临床业务、药品管理、财务管理、医疗器械管理等方面；横向贯串于患者在门诊、病区的检查、治疗全过程。

通过做好医院的信息管理，可以达到改善医疗服务质量、提升医院形象和增强医院核心竞争力的目标，这里提到的改善服务质量不仅包括医院对患者服务质量的改善也包括对上级主管单位（卫生局、发展和改革委员会、医保中心等）服务质量的改善。具体而言，通过科学管理理念的引入和先进技术手段的应用，可以达到患者就诊流程规范化、收费价格标准化、医疗活动高效化，有效减少诸如门诊常见的“挂号排队时间长、收费排队时间长、取药排毒时间长、医生看病时间短”的现象和住院常见的现象。并且可以提高医院收费的透明度，患者可以方便地查询到详细的费用清单，减少在窗口的排队次数和等候时间。同时，上级主管机构也可以及时对于医院的医疗活动开展情况和物价执行情况进行有效的监督检查。

加强医院信息管理不但是提高医院工作效率和经济效益的有效途径，而且也是医院信息系统建设的出发点和源动力。医院信息系统的建设与应用是医院管理的系统工程，它以计算机和网络技术为基础，通过各种不断更新与改进的技术手段来促进医院的科学管理和决策。

（三）医院经济管理的特点

在新的时代背景下，随着当前医疗卫生事业改革的不断深入，医院经济管理也呈现出了一些新的特点，主要表现在以下方面：

1. 范围广泛化

医院经济管理，主要是对于门急诊和住院收入等进行基本的查询、统计、汇总和报表编制。但是现在随着医疗机构规模的扩大和全民基本医疗保险工作的不断深入，医院的科室建设、学科建设和临床业务都得到了加强；卫生局、药监局和医保中心等上级医药卫生主管部门对于医疗机构的日常工作和管理也提出了更高的要求，并且制订了越来越多的量化指标作为医疗机构工作考核的依据。这样，一方面医院在日常工作中产生的经济数据量增加，而且涉及范围更加广泛，不仅限于门急诊收费和住院记帐等基本项目，还包括医疗保险费用分解、门急诊次均费用、住院次均费用、病床使用及周转率等新指标；另一方面，医院管理部门对于这些经济数据进行供给、分析、汇总，并利用这些信息指导医院经济决策的难度也明显加大。

2. 数据精确化特点

现代医院经济管理工作中，除了数据量增大以外，对于数据精度的要求也有较大的提高。在传统工作模式下，对于医院经济信息和财务数据的要求可能更多地偏重于总量控制，数据基本可靠，并不严格注重考查数据的精度。而在新形势下，从当前医院经济管理的新要求出发，医疗机构的经济数据不能仅仅是真是可靠，更要精确。例如：对于基本医疗保险患者的起付线、报销封顶金额、不同类别药品的自付比例、一次性卫生材料成本额、单价 500 元以上高值耗材的使用量、抗菌药物使用率等都有精确的要求，这无疑对医院经济管理的质量提出了更高的要求。

3. 决策信息化特点

无论是在过去的传统工作模式下还是在现代化的信息时代，医疗机构的经济决策都是以对于经济数据的分析、处理结果为依据的。但在传统模式下，医院对于经济数据的处理和分析周期通常都比较长，而且所生成的报表和数据结构和复杂度、精确度都有一定的局限性，也就影响了决策的效率。为了适应新时期医院经济管理的新要求，医院管理者需要在更短的时间内掌握更全面、更准确的经济数据，从而对医院经济状况进行更科学的定位并做出更有效的经济决策。

4. 流程标准化特点

在传统的医院经济管理模式下，政策要求和监督强度较低，人为参与的比重可能更多一些，虽然操作起来灵活性强，但是很容易造成工作的条理性差、随意性强，也就更容易造成制度性原则的缺失，从长远角度来看不利于医院的经济管理建设。新时期这种现象有了明显的改观，随着各方面政策要求的加强，医院有必要在经济数据收集、汇总、分析、处理以及决策方面制定规范化的工作流程和管理流程，从而使经济管理工作有的放矢、有章可循。

5. 营销市场化特点

在新时期随着以公有制为主体、多种所有制经济的共同发展，医院的所有制形式也发生了转变，即使是国营公立医院其收入往往也呈现部分国拨、部分自筹的状态。因此，医院进行市场营销的必要性和重要性也就日益突显，而掌握全面、准确的经济数据，拓展多样、高效的营销途径也就成了医院市场营销的重要保障。

6. 人才队伍知识多元化特点

随着社会的发展和各方面工作的不断深入，人们逐渐意识到经济管理是医院管理中的重要系统工程，并非财务工作可以完全代表的。医院经济管理工作中所需要的人才也远不仅仅是财会人员，物流管理、经济学、计算机、法律等方面的人才都扮演着重要的角色。因此，做好现代医院经济管理工作必须具备多元化的人才队伍。

（四）医院经济管理的需要

针对新时期医疗机构经济管理的新特点，医院在具体工作中也逐步提出了与之相适应的需要，主要表现在以下方面：

第一，对于大量数据的收集、汇总、分析和综合处理能力。随着医疗机构规模和业务范围的扩大，医院每天都会产生大量的经济数据信息，要做好经济管理工作，就必须具备对于海量数据的收集、分析和处理能力。

第二，对于经济数据具有高精度、高效率的统计、核算能力由于医院的经济数据繁多而且较为复杂，因此高效率、高精确度的统计核算能力也是必不可少的，这也为医疗机构日常的经济运转和财务报告的编制奠定了基础。

第三，能够根据对于经济数据的分析处理结果进行快速查询，编制详细的报表，有了全面、准确的数据还不够，只有在对这些数据进行分析、处理的基础上，编制出详尽、完善的报表，才能为医院最终的经济决策提供依据。

第四，进一步优化医院各方面的工作流程，制定标准化的工作方法，提高工作的效率和质量。另外，上述三点中提到的对于大量经济数据的汇总、分析、核算等工作，更多地侧重于工作方法和技术手段方面，而提升医院经济管理工作水平的核心应该是整体工作流程的优化和工作质量的提高，这样医院的发展才能顺应时代，进而满足新时期人们对于医疗卫生事业的要求。

第五，拓展营销途径，扩大影响力，创造更多的经济收益。勤俭节约是值得提倡的美德，也是我国医疗机构经济管理工作中一直以来都坚持贯彻的优良传统，但是在“节流”的同时，也要加强“开源”的意识，拓展运营途径（如：网络推广、营利性体检等），从而进一步提高医院的知名度和在业界的话语权，以期实现更高的经济收益。

第六，管理流程应具有更强的灵活性。随着医疗卫生事业的不断发展，各级卫生行政主管部门对于医疗机构的医疗行为和经营活动都提出了更高的要求，特别是各种政策性指标经常会根据实际情况进行必要的变动和调整。因此，医院的管理流程和方法也应该具有一定的灵活性，从而适应更加复杂的工作要求。

综上所述，这些需求在传统工作方式下是很难得到满足的，因此必须寻找一种有效的办法实现医院经济管理的新需求，同时也需要坚实的“硬件”基础作为支撑。

二、医院经济管理的内容

（一）医院预算管理

医院预算管理的首要任务是预算的编制，医院的预算管理作为落实医院战略的具体行动方案，是医院对于未来整体生产经营活动的规划和安排，其目标应与医院发展的目标相一致。而预算管理目标的实现应有助于医院长远战略目标的实现。编制预算就是制定目标和方向，并通过执行使预算管理的目标落到实处，促使医院充分地挖掘与合理利用一切人力、物力和财力，从而取得最大的经济效益，实现医院的管理目标。

在医院全面预算管理体系中，预算分析是全面预算管理的核心内容，是全面预算在编制、执行和评价各个阶段发挥业务管理机制的前提，是对预算管理全过程的分析，通过综合运用各种基本分析方法，对医院业务活动进行事前规划、事中控制及事后分析，为医院业务的全面管理提供分析支持。首先，在确定预算目标后，一方面开展对医院的内部价值链分析和外部价值链分析；另一方面通过对历史数据的深层次挖掘和分析，找到真正有助于医院价值创造的活动、作业或项目，使依据预算分析结果所确定的预算目标能更加有效地支持医院管理目标的实现。其次，辅助预算的编制，预算分析可以判断在医院价值链分析的基础上所做出的相关决策是否合理，进而影响下一次的预算编制，从而能使下一次的预算编制基础更为合理。最后，保障预算的实时控制，在预算执行过程中，通过医院管理信息系统的核算功能与预算功能的相互协调，从而实现自动获取实际发生数，并实现从不同角度进行分析，包括预算与实际对比分析、近几年实际数据的趋势分析、实际业务数据按不同角度进行分析等。通过周密的预算分析，科学确定医院预算管理目标对于医院加强全面预算管理、提高医院的经济效益起着先决作用。

1. 预算分析的作用

预算分析是全面预算管理的重要组成部分，它在全面预算管理中的重要作用表现在以下几个方面：

（1）预防作用。通过对预算的事前分析，可以为预算决策提供依据，提高预算决策的准确性，预防决策失误的发生。

（2）控制作用。通过对预算的事中分析，可以及时发现和纠正预算执行中的偏差和存在的问题，为预算控制提供资料和依据，从而实现预算执行全过程的控制。

（3）评价作用。通过对预算的事后分析，可以总结预算执行的情况和结果，评价医院及各预算执行部门的工作业绩，揭示医院运营活动中存在的问题，总结预算管理工作的经验教训。

（4）辨析作用。通过预算分析，可以分清造成预算执行结果与预算标准之间差异的原因，落实预算差异责任，为预算考评与奖惩提供可靠资料。

（5）促进作用。通过开展预算分析，可以促进各预算执行部门加强预算管理，严格预算执行，挖掘内部潜力，不断完善提高运营管理水平。

2. 预算分析的流程

（1）确定分析对象，明确分析目的。在进行预算分析前，首先确定分析的对象及范围，明确分析目的，熟悉预算分析的相关资料、数据，确保预算分析工作顺利开展。

（2）收集信息，掌握情况。进行预算分析时，必须广泛地收集真实可靠的数据资料进行参考，主要包括内部资料和外部资料。内部资料指有关预算文件中的标准和预算执行情况资料，执行情况资料有赖于相应的信息系统作支持，一般医院都会选择适合本医院具体情况的系统进行支持。外部资料包括影响预算执行结果的相关外部因素的信息变动和相应外部市场的可比信息。例如，医疗服务价格政策的变化、医疗保险政策变化，药品及卫生材料市场价格的变动情况，竞争对手的经营状况等。

（3）对比分析，确定差异。通过预算执行结果与预算标准的对比，可以得到两者之间的差额，然后，采用比率分析法、因素分析法等定量分析法说明预算指标的完成程度，找出差异原因，为进一步的定性分析指明方向。

（4）检查分析，落实责任。通过定量分析和定性分析，认真检查，找出差异的原因，抓住主要矛盾，根据具体情况分析结果形成的原因，找到影响因素，全面系统地进行综合分析，真正地检查出问题所在，将责任具体化，落实到责任单位和个人。

（5）提出措施，改进工作。确定差异、分析原因、落实责任是为了解决预算执行中存在的问题。因此，当找出问题所在之后，就应根据分析的结果，提出加强全面预算编制、执行和控制的具体措施，以提高医院的运营管理水平。

（6）归纳总结，分析报告。归纳总结，就是依据对各项预算执行情况的分析结果进行综合概括，对医院全面预算管理的整个过程及其结果做出正确评价。在预算分析的最后阶段，要根据归纳分析的内容，编写书面的预算执行分析报告。在编写预算执行报告时要注意数据真实可靠、观点鲜明有据、语言简单而质朴。

（二）医院收支管理

1. 医院收入管理

医院收入是指医院在开展医疗服务及其他活动中依法取得的收入。医院收入产生于其开展的业务活动。在开展这些活动时，需要消耗各种资源，为了使各项医疗活动不间断地进行，需要不断地取得补偿，医院取得的补偿包括国家财政补助和向病人收费或医疗保险机构付费，这些都构成了医院收入。在市场经济条件下，医院可以利用暂时闲置的资产对外投资，投资取得的收益也构成医院收入。

医院收入类型及其方法如下：

（1）财政补助收入及其方法。财政补助收入是指按部门预算隶属关系从同级财政部门取得的各类财政补助收入，包括基本支出和项目支出。基本支出补助收入是指由财政部门拨入的符合国家规定的离退休人员经费、政策性亏损补贴等经常性补助收入；项目支出补助收入是指医院由财政部门拨入的主要用于基本建设和设备购置、重点学科发展、承担政府指定公共卫生任务等的专项补助。

财政补助收入分析通常采用趋势分析法和结构分析法。趋势分析法是根据医院连续几年或几个会计期间的财政补助收入数据，运用指数或完成率的计算，确定分析期内财政补助收入的变动情况和趋势的方法，通过趋势分析，反映财政部门对医院补偿情况的变化。结构分析法是通过计算财政补助收入中各明细项目占总收入的比重或结构，反映财政部门对医院补偿侧重点的变化及政策倾斜方向，例如，通过计算基本支出补助收入占财政补助收入比例、项目支出补助收入占财政补助收入比例等指标，反映财政补助收入的构成情况。

（2）医疗收入。医疗收入是指医院开展医疗服务活动，按照现行国家规定的医疗服务项目及所属物价部门制定的项目服务收费标准取得的收入。

医疗收入的总量分析，一方面是对近几个年度或月份进行趋势分析，计算各期间医疗收入增长幅度，评价医院医疗业务的发展趋势；另一方面是根据医疗服务项目进行结构分析，通过计算挂号收入、检查收入、手术收入、材料收入等明细项目占医疗收入的比重，了解医院医疗收入的构成情况。或者通过医疗收入的性质，把医疗收入分为劳务性收入、检查类收入、设施类收入、药品及卫生材料收入。劳务性收入是指向病人提供医疗服务而取得的收入，包括挂号收入、治疗收入、诊查收入、手术收入、护理收入、药事服务费收入等。检查类收入是指借助于医疗设备为病人提供检查、检验服务而取得的收入，包括检查收入、化验收入等。设施类收入是指向病人提供医疗设施服务而取得的收入，如床位收入等。药品及卫生材料收入是指为病人提供药品、卫生材料而取得的收入，包括药品收入、卫生材料收入等。通过四类收入占医疗收入的比重分析，了解医院医疗收入的主要来源，分析医疗收入类型结构是否需要优化，药品收入占比是否合理，医务人员劳动价值是否得到体现等。

对全院医疗收入的分析，一般还包括收入支出关联分析。通过计算药品收入成本比，卫生材料收入成本比等指标，对药品和卫生材料进行收入与支出的关联分析。近年来，随着医改中关于“取消药品加成，实行药品零差价”政策的稳步推进，医院中的药品实行按进价核算。

科室的医疗收入分析，通常进行趋势分析和结构分析。其中临床科室按照开单收入核算，医技科室按照执行收入核算。对各科室近几年或近几个月的收入进行趋势分析，对不同科室占全院总收入的比重进行结构分析。

从收入来源角度分析医疗收入是指通过病人类型、病人地域进行分析。根据病人类型，分为本地医保、外地医保、工伤、一老一小、新农合等；根据病人地域不同，分为本市病人和外地病人，其中外地病人主要来源于哪几个省份。通过这些病人来源的角度，分析医疗收入的取得形式，了解医院业务的辐射范围。

（3）其他收入。其他收入是指医院除医疗收入、财政补助收入、科教项目收入以外的其他收入。包括培训收入、食堂收入、银行存款利息收入、租金收入、投资收益、财产物资盘盈收入、捐赠收入、确实无法支付的应付款项等。其他收入的分析，主要是进行结构分析，根据其他收入科目的核算内容，分别计算各个明细科目金额占其他收入金额的比重，判断其他收入的主要途径和用途。同时，可采用收支关联分析的方式。

2. 医院支出管理

医院支出是指医院为开展医疗服务及其他业务活动所发生的、导致本期净资产减少的经济利益或者服务潜力的流出，包括医疗业务成本、财政项目补助支出、科教项目支出、管理费用和其他支出。医院在开展医疗服务活动过程中，为了取得医疗收入、其他收入等，就必须发生相应的人、财、物等资源耗费。在一般的情况下，医院的支出和收入是相对应而存在的。医院支出代表医院开展医疗业务并取得一定收入或进行其他活动所发生的资源的消耗，具体表现是医院资产的减少或负债的增加。

医院支出类型及其方法如下：

（1）财政支出。财政支出分为财政基本补助支出和项目补助支出。财政项目补助支出是指医院利用财政项目补助收入（包括当年取得的财政补助和以前年度结转或结余的财政补助）安排的项目支出，财政补助支出实际发生额全部计入当期支出。

分析财政项目补助支出，除了同财政项目补助收入一样进行趋势分析和结构分析外，更多的是关注财政项目补助支出的预决算数据对比，特别是分析各明细项目的支出进度及预计完成情况。近年来，随着政府部门对财政资金的要求越来越严格，对财政资金的支出进度、支出合理率、资金使用效果等内容加强绩效考核，因此，医院在日常工作中，必须定期对财政项目补助支出进行进度分析，提高预算编制时绩效管理意识，加强预算申报的计划性，提高财政资金的使用效果。

以财政项目补助支出中设备购置类项目为例，根据政府采购相关制度要求，一般的设备购置需要经过网上立项、招标准备、招标公告、开标、中标公示、合同签订、付款、安装验收、设备上账、财务入账等流程。为了对项目资金使用情况进行实时监控，医院可以借助信息系统进行管理，按照设备购置项目预计采购的设备明细，设置各项采购流程的时间节点，对实际执行中超出预计时间节点的步骤进行监控预警，以确保财政资金的执行进度。

同时，还要对财政项目资金的使用合理性和使用效果进行分析评价。严格按照各项目预算批复文件中核定要求，专款专用、款尽其用，如需调整应履行审批手续。对财政资金购置的大型设备，开展单台设备成本核算工作，掌握设备利用效率，提高资金使用效果。

（2）医疗支出。医疗支出包含医疗业务成本和管理费用，医疗业务成本是指医院开展医疗服务及其辅助活动发生的费用，包括人员经费、耗用的药品及卫生材料费、固定资产折旧费、无形资产摊销费、提取医疗风险基金和其他费用，不包括财政补助收入和科教项目收入形成的固定资产折旧和无形资产摊销。医疗业务成本是医院为了提供医疗服务而发生，按照成本项目、医疗科室等进行归集的直接费用。管理费用是指医院行政及后勤管理部门为组织、管理医疗、科研、教学业务活动所发生的各项费用，包括医院行政及后勤管理部门发生的人员经费、公用经费、资产折旧（摊销）费等费用，以及医院统一负担的离退休人员经费、坏账损失、银行借款利息支出、银行手续费支出、汇兑损益、聘请中介机构费、印花税、房产税、车船使用税等。管理费用属于期间费用，即为医院发生的、不能合理地归属于具体项目或对象，而只能按照一定会计期间归集的费用。

第一，分析方法。医疗支出的分析，通常进行趋势分析、结构分析、因素分析和关联分析等。医疗支出的趋势分析是指根据连续几年或几个会计期间的支出数据，运用指数或完成率的计算，反映医疗支出的趋势变化及费用控制效果。例如，根据近五年医院医疗支出总数和各明细项目数据，计算每年医疗支出增长率，了解医院医疗支出的增长幅度，并根据明细数据的增长幅度，分析判断医疗支出增长的主要影响因素。

医疗支出的结构分析是指通过计算医疗支出中各明细项目占总支出的比重，反映医疗支出的构成情况；医疗支出的因素分析是指分析单价、用量对支出的影响程度；医疗支出的关联分析是指将某类医疗项目收入及其对应的医疗支出进行对比，通过计算成本收入比率的方式，反映收入与支出的配比情况。

第二，分析维度。医疗支出分析，通常根据医疗支出总量及其明细项目，逐级分解，逐一进行趋势分析和结构分析。首先分析医疗支出总量近几个期间的变动趋势，计算医疗支出的增长幅度。再按医疗支出的七大类明细项目逐一分解，分别计算人员支出、卫生材料费、药品费、固定资产折旧费、无形资产摊销费、提取医疗风险基金、其他费用占医疗支出的比重及近几个会计期间的增长幅度，并计算各明细项目的增长幅度占医疗支出增长幅度的比重，根据增长幅度的占比判断医疗支出增长的主要原因。

人员支出的分析，主要结合工资总额、社保缴费、离退休费等进行趋势分析。首先将人员支出按照工资总额项目、五险一金、离退休费、其他人员支出等进行归类汇总。其中，工资总额项目可以根据实际发放情况进行简单归类，如基本工资、绩效奖励、先进科室奖励等，通过近几个会计期间各项目的增减变动情况，了解人员支出的主要增长原因。

卫生材料费和药品费的分析，主要结合科室领用情况及物品单价进行趋势分析。根据库存系统中各科室领用明细的统计，了解领用物品明显增加的科室分布及物品明细；另外，对各项物品单价进行统计，对单价增长过高的物品特别关注，避免卫生材料费和药品费的不合理增长。

固定资产折旧费及无形资产摊销费的分析，主要进行趋势分析。由于折旧摊销政策的固定性，以及医院一般采用的直线折旧法计提折旧，因此每期的固定资产折旧费和无形资产摊销费变动幅度不大。

其他费用的分析，由于其明细科目较多，在分析时往往根据明细科目逐个分析。水费、电费、取暖费等能源消耗费用，一般根据用量和单价进行因素分析，了解费用增长的主要因素是由于用量的增长还是单价的增长，从而有针对性地提出费用控制措施。福利费、工会经费等人员相关费用，由于是按照工资总额的比例计提的，因此一般根据工资总额的变动幅度进行分析。因公出国（境）费用、公务接待费、公务用车运行维护费这三项，属于需要严格控制的项目，一般根据上年度数和预算数逐笔分析。

（3）其他支出。其他支出指医院本期发生的，无法归属到医疗业务成本、财政项目补助支出、科教项目支出、管理费用中的支出。包括培训支出，食堂提供服务发生的支出，出租固定资产的折旧费，营业税、城市维护建设税、教育费附加等税费，财产物资盘亏或毁损损失，捐赠支出，罚没支出等。

其他支出的分析，首先进行结构分析，根据其他支出科目的核算内容，分别计算各个明细科目金额占其他支出金额的比重，判断其他支出的主要途径和用途。

另外，根据“收支两条线”的要求，为加强医院其他收入支出的合理合法性，将取得的其他收入和发生的其他支出分别记账，因此，在对其他支出进行分析时，可以采用支出关联分析的方式。

（三）医院成本管理

1. 科室成本分析

科室的首要任务是为社会人群提供医疗服务，科室也是医院实施管理的基础。科室的效率与资源的转化能力影响着医院的发展，在医院运营过程中承担的任务可以分为三类：①与医疗活动有关的创新任务：创造新的服务与技术，确定新的服务顾客，想办法增加对潜在病人的吸引力，以及使新的服务与技术得到承认。②与将投入资源转化为服务的有关的医疗活动。③与把服务转让给病人的有关的营销任务。

由于科室的特征及其在决策、资源使用的重要性，对于科室的运行必须施加影响，这些影响来自医院对科室的管理、资源的配置、规模等方面。管理的目的在于控制科室的成本、可持续发展、核心竞争力的提升。因此，科室的成本是医院管理和科室管理共同作用的结果，分析科室成本差异的原因，一方面可以判定医院对于科室的管理是否存在问题；

另一方面可以探讨优秀绩效科室的特质，有利于帮助医院寻求有效的管理模式与方法。

科室成本分析的目的是帮助卫生主管部门和医院管理者了解医疗机构成本状况，为做出相关决策和提高医院管理水平服务。通过分析成本可以揭示成本消耗现状，认识成本变动规律，寻求成本控制的途径，努力降低医疗服务成本，提高医院的社会效益和经济效益，促使医院走优质、高效、低耗的可持续发展之路。

2. 医疗服务项目成本分析

医疗服务项目成本核算是以各科室开展的医疗服务项目为对象，归集和分配各项支出，计算出各项单位成本的过程。在医疗服务项目核算办法上，是将临床服务类科室、医疗技术类科室和医疗辅助类科室的医疗成本向其提供的医疗服务项目进行归集和分摊，分摊参数可采用各项收入比、工作量等。

（1）项目直接成本的归集。项目直接成本的归集是指收集可直接归集到各医疗服务项目的费用，如人员经费、卫生材料费等。

（2）项目其他成本的分摊。项目其他成本的分摊是指将项目开展科室的医疗成本按照一定方法分摊至服务项目。一般来说，成本分摊系数包括收入分配系数、工作量分配系数和操作时间分配系数。

（四）医院资金管理

1. 医院资金来源

（1）门诊医疗收入。门诊医疗收入主要是医院在门诊医疗服务活动中向病人收取的药品费、检查费、治疗费等费用。收费形式主要有现金结算、银行卡、医疗保险卡刷卡结算。现在，大部分医院已采用计算机规范化收费，手工发票仅用于应急备用方式。

（2）住院医疗收入。住院医疗收入主要是医院在住院医疗服务活动中向病人收取的药品费、检查费、治疗费等费用。收费形式有现金结算、医疗保险卡刷卡、银行卡刷卡、转账结算等方式。

（3）国家财政拨款。现阶段大部分医院属于非营利性医院，财政拨款主要用于人员经费开支、基础设施改造及发展规模建设以及公共卫生服务项目等。

（4）银行贷款及融资资金。医院为了自身业务的发展和新项目的开展，也会积极向银行或融资公司等金融机构借贷资金，形成医院的借款或融资款。

（5）引进资金。为了寻求合作与发展，进一步扩大区域服务范围，引进资金投资新技术新项目。按比例或按股投入、分期或分成归还本息，利益共享，风险共担的资金筹集方式。

（6）其他资金。如社会捐赠、引进外资等资金筹集方式进行设备购置、项目研发、基础设施改造等。

2. 流动资金分析

流动资金是控制风险高的资产。医院保持的流动资金必须足以保证现金支付能力，否则就可能承受较大的财务风险。流动资金是医院为进行正常的运营，用于购买药品材料、支付人员薪酬及其他经营费用等必不可少的周转资金。流动资金具有周转期短、易于变现的特点，是财务管理的一项重要内容。

流动资金具有预防功能，流动资金的动态信息可以为预测医院未来的财务状况提供可靠的数据。因此。加强对流动资金的管理，充分发挥现金流量表的预警作用，披露现金的来龙去脉及现金余额变动的会计信息，有助于预测医院未来的财务状况。

医院流动资金分析的内容如下：

（1）统筹把握全局，合理调配资金医院通过内部系统的相互牵制从而形成双向监督，合理分工。其中，门诊部、住院部、医疗保险结算处、采购等现金流动性较大的部门，可以实行定额备用金周转制动，由财务部统一考查定额，根据资金流向和动向，适时灵活地予以调配；在分院的现金管理中，形成统一的预算管理制度，做到"收支两条线"，所有收入统一上缴医院总部，特别是针对有些分院私设银行账户的情况，要彻底清查并明令禁止。

在财务审查时，建立严格的稽核制度。通过原始凭证的核对，而不仅仅是报表间的核对，健全日记账制度，做到日清月结，账实相符。同时，为确保稽核工作的真实高效，医院必须对稽核人员进行严格审查把关，建立一支业务能力好、思想素质高的稽核队伍，避免白条顶库、套取现金、公款私用的现象。

（2）明确现金类型，加速资金周转。现金的特点是流动性大，如果不重视，就将出现漏洞，容易产生不良的情况。因此，确立岗位职责就是要将收费的各环节部门的职能以制度形式明确要求，对现金管理进行明确分类，在制度完善的基础上实行奖惩制。①需要严格控制结算资金的占用，及时清理初结算往来款项，防止不合理的资金占用，减少资金流失，增加资金流入。②在医疗应收款项上，要及时按月向医疗保险部门核对、结账，避免拖欠。出现病人欠费的情况，要实地调查清楚后进行催缴工作，对于情况较复杂的，应该按照有关程序批准核销。最后，储备资金的预备要因时而异。随时根据库存物资，药品材料的储备情况进行报备，在最大限度满足一线医药用品的基础上，最大限度地降低储备定额，减少不必要的预支。同时，要善于运用现代物流的配送方式，在采购种类、运送方式上开源节流，与时俱进。凡因清理不及时所造成的呆账、坏账损失，要追究当事人的个人责任，并查清原因，分辨实际情况，报经有关领导批准后，适当进行处理。

（3）借力银行信用融资，增大可支配现金。为加强医院对现金的管理，除了加强制度、人员、稽查等内部管理外，还可以通过加强与外部的联通，刺激现金的预支和流通，保证可支配现金的使用。近年来，随着医院对外业务思想的提升及银行对外业务的拓展，医院的信用贷款已成为一种新趋势。医院方可利用自身的商业信用和银行信用，通过办理银行承兑汇票的方式，减少对外采购中现金的支付。由于办理银行承兑汇票不需要银行动用现金，不管对于银行还是医院来说，手续方便高效。只要医院和药品、器材供应商拥有购销合同，一般情况下医院在缴纳一定比例的保证金后即可办理，根据医院的信誉和不同银行规定，一般保证金的比例为30%~50%，期限一般在半年。其实，在银行扶持政策的大背景下，医院可以借助更多手段强化现金管理。如进行短期融资或中长期融资，都逐步成为医院调节可支配现金流量的参考方式。

（4）加强对固定资产投资过程中现金流量的管理和控制。随着医学水平的不断提升，医疗器械的购置和使用成为现金使用的一个重要支出。然而，根据各个医院医生配备、人员水平的不同，类似医疗设备的固定资产投资也应当有的放矢。在必要时，根据医院实际医疗水平进行采购，不应该盲目跟风或追求新科技。在固定资产投资中，应强调“可持续发展”原则，在不断提高医疗服务水平的基础上，分类调研所需设备的损耗程度，如实上报医疗设备利用率，减少不必要的固定资产开支，避免重复采购、半闲置设备出现。特别在医院购置更新大型、高精设备前应对其设备的使用率、社会效益和经济效益情况进行分析，在有了充分的市场调研、预测分析和专家论证的基础上，通过正常程序上报审批、公开招投标。

3. 专项资金分析

专项资金是国家或有关部门下拨的具有专门指定用途或特殊用途的资金。医院的财政专项资金是为促进医疗卫生事业发展，完善医疗服务项目，完成公共医疗服务任务，由财政统一安排，在一定时间内具有指定用途与绩效目标的资金。这种资金，主要有公共卫生保障资金、重点学科、专科建设资金、科研专项资金、基本建设资金和医疗仪器设备购置专项资金等。专项资金特点：一是来源渠道多；二是用于特定事项，且专款专用；三是需要单独核算；四是时效性强。

医院的补偿主要来源于财政补助、医疗服务收费和药品加成等三个渠道。根据医改方案，推进医药分开，逐步取消药品加成政策，将医院补偿由服务收费、药品加成和财政补助三个渠道改为服务收费和财政补助两个渠道。专项资金在医疗事业经费中所占的比例越来越高，对医院专项资金采取必要的措施和方法，管好用好专项资金成为医院提高资金使用效益的关键。

第三节　医院审计与内部优化

医院成立专门的内部审计部门，逐步建立起医院内部审计制度，对医院其他职能部门产生的经济活动进行监督，以确保相关经济活动是符合规定的。医院内部审计也因此具备经济监督的职能。医院内部控制是其为实现控制目标，通过制定、实施相关制度，调整相关信息，使其可以趋近于预算目标，确保财务信息完整，从而防范经济活动可能发生的风险。同时促进医院可以提高资金使用效率以及经济效益，促进医院内部各部门的沟通。通过实施内部控制能够实现对各部门进行监管，并能及时发现风险并采取相应措施，减少损失。因此，医院的内部控制建设是我国事业单位发展过程中的必然需要，医院内部审计优化策如下：

一、规范内部审计计划

（一）提升对审计工作的重视程度

在医院的改革发展及运营管理阶段，相关人员应当科学化地使用审计报告，进一步优化经济管理工作，提升医院综合管理效能。新形势环境下，医院要提出以审计工作促进经济运行管理的全新理念，提升对审计工作的重视度，确保科学的监督管控。①关注医院如何执行审计工作，落实医院审计机制，完善监督体系，提升人员素质，显著提升医院经济管理审计成效。②医院需要促进内部审计机制与各项管理活动融合互促，加强各个部门支持协调审计工作顺利进行。在做好医院内部管理工作的同时，及时发现存在的问题，结合审计报告提出整改策略，实现规范化运行目标。

（二）突出重点

医院内部审计工作，要站在医院发展的前沿，立足于纵观全局的基础上，紧扣当前政策、医院决策，突出医院内部审计的重点，尽可能地对被审计的部门或科室面临的问题提供切实可行的对策或意见。为医院加强管理、完善决策机制提供分析、决策依据。我们不妨回顾，他们设立审计联席会议制，定期召开审计联席会议，对于政府出台的重大政策能够通过审计联席会议进行分析、讨论，并结合医院的实际情况，及时调整并把重大政策的执行情况纳入医院审计计划中，通过内部审计形成审计报告，为医院管理层做出重大决定出谋划策。因此，医院内部审计部门在制订内部审计计划之初，便要梳理思路，做到适应形势突出重点。

（三）适应形势及时调整

医院内部审计部门，应当在进行学术交流，或者经验研讨时，能够学习行业标杆医院的成熟经验与做法，在制订内部审计计划时，能够留有余地，能够有预见性。比如，面对重大政策出台，医院管理层需要了解涉及到医院自身部分的执行情况，及时召开联席会议，及时调整补充审计计划，为医院管理层及时提供决策依据，在深化医疗体制改革，促进廉政建设，加强财务管理，提高经济效益，反馈重大政策执行情况等方面，真正起到了经济卫士和参谋助手的作用。

二、规范内部审计工作内容

（一）实施保障

内部审计部门在医院的地位依赖于医院主要负责人对内部审计的重视程度，同样应受重视的还有对内部审计结果的运用情况。上级卫生主管部门可以通过宣传的力量，引起各家医院对于医院内部审计工作的重视，强调审计中发现的问题，如有必要可以通过通报，甚至召开会议进行警示。对医院内部审计工作中发现的重大问题，要对医院相关部门或科室的负责人承担相应责任，引起医院主要负责人的关注和重视，并在全院范围内进行反思，为医院的内部审计工作打下坚实基础。

为了实现医院内部审计既定的目标，医院的管理层必须承担起执行内部控制的责任，同时对相应的评估机制也要展开。医院内部优秀的控制环境，离不开医院管理层对内部审计制度的重视，还要将这种责任意识要贯串于每一个医务工作者身上。可以邀请相关行业的专家对各级医院管理干部灌输先进的管理理念、成熟的管理方法等，经常性地举办各类专题讲座或培训。通过学习曾经因犯下严重错误导致损失惨重的典型案例，也许可以起到令人意外的效果，令医院各级管理干部引起反思，认识到医院稳健运营的重要性，要让成熟完善的制度建设和内部控制体系意识在医院管理层得以发展，按照规定正确处理各项业务并达到相应标准，只有相关职责切实的履行到位，内部审计的实施才能真正得以落到实处。

（二）结果要及时反馈整改得当

审计成果是指，审计小组在实施审计的过程中，通过对被审计部门的深入了解，取得了充分的证据之后，形成的审计意见与建议。医院内部审计部门还应建立行之有效的后续审计制度，对被整改的情况进行追踪，通过追踪来判断整改是否真实有效，确保采取的措施行之有效，从而在源头上纠正发现的问题，在最大程度上把风险防范于未然。

（三）重视审计报告的作用

审计报告对医院经济运行管理的帮助作用如下：

1. 提升医院经济管理水平

新医疗体制改革的背景下，医疗卫生体制不断优化与改革，促进医疗卫生体制朝市场化的方向发展，医院也面临十分严峻的竞争环境。对于医院来说，不单要进一步提升医疗质量和服务质量，也需要加强经济运行管理活动的把控力度，提升综合经济效益，这会在一定程度上给医院的发展带来挑战。医院不断探究如何做好内部管理工作，就需要在经济管理活动中开展内部审计工作，并同时提高医院的经营管理绩效。在形成医院良好风险意识的同时从审计角度进行分析，做好医院经营管理的风险管控工作。结合医院本身的风险与问题，提出建设性较强的审计意见，以此为医院风险管理工作的开展提供良好的保障。

2. 提升医院的经营利润

对于医院的发展与建设来说，应当结合公共卫生管理部门的要求，加强医院各项经费的把控力度，做好专项财政预算编制的工作。基于行业持续发展的条件下，各项医疗服务也需要获得现代化医疗设备、药品的支持，并显著提升医院综合医疗水平。虽然医院的多项技术、资源较为丰富，但是在技术资源上，医疗物资、管理资源匹配方面还会受到多种因素的影响。而在医院的经济管理阶段，需要建立完善的审计机制，通过内部审计的独立工作视角，优化内部管理机制，规范管理行为，严格落实管理制度，对医院的资源进行合理化的分配与改善。在提升医院管理科学性的同时，创造更高的经济利益。

总之，医院应积极借助内部审计报告这个有力的抓手，促进内部监督管理工作改革、促进经济运行管理精细化，在提高医院医疗服务水平的基础上，营造健康积极的内部审计监督工作环境。此外，通过对医院审计报告需要解决的问题分析，找准关键性问题与相应的改进策略，有助于医院以审计报告持续推动经济运行管理，加强内部控制力度，避免出现医院内部管控缺失的风险问题，实现医院稳定发展的长远目标。

三、提升业务权限积累经验

（一）规范审计业务范围提升业务权限

在经历了医院综合改革后，医院因向社会提供卫生医疗服务，医院的经营规模、管理水平、医疗服务水平等方面备受关注，在医院开展内部审计是政府规范医院运行经营的需要，是经营者加强管理的需要也是公众监管医院的需要。内部审计要如实反映在日常经营活动中遇到的问题，要客观寻找制度建设中存在的缺陷，这就要求内部审计需要具备足够的独立性。

只有保证足够的独立性才能客观公正的进行监督，但是目前，医院内部审计独立性得不到保证的一个重要原因就是医院经营者对内部审计不够重视。因此，想改变当前医院独立性不足的现状，必须要让医院管理层在认识上发生根本的转变，医院管理层应该充分认识到内部审计防范风险的作用，通过对医院内部控制的持续跟踪，对医院日常经济活动的监督，对医院日常经营风险的评估，及时向医院经营者提出建议，医院管理层才得以根据这些建议做出决策，医院管理层要给予医院内部审计部门足够的权限，为医院内部审计工作的开展创造良好条件。

医院在实际的日常经营活动中，往往因为业务复杂，医院内部审计的工作量和所需数据量巨大，需要关注的范围涵盖许多方面，但目前而言，多数医院因为审计部门人员配备严重不足，很难做到审计范围全覆盖，这就难以保障医院经营的效益性。因此，医院有必要积极配备审计人员，不断探索社会审计的新思路、新方法，对于医院基建工程决算、财务年报决算等常规性工作，可以不断积累和探索对外购买审计服务方案的可行性，委托中介组织开展工作，使医院内部审计的工作人员能够腾出人力、物力，放在对医院经营管理和决策有更重大影响的事项中来。

（二）让内部审计负责人参与到重要决策中来

新一轮的医院改革日益深入，医院等为代表的医疗机构将在市场经济的影响下，朝着多元化发展，随着整体环境的改变，医院必须及时制定出一套较为完善的风险防范体系，医院内部审计部门作为医院的一部分，本身就发挥着约束机制的作用，成为医院风险防范体系中不可或缺的组成部分。

在现行市场条件下，医院运行环境日益复杂，医院在风险管理上的工作难度加大，医院的持续经营能力有很大的不确定因素，一项错误的经济决策甚至有可能导致医院破产、兼并或重组，因此，内部审计部门要用长远的眼光进行监督，需要结合一定的工作经验，不能着眼当下，被数字、报表等蒙蔽了深层次的问题，更重要的是通过发现的问题，追根溯源查找出内控制度存在的不足，或者是内部审计工作流程中存在的纰漏。如何完善内部控制制度，防止再次出现类似违规情况的发生，这值得医院审计机构负责人去深思。

通过翻阅国内外相关领域的文献资料，并结合我国医疗卫生行业的特点来看，医院内部审计的重点涵盖了药品、医疗设备的采购、库存物资和固定资产的管理等方面。由于医院的成本控制和效益管理受到采购行为的直接影响，通过一系列的审计计划，例如，医院采购计划审计、医院采购询价过程审计、医院采购合同执行与结算情况等审计，能够有效规避经营活动中可能出现的风险，取得良好的实际意义。因此，各级医院内部审计机构负责人都要参与到医院的重大经济决策中来，对发生或即将发生的经济业务进行审计，查看是否有违规采购，是否有实物与账目不符等情况。对医疗设备和办公用品的采购也要严格控制，防止因商业贿赂、虚抬物价等手段导致采购环节出现舞弊的情况。

四、加强内部审计人员职业培训

医院在开展经济管理审计的过程中，需要更加关注引进与培养专业的审计人员。医院要面向高校、社会，广泛吸取专业性审计人员，不断优化医院人员构成，并且以专业性的视角分析，对医院审计工作进行规范化管控。在此基础上，需要切实做好审计人员专业技能培训工作，对我国审计方法进行分析，还要对审计政策的变化有清晰的了解，帮助审计人员汲取新的思想，为医院内部审计工作的开展与审计报告的编制提供关键依据。此外，审计人员需要本着客观性、谨慎性的原则，认真对待自身的工作，整合审计信息，出具真实、可靠的审计报告，进而为医院经济管理工作的开展做好铺垫。

（一）重视内部审计部门职业道德的培养

建立起一整套成熟完善的内部控制制度，必须深入学习贯彻国家相关政策、法规的常态机制。只有制度规范化，流程标准化，才能从源头上杜绝违规违纪的发生，这就要求医院相关业务的处理都应该按照既定的程序进行，一套健全的内部控制可以提升医院经营效率，约束医院工作人员，提高人员自身素质和服务意识。

医院需重视职业道德的培养，通过经常性的学习培训，组织相关部门的工作人员对先进典型的学习，也能够提高人员的积极性，通过对职业道德的学习能够使人员懂得工作岗位无贵贱，有效地明确各个岗位之间的职权划分，并且形成一种良性竞争氛围，提高工作人员的工作热情，让人员在本职岗位上工作时更加有责任心，提升医院整体医疗服务水平，增加群众就医满意度，能够在经济效益增加的同时在社会效益上也有所收获。

（二）开展定期、不定期的技能与知识培训

医院内部审计工作的开展，受政策法规影响较强，在日常进行内部审计工作时，需要具有丰富的专业知识、一定的专业技能，并能够对日常工作进行不断的总结和积累，在出具审计意见时，还往往需要结合自身实际的工作经验和对被审计部门或科室的全面了解，才能真实客观地给出审计意见，也便于后期被审计部门或科室能及时合理的查找问题进行整改。因此，为了提升内部审计部门工作人员的业务能力和工作水平，应当制订较为全面

的学习计划，组织培训讲座或学术交流研讨会，应当通过不同的形式、多渠道开展业务学习。

医院内部审计的目的在于帮助医院防范经营风险，通过医院层面可以定期组织，医院管理层、审计、财务人员参加有针对性的培训；邀请审计领域的专家学者进行学术研讨；组织医院内部审计人员赴同行业标杆医院进行经验交流，业务学习，分享遭遇的新问题、新挑战，得出的新方法、新技术。医院能够重视内部审计，共同营造良好的制度环境。内部审计工作的顺利开展，需要医院内部审计团队与时俱进。

（三）招聘多专业高水平复合型人才提升内部审计水平

医院要求内部审计队伍有较强的业务能力水平，同时具备较高的综合素质，当前国内大多数的医院内部审计部门在招聘时，不仅对学历、资质有硬性的规定，还要求能掌握多门专业知识，能够熟练操作计算机，有些大型综合类三甲医院还要求熟练掌握一到两门外语。在国外卫生医疗行业中，内部审计部门向领域内的许多输送了大批的综合性管理人才，内部审计部门几乎是培养综合性管理人才的摇篮，相关人员要是不具备较强的文字和沟通等技巧，没有足够的管理水平和实践经验很可能无法进入内部审计部门工作，即便是选拔高层管理人员，也优先考虑有内部审计工作经历的人员。由此我们不难发现，内部审计工作对相关从业人员提出了较高的标准和要求，要求进入领域内的从业者具有较全面的综合素质。

只有一支人员数量足、业务水平高、综合素质强的内部审计团队，医院内部审计的作用才能得到体现。随着医院经营规模的不断扩大，医院内部审计的工作范围已经开始多元化，这就对审计人员提出了更高的要求，医院在扩充内部审计团队时，更应该注重优先挑选拥有多种专业知识、取得多种执照或证书的复合型人才。引进的人才也能让医院内部审计部门产生新的活力，让内部审计部门的人员有危机意识，自觉进行专业技术的再教育，实现人员业务能力水平的全面提高，为医院长远发展保驾护航。

五、改善审计内部环境

医院应当形成良好的内部管控意识，进一步提升经济运行管理人员的综合素养。医院通过组织人员专业培训、技能训练等，提升其业务水平，使其了解相关的规章制度，促进各岗位管理人员树立全院内控意识，做好事前风险评估、事中延伸管理，能积极配合审计部门做好全过程监督工作。例如：医疗设备采购管理、大型项目管理、财务管理等人员都应该树立审计防控意识，成为优秀的高素质人才。

另外，医院还需要建立可靠性较强的预算制度，做好不同部门预算报告的审核工作，实现科学、合理、务实的核心目标，进而切实提升公众参与度，做好全员预算工作，做好优化管理工作。在此基础上，做好预算执行情况的分析与抽查工作，促进员工实际薪资与预算执行情况的融合，达成奖惩合一的基础目标，有效激发员工的主观能动性，确保预算工作顺利执行。

六、优化内部审计机制

新医改环境下，医院做好经济管理工作，应当摒除传统的审计思路，充分发挥审计工作的基本职能，优化内部审计机制。基于此，医院在开展经济管理工作中，需要建设独立的审计部门，还要落实医院内部审计标准，完善管理制度，梳理内部审计流程，提升审计执行效率。医院开展审计工作，需要确保公开性与透明性，开展独立性、客观性的审计工作，规避外部因素的影响。另外，进一步优化创新医院内部审计形式，合理化引入网络工具、信息工具，提出医院合理的审计方法，显著提升审计成效。

七、加强医院内部审计的主要方法

第一，财务管理的精细化。在医院的日常管理工作中，医疗改革所提出的要求和层次都更加严格，所以这对医院来讲也是一个全新的挑战，所以在日常的管理过程中，医院在财务方面也就会面临着很多不能预测的风险。医院就要加强对自身经济发展效益的管理，对财务内部管理则采取精细化措施来降低医院在发展过程中的成本。并且适度地对医院资金安排进行调整，提高医院的资金利用率，从而在根本上提高医疗改革的实际价值。

第二，资金的筹集要合理。随着市场的竞争日益激烈化，医院在管理方面其科技水平和医疗器械的发展也在不断的创新和进步，所以随着医院环境的改善，医院面积的不断增大，床位的不断增多，都会在一定的程度上加大医院的经济压力，所以加强医院的经济收入也是医院发展的重要方面，这就要在医院的自行筹集资金方面重点强化。如果医院在发展过程中只靠自身的资金筹集，那么它将不能实现医疗改革的目标。即使是政府定期向它拨款，也不能满足医院医疗改革资金的需求，所以医院也要对资金的筹集进行合理的管理，并且筹集的资金渠道要正常，如贷款、开发商赞助等。

第三，加强医院的成本核算。在市场经济发展的过程中，医院在发展中不仅要提高自身的经济实力，还要提高自己在经济发展中的核算成本能力，从而确保在医院发展过程中的运行正常性。医院在财务内部审计管理方面要采取先进的管理技术，运用二级核算，将医院各个科室的成本进行运算，尽量让各个科室的成本和实际发生的资金成本达成一致。另外，医院在成本的运算方面还要对其进行精细化的核算，精细到各个科室的各个项目，直到医院诊疗的各个项目结束为止。并且，将其核算具体的耗材，购买方面，出库入库方面以及报废的各个用品的处理环节中。在各个环节中也要安排专门的财务负责人员，负责医院的财务管理的各项资金去向，使之更加详细，让医院领导能够一目了然，明确把握，从而更好地对医院的财务管理进行调整。

八、强化内部活动和信息沟通管理

第一，对医院的经济运行活动进行有效控制。结合医院实际的财务情况、采购情况、物资管理情况等，完善各项管理制度，促进内部管控制度落到实处。通过对医院经营活动的管控，对各项经济活动范围进行把控，还需要做好投资、筹资活动的审批工作，并提升对外投资所创造的效益，做好固定资产管理工作。在大型医疗设备采购的过程中，确保实地考察工作到位，避免出现盲目采购的情况。在做好招投标、采购流程管理的基础上，梳理整个采购流程，促进各个部门分工协作。

第二，建设医院财务信息系统，并加快信息的共享与传递速度。在了解医院部门基本职责后，促进会计、审计、财务部门的协作，以此为领导层做出决策提供关键依据。在促进各个部门信息沟通的同时，发挥强有力的内控风险管理能力，减少医院成本消耗。

第三，医院还需要做好固定资产的管理工作，要确保资产管理、采购、资产利用与维护工作落到实处。对主要采购的商品及材料，管理层需要做好共同管理与签署工作，同时搭建对大型医疗设备系统维护的核心技术。要想确保持续性与先进性，就需要利用固定资产盘点系统，每隔半年或是一年进行一次盘点，建立数据库创建资本账户，及时发现存在的问题及问题成因，正确实施各项管理工作。

九、细化监督程序和监督力度

医院要想做好内部监督工作，就必须做好内部审计工作，以便顺利达成医院的经营发展目标。在此基础上，促进内部管控评价工作的开展，践行各项经济活动的管理目标，编制内部控制评价报告。在做好相关部门监督检查工作、经济问责制的同时，促进基金、采购等多项审计活动的开展。以资产报废审批制度、财务预算制度等管理制度为基础，做好固定资产、财务管理、药品耗材等的监督审查工作，确保管理活动顺利进行，及时洞察医院管理中的不足之处，落实科学化、现代化的解决方案，从根源上规避风险问题的发生。

第四节　新时代医院经济管理与审计的实际应用

“在医院经济管理体系中，内部审计工作具有重要的意义，有利于医院内部财政部门的管理和控制，使医院健康发展。”① 新时代下医院经济管理内部审计工作的落实要树立明确的目标，采取科学的规范政策，弥补医院经济管理中的缺陷和问题。

一、医院经济管理中内部审计的作用

内部审计在经济管理中发挥了重要的作用，直接影响到医院经济管理效果，关系到审计工作的有效开展，影响工作的效率与质量，由此可见，研究内部审计在医院经济管理中的重要的作用非常必要。第一，加强内部审计，有助于防范经济类犯罪。近些年，医疗卫生体制改革不断深化，经济管理工作发生了巨变，在工作理念上、工作方式上以及工作方法上都发生了较大的变化，作为转型的关键期，可能产生一些违反行为，给予不法分子可乘之机，为对这些问题进行防范，需要发挥内部审计的重要作用，加强内部审计，保障内部审计功能的发挥，做好警戒工作，利用内部审计进行检查与监督，尽早发现安全隐患，解决存在的问题。第二，加强内部审计，提高监管效果，弥补监管不力问题。在医院日常监管中，需要合理利用经济、行政以及法律手段，还需要通过内部审计进行调整优化，发挥内部审计的审核与监督工作，将内部审计的监管功效渗透到各个环节，发挥其重要作用，确保财产的安全性，降低违法乱纪现象的产生。

二、新时代医院经济管理与审计的变化

新时代下内部审计在医院经济管理中的应用，有利于为医院管理层的经营决策提供科学的指导，医院管理层可以根据审计结果和信息，完善医院内部的组织规划、资源调配以及各方面经济决策，保证医院经营管理的高效和规范，通过内部审计的监督和控制及时弥补医院运营管理中存在的风险，改善医院经营管理中的薄弱环节，更好地健全医院内部的经济管理体系。

（一）内部审计机构逐步完善，审计工作越发专业

在新时代下医院高度重视经济管理工作，为此进一步提高对内部审计的管理和控制，通过近些年医院内部组织结构的改革和创新，医院的经济管理内部审计环境发生了巨大变化。一方面医院内部的审计机构越发完善，设立了独立的内部审计部门，也配备了专业化的内部审计人员，构建了专业化的医院内部审计队伍，对于医院的各项经济管理活动提供有效的约束和监管，另一方面，现如今医院经济管理内部审计的范围也在不断拓展，由于审计人员的专业化以及规模化发展，可以将内部审计工作充分落实到医院经营管理的全过

① 刘晓鸥，靳晓丽. 医院经济管理中内部审计发挥的作用与研究［J］. 纳税，2018，12（21）：145.

程当中，将医院的医疗物资采购、医疗费用改革以及医院内部的行政管理充分纳入内部审计监管中，让医院的管理活动越发规范和科学。

（二）医院审计信息的来源更加广泛

医院经济管理内部审计的发展和健全，经历了漫长的发展历程。新时代下医院审计信息的来源更加广泛。

第一，医院内部构建了全方位以及立体化的信息采集渠道，尤其在当前信息化的办公环境下，利用网络技术和信息技术可以充分实现各项经济管理信息的共享和互通，这为医院审计信息的收集和管理提供了重要的支持，同时也有利于对医院经济管理活动的分析和评价。

第二，在医院经济管理内部审计工作当中审计人员的视角更加开阔，能够从医院的各项财务报告以及经营决策当中获取到有价值的审计信息，为医院内部审计结果的出具提供了专业化的指导。

（三）医院经济管理越发重视内部审计的作用

内部审计工作在医院经济管理中的落实呈现出良好的效果，很多医院正处在医疗体制改革的探索阶段，医院内部的管理环境发生巨大的变化，同时也面临着诸多的危机，在此背景下医院的领导层逐步转变经济管理的思想，在经济管理中逐步提升了对内部审计工作的重视，针对经济管理实现了动态化的内部审计，对于内部审计工作也提出了更高的标准，为内部审计工作的贯彻落实进行了系统的规划，新时代下在医院的管理和运营当中也广泛应用内部审计结果，切实帮助医院克服了诸多管理危机，提升了医院的经营管理业绩。

三、新时代医院经济管理与审计的创新对策

（一）优化内部审计组织机构和职能权限

新时代下医院的经济管理活动变得越发复杂，医院经济管理内部审计面临巨大的工作压力，为了切实提升医院经济管理内部审计的质量，还需要优化医院的内部审计机构和组织，梳理好相关审计人员的职能权限。首先，制定明确的审计部门规章和制度，实现审计人员和岗位的科学匹配，落实好医院内部审计部门的人员分工，提高医院审计工作的执行力。其次，要扩大医院经济管理内部审计的范围，将内部审计融入医院经营管理的各个环节当中，及时发现医院运营管理以及服务中存在的缺陷，及时改进管理提升医院的公共医

疗服务水平。

（二）强化对内部审计工作的评估和控制

新时代下医院经济管理内部审计的完善，是为了更好地提升医院的经营绩效，对此要强化对审计工作的评估和监督，一方面要规范医院内部审计的程序和标准，保证内部审计资源的完整和可靠，为医院的管理层编制科学的审计报告。另一方面，要强化对医院经济管理内部审计工作复核，针对内部审计工作中执行欠缺的地方要及时改善，并且针对经济管理内部审计结果做好分析和讨论，科学控制医院内部审计的质量和进度。

（三）提升审计人员专业性和严谨性

审计人员的能力和专业素质关系着医院经济管理审计工作的结果，新时代下要提升内部审计人员的专业性和严谨性。

一方面，要强化对审计人员的动态化培训和考核，能够在审计工作中不断的创新，改进内部审计的工作方法和成效，利用审计的专业素质为医院提供可靠的审计结果。另一方面，要强化对专业化审计人才的引进，及时指出医院经济管理所存在的问题，以负责任的态度落实好医院经济管理的改进工作。除此之外，医院的内部审计人员也要在工作岗位中不断学习提升业务能力，积累审计经验。

第七章　高校经济管理与审计新发展

第一节　高校经济管理

高校不仅是人才培养的重要基地，也是区域发展的动力源泉，“伴随着区域经济的发展，高校发展与区域经济的协调发展也越来越受到重视。”① 因此，加强高校经济管理，有效控制经济成本，全面提高我国高校的经济效益和社会效益，有利于推动高校健康发展。

一、高校经济管理的创新作用

高校经济管理创新作为高校管理的重要内容，其对于保证高校的正常运转意义重大，因此为了促进高校健康发展，必须加强高校经济管理创新。而高校经济管理创新的作用主要表现为：

第一，弥补高校经济管理漏洞。高校经济管理创新可以在很大程度上弥补高校经济管理存在的漏洞，可以说，经济管理创新是对与高校经济管理相关的一切活动的再创造，是对高校经济管理行为的补充和完善。

第二，增强高校发展能力。高校经济管理涉及多个方面的内容，比如高校采购、教职工福利等，在进行高校经济管理时，需要对经济管理过程中的每个环节了若指掌，才能实现对各个环节的经济管理。高校经济管理创新能够增强高校的发展能力，主要体现在以下几方面：促进高校资金的合理使用，降低高校运营成本，提升高校经济效益，确保高校日常的正常运转；充分提高教职工工作的积极性与工作效率，从而增强高校发展的能力，实现高校发展目标等。

第三，适应社会变化发展的需要。现代经济呈现出一种全球化、一体化的发展趋势。在信息时代背景下，高校管理手段上将更倾向于信息化管理手段，并且信息时代对高校经济管理提出了更高层次的要求。因此，进行经济管理创新就成为高校适应社会发展的必经之路。

---

① 周彪. 高校发展战略与区域经济发展的互动研究 [J]. 产业与科技论坛，2022，21（13）：85.

二、高校经济管理的发展新思路

（一）更新管理理念

新形势下，高校必须注重科研，注重教育，更要注重经济管理，实现高校经济管理与人才培养、学术研究、科研创新有机统一。确保经济管理更好地服务人才培养、科研创新，并以科研创新、人才培养更好地支持经济管理，从而实现高校的经济管理现代化，推动高校可持续发展。社会在飞速变革，中国经济发展非常迅速，市场化高度发达的今天，高校经济管理要以具有市场化的眼光和思维来推动，高校经济管理工作中要积极解放思想，不断更新管理理念，努力开拓经济管理的新路径。

（二）强化人员综合培训

经济管理最关键的是人才，人力资源结构和管理水平是管理质量效率的重要影响因素。高校经济管理要做好人才优化组合，进一步完善管理人才队伍结构，强化对现有高校经济管理人才的综合培训。确保这些经济管理人员具有专业化的知识和理论，并且熟悉更多的管理案例，不断丰富他们的管理经验，让专业人做专业事，提高经济管理的专业性。

加大人才引进力度，充分利用当前我国经济管理人才培养相对充足的有利条件，选聘具有经济管理专业能力的人才充实到管理队伍中来，以此来提升经济管理队伍层次，提升经济管理质量和效率。随着我国高校办学的质量和层次不断提升，我国高校办学与国际接轨越来越明显，要走国际化发展道路，就要选聘国际经济管理领域的专业人才，进一步提升高校经济管理人才的层次，推动高校人才管理队伍结构的现代化，以此来确保高校经济管理更加科学有序。用更加先进的管理理念来引导高校经济管理，以更加科学的管理手段来提升管理效率，保证高校经济管理更能适应当前我国经济发展，符合高校自身发展特点，适应当前我国“双一流”建设目标。更能促进我国社会经济健康可持续发展，充分发挥高校的人才优势、科研优势，注重高校科研成果转化，确保高校的科学研究转化为市场所需要的各种产品和服务，满足我国不断增长的物质和文化生活的需要，提升我国社会经济发展的质量。

（三）提升经济管理质量和效率

随着我国高校经济管理的现代化，高校产学研相融合的步伐不断加快，高校与企业的合作越来越紧密，高校校办企业规模越来越大，高校的资金来源更加广泛。在市场化的新时代，要更好地推动高校经济管理，要提升高校的资金利用效率，将国家的财政拨款和社会捐赠的资金用到最需要的地方，发挥这些资金的价值和作用，提升高校的办学质量和水平，增强高校的科研和学术能力。同时，推动高校科研研究，进一步促进高校科研成果转化，进一步增强高校的收入，还能实现高校收入和科研、学术及专利研究等良性循环。并且进一步降低高校的管理成本，以市场化为手段，进一步推动高校经济管理的市场化发展，提升高校经济管理的质量和效率。

（四）运用更加先进的技术手段

高校经济管理要充分发挥技术优势，利用信息技术、大数据技术以及各种先进的管理软件，推动高校经济管理的现代化。借助现代化的信息技术手段和管理软件，提升经济管理的客观性，确保高校的各项经济管理更加规范、更加先进，以技术来保障管理的质量和效率。应用新媒体加大对高校经济管理的监督，确保高校经济管理活动更加透明化，做到高校经济管理的公开化，提升财政的透明度。增加高校师生对经济管理的参与度，让高校广大师生做好监督，让社会做好监督，从而营造更加民主的高校经济管理氛围，推动高校经济管理的法治化和民主化。

总之，新形势下高校经济管理要进一步创新和改革，消除各种影响高校经济管理质量和效率的不利因素，用更先进的管理手段和技术，提升高校经济管理的质量，更好地服务高校人才培养、学术研究，推动高校可持续发展。

三、新媒体赋能高校经济管理

随着互联网的发展，新媒体的出现极大地改变了人们的生活、学习和工作。现阶段，随着我国经济的不断发展，高校在社会中担当越来越重要的角色，高校的经济管理模式也在随之改变。新媒体的概念和特征有别于报纸和电视等传统媒体，我们可以利用新媒体的特征积极监督高校的经济管理活动。

新媒体是指利用互联网将视频、音频传递到人们手中的电脑、电视和手机等智能终端设备上的新兴媒体。新兴媒体既可以传递文字，也可以传递视频、图像和语音等，并且，其信息传播速度远超传统媒体。因此，新媒体可以从多个角度规范高校经济管理的活动，使高校财政运行更加透明。

新媒体上的声音变成各种舆论的集散地，发表言论的自由度也高于其他媒体。新媒体对高校经济管理活动形成了无形的压力，推动高校主动开展经济管理改革，以更加灵活的方式管理高校的财政。同时，新兴媒体的强大功能和流行趋势引起政府部门和高校管理人员的关注，为做好高校经济管理工作提供了正确的应对方法。高校管理人员应积极利用新兴媒体创造的机遇，改变人们对高校经济管理的看法，更加公平、公正和公开地通过媒体发布真实的高校财政信息，将高校经济犯罪扼杀在摇篮里。互联网时代，新媒体为高校经济管理发展带来了机遇。新媒体可以监督高校的经济管理活动，使高校的经济管理活动在透明的状态下更加公平、公正和公开地展开。

在推动高校经济管理活动方面，我们必须积极应对新媒体为高校经济管理工作带来的挑战，进一步推动高校经济管理活动的健康发展，必须要重塑高校管理组织对新媒体的认识。要从实际出发，重视互联网等新媒体对人们生活的影响，不断寻找应用新媒体的新途径和新方法，积极有效利用新媒体推动社会发展。同时，还要完善相应法律法规，尽快对新媒体进行监管，确保新媒体的技术保障，优化新媒体的舆论监督功能，让新媒体成为推动社会健康发展的动力。因此，我们要积极加强高校管理组织对新媒体的重视程度，提高高校管理人员的新媒体使用率。

高校应建立微博、博客、微信等信息交流平台，并在这些信息平台上主动公布高校的财政动向，提高财政的透明度，方便社会各界对其进行监督。建立新的法律体系，加强对新媒体监督的保护和支持。只有将新媒体纳入政府和法律的监管范围之内，才能让新媒体有独立生存空间，从而充分发挥其强大的舆论监督功能，促进高校经济管理活动的健康发展。

总之，新媒体可以监督高校的经济管理活动，让高校的经济管理活动在透明状态下进行。但是，高校管理人员对新媒体的认识不足，而且新媒体监督缺乏法律和政府部门的支持，这些因素极其不利于新媒体对高校经济管理活动的监督和管理。我们必须要不断探索新的方法，消除不利因素的影响，推动高校经济管理活动的健康发展。

第二节　高校内部审计与质量控制

高校内部审计的内涵是指在高校主要负责人的领导下，在高校内部设置独立的审计机构，配备专职的审计人员，根据国家有关法律、法规和政策的规定，采用一定的程序和方法，对高校及其下属单位的财务收支及各项经济活动的真实性、合法性、效益性进行审核、鉴证和评价，并提出改进建议的经济监督活动。在高校的内部控制体系中，内部审计具有极其重要而又特殊的地位。从控制系统体系来看，内部审计是内部控制制度的一部分；从内部审计的作用来看，它是对内部控制制度的制定和执行情况的监督，是对内部控制的再控制。

一、高校内部审计的特点

第一，审计目标。新形势下的内部审计目标层次将进一步提升，作用从原来的业务层面上升到治理层面，作用范围与权威性也在不断扩大，权力制衡作用越发明显。

第二，审计独立性。新形势下的高校内部审计独立性不仅表现在形式上独立，更加强调实质上的独立。现阶段出台的内部审计相关制度及上级文件均要求高校内部审计部门要进一步加强自身独立性，聚焦主责主业。在实际工作中，内部审计部门也积极与高校管理层及有关职能部门沟通，逐步清理、剥离与审计职能无关的各类日常业务审核工作，突出内部审计监督、评价、建议主责，切实做好本职工作。

第三，审计职能。新形势下的高校内部审计职能从以往查错防弊向促进治理转变，除了要及时、准确地向高校管理层汇报有关查错防弊和资产安全的信息外，更重要的任务是针对管理和控制的缺陷提出建设性意见和改进建议，促进高校治理的完善。与此同时，内部审计通过对评价职能的有效发挥反过来促使其监督职能进一步发挥。

第四，审计范围。新形势下的高校内部审计范围随着高校经济活动日益增多在不断扩大。一是局部向整体转变，从过去只关注经济活动的财务结果到现在关注经济活动的全过程。二是部分审计向“全覆盖”审计转变，逐步覆盖高校所有经济活动。三是微观审计向宏观审计转变，传统财务审计向管理审计、绩效审计、风险审计、政策落实审计以及战略审计发展。

第五，审计成果。新形势下的高校内部审计成果有效运用在不断增强。近年来，制度均明确规定单位应当将内部审计结果及整改情况作为相关决策、预算安排、干部考核、人事任免和奖惩的重要依据。在实际工作中，审计结果与以往相比也不再被束之高阁，而是真正被运用到高校的管理中去，如中层干部经济责任审计报告被放入干部个人人事档案，作为干部经济责任履行情况的重要依据。

第六，审计主体。新形势下的高校审计主体呈现多元化的特点。审计队伍不再以财务专业背景人员为主，而是由多个专业背景人员组成。社会审计的引入也改变了高校原有单一的内部审计主体。审计主体多元化补足了内部审计队伍结构单一、人员不足的短板，进一步提升了内部审计力量。

二、高校内部审计职能

现阶段，随着我国高等教育的不断深入发展，办学规模和经费逐年增长，而我国高校内部审计的职能也十分丰富。概括起来，高校内部审计基本职能主要有以下几个方面：

（一）高校审计的咨询职能

审计咨询职能主要为实现组织管理的目标，是除监督、鉴证及评价之外的基本职能，能够为被审计的部门提供相应的发展建议及意见。

（二）高校审计的经济鉴证职能

经济鉴证职能是指审计机构对被审计单位财务收支及经济活动进行检查和验证，确定其财务状况和经营成果的真实性、公允性、合法性，并出具证明性材料文件的职能。

高校内部审计虽然在独立性和权威性方面不及国家审计和社会审计，但在高校内部仍具有相对的独立性和权威性。在一定范围内，它的客观性和公正性还是可信的。所以，一方面它受国家审计的委托，如审计局，或是根据各上级部门的指令，如教委，对本单位、本部门的经济活动情况、经济责任进行经济鉴证；另一方面，它可以接受本单位、本部门领导和有关部门的委托，进行这方面的工作。

（三）高校审计的经济评价职能

国际内部审计师协会（IIA）发表的《内部审计实务标准》认为：内部审计要应用系统的、规范的方法，评价并改善风险管理、控制和治理过程的效果，帮助组织实现其目标。在我国高校中，这一职能在经济责任审计、财务收支审计及内部控制审计评估等审计活动中体现得更加明显。真实、客观的评价，为组织的管理者展现了组织内部管理的现状，为改善管理，及时、正确决策提供了依据。

（四）高校审计的经济监督职能

高校内部审计的经济监督职能，是国家法律、法规所赋予的。《审计署关于内部审计工作的规定》中明确规定："内部审计是独立监督和评价本单位及所属单位财政收支、财务收支、经济活动的真实、合法和效益的行为。"《中华人民共和国会计法》也明确规定："对会计资料定期进行内部审计的办法和程序应当明确。"这些都从法律、法规上明确了内部审计机构作为经济监督主体的地位。目前，我国高校办学规模不断扩大，经济活动日趋复杂，经济管理方式向多样化发展，使高校领导层不可能直接控制经济活动的各个环节，因此在客观上需要健全内部审计监督机制，达到加强管理的目的。

（五）高校审计的衍生性功能

随着市场经济的不断发展与完善，为了适应高校管理体制改革和提高经济效益的需要，除以上四种基本职能外，高校内部审计职能还有向控制、咨询服务等方面发展的趋势，因此衍生出以下五大作用：

第一，防腐促廉。高校内部审计是防腐促廉的重要手段。加强高校内部审计，有利于高校领导干部廉政自律，推进廉政建设，从源头上预防和治理不良现象。

第二，堵塞漏洞。差错纠弊，堵塞漏洞，是高校内部审计在新形势下衍生出的作用。加强高校内部审计，有利于堵塞资金资产管理中的漏洞，纠正违法、违规问题，防止高校资产流失，保障资金合规、有效使用。

第三，防范风险。高校内部审计是风险管理的一道重要防线。市场经济不可能没有风险，高校内部审计可以从降低、防范风险的角度揭示风险，加强领导参谋，加强风险控制。

第四，增值服务。提高高校的经济效益是内部审计工作的重心。高校内部审计不仅要做好保证服务，还要做好咨询、参谋服务。加强高校内部审计，有利于提高经济效益，为高校提供增值服务。

第五，完善管理。高校内部审计是部门单位完善管理的重要推动力。加强高校内部审计，有利于各部门、各单位改进管理方式，完善制度建设，提高管理水平。

三、高校内部审计的内容

（一）高校内部财务收支审计

精准掌握高校内部审计的主要内容，首先要了解内部财务收支审计的概念及内容。内部财务收支审计是指在单位内部，审计机构对被审计单位财务收支，以及有关经济活动的真实性、合法性、效益性进行的审计监督活动。①财务收支审计是最基本的审计类型，本身也是一个综合性的审计类型，其审计内容主要有以下几个方面：财务管理及内部控制制度的合规、健全、有效性；预算管理的情况，如预算编制的原则、方法和程序是否合法、合规，收入、支出是否全部纳入预算并按预算执行，预算调整是否合理、合规并按程序办理，收入和支出预算执行结果如何及出现差异的原因等；收入情况，即各项收入是否统一管理、统一核算，是否及时足额到位，核算是否合法、规范，收费项目、标准和范围是否合法、合规，有无擅自增加收费项目、扩大收费范围、提高收费标准等乱收费、乱集资等问题；财务支出的真实、合法、效益性，如各项支出是否真实、合规，专项资金是否专款专用、有无挤占挪用等问题；专用基金的计提、管理是否合规，使用效益如何；资产采购、管理、使用是否合法、合规及其效益性；结余分配的合法、合规性；负债的核算及管理是否合法、合规，负债是否及时清理；财务决算报告的真实性、完整性，数字填列的准确性。

在此基础上，可以科学地定义高校财务收支审计：内部审计机构依法对高校及其所属独立核算单位各项资金的筹集、管理和使用，以及财产物资管理、使用的真实、合法和效益进行的审计监督。

高校内部财务收支审计关注的具体目标包括：存在或发生，即资产负债表上资产、负债和所有者权益确实存在，利润表所列的各项收入和费用确实发生；完整性，即发生的所有交易和业务均按照规定记入有关账簿；估价与截止，估价指财务会计报告中各个项目所列金额均正确地估计和计量；截止指所有经济业务均按照规定准确地记录于恰当的会计期间；准确性，即各项交易准确地记入相关账户，交易金额和账户余额记录准确；权利与义务，即资产负债表上资产、负债确实为企业所有或者所欠；分类与披露，分类指对所有的项目和金额进行恰当的分类；披露指财务会计报告恰当地反映账户余额或发生额，披露所有应该披露的信息。

高等高校财务收支审计的目的是促进高校及其所属单位贯彻执行国家财经法规，加强资金和财产物资的管理，提高使用效益。现阶段对于高校财务预算的管理已经成为高校财务管理部分的重要内容，切实加强高校的预算管理，充分调动高校内部的各种积极性，是实现高校内部有限资源的优化配置和提高资金使用效益的重要任务。

根据相关规定，高校财务收入审计内容为：高校的各项收入，包括财政补助收入、上级补助收入、事业收入、经营收入、附属单位上缴收入和其他收入是否统一管理、统一核算，是否及时足额到位，有无隐瞒、截留、挪用、拖欠或设置账外账、“小金库”等问题；收费的项目、标准和范围是否合法并报经有关部门批准，会计处理是否合法、合规，有无擅自增加收费项目、扩大收费范围、提高收费标准等乱收费、乱集资等问题；在事业收入中，是否按照国家规定将应当上缴的资金及时足额上缴。

根据相关规定，高校财务支出审计内容为：各项支出，包括事业支出、经营支出、自筹基本建设支出和对附属单位补助支出是否真实并按计划执行，有无超计划等问题；各项支出是否严格执行国家和上级主管部门有关财务规章制度规定的开支范围和开支标准，有无虚列虚报、违反规定发放钱物和其他违纪违规问题；专项资金是否专款专用，核算是否合规；各项支出所取得的效益如何，有无损失浪费等问题。

对高等高校结余及其分配进行审计的主要内容是经营收支结余是否单独反映，会计处理是否合规和结余分配是否符合国家的有关规定，有无多提或少提职工福利基金等问题。财务收支审计是广泛开展的审计项目，为高校资产的保值、增值起了很好的作用。

（二）高校内部领导干部经济责任审计

经济责任审计是以领导干部所在的单位或者部门的财务收支为基础，通过对领导干部任期内经济指标的完成情况、做出的重要经济决策情况、执行国家财经法规情况及个人遵守廉政纪律情况等方面的审查和考核。通过内部审计部门开展的领导干部经济责任审计，可以客观、公正地评价干部在任期内的业绩，指出存在的问题，分清对存在问题所应承担的责任，判断该领导干部是否具有从事经济工作所必需的政治素质和决策水平，也能够正确地评价领导干部是否正确履行其经济职责、是否严格执行财经法规、能否提高单位经费的管理使用效益，从而为组织人事等部门考核、提拔和任用干部提供重要的参考依据，也为是否需要进一步加强和规范单位的财经管理提供了有利的证据。

经济责任审计的形式分为届中审计、届满审计和离任审计三种方式。届中审计是指任职期间进行的经济责任审计；届满审计是指任职期满后进行的经济责任审计；离任审计是指因为调动、辞职、免职、撤职、离退休等离开本工作岗位所进行的经济责任审计。经济责任审计的对象：各学院、处（室、部）主管经费的负责人，以及校内经济实体的负责人。

近年来，随着财政制度的改革，各所高校的专项经费逐年增加，应通过内部审计对资金的使用情况进行全面的监督和评价，特别是要注重对专项资金使用效果的绩效审计，以保证财政资金的使用安全性，提高资金使用的效益性。

领导干部经济责任审计主要由准备、实施、评价和报告四个阶段组成。①领导干部经济责任审计准备主要是指审计机构在年底审计项目计划业经批准之后，由审计业务部门在具体实施对单个经济责任审计项目的审计工作前所做的各项准备工作，主要由经济责任审计立项、组成经济责任审计组、进行经济责任审前调查、初步了解被审计单位及被审计人的情况、执行初步分析性复核、初步确定重要性水平、分析审计风险和确定审计策略、编制经济责任审计方案、送达审计通知书、提出书面承诺要求等步骤构成，是领导干部经济责任审计很重要的初始阶段。

紧接着就进入审计人员围绕审计目标，进行符合性测试和实质性测试的经济责任审计实施阶段。在这个阶段应该把经济责任审计的复核性测试和内部控制建立健全和执行情况结合起来审计，并且还要根据被审计单位（部门）具体的情况进行分析，对审计结果进行记录，明确所审计的事项与被审计的领导干部存在怎样的关系，查证取证，为做出审计评价和编制审计报告提供有力的依据。

根据审计工作底稿所得出的审计评价则是整个审计中被审计人员和委托人十分关注的焦点。而审计评价也是关系到审计工作质量和风险的重要环节。因此，审计人员必须针对本次领导干部经济责任审计的特点，在对审计事项进行核实的基础上，分清有关经济责任的界线。这样才可以对本次审计的领导干部经济责任做出正确的评价。而最终的审计报告则是水到渠成，是对本次领导干部经济责任审计工作成果的总结的书面形式，对内、对外都是十分重要的书面材料，应当留存。

领导干部经济责任审计的主要内容：贯彻执行国家有关财经法规和高校财经制度情况，是否存在违规、违纪和违法行为；财务账目、物资设备等在干部工作移交时，交接手续是否完备、清楚；内部控制制度是否建立、健全、有效；经济决策是否按规定的程序进行，效益如何，有无重大失误；所负责部门的经费使用是否落实收支两条线规定，各项资金的收入与支出使用管理是否真实、合法、体现效益；各项收入是否纳入高校财务统一核算，有无隐瞒、截留、私设“小金库”行为，有无违规、违纪和严重损失浪费问题；国有资产管理使用及保值、增值情况；基建工程项目、仪器设备的采购是否按规定程序招投标；高校经济实体的资产、负债、所有者权益和盈亏的状况，债权、债务是否清楚，有无纠纷和遗留问题；各类专项经费的管理使用情况，是否做到了专款专用，有无挤占挪用等问题；高校有关部门和审计部门认为需要审计的其他事项。

由于领导干部经济责任审计主要在于对人的审计，因此干部任期结束，经济责任审计终结。审计部门应及时提出审计报告讨论稿，征求被审计单位、被审计人及审计委托人的意见。被征求意见者应在自接到审计报告（征求意见稿）起十日内将书面意见送交审计部门，逾期视为无异议。审计部门在分析、核实反馈意见的基础上，对审计报告进行修订并提交校分管领导审批后，将审计报告送交审计委托部门，同时抄送被审计对象和所在单位（部门）。审计部门对被审计干部任期内组织经济活动的业绩和存在问题，以及遵守财经法规和财务制度的情况，应做出客观、公正的评价，并视情况向高校提出奖惩建议。审计部门应采用对比审查法评价干部在组织经济活动中的业绩，即将审计结果与主管部门的要求相比、与其任期经济责任目标相比、与其任职前后的经济状况相比，力求准确、全面，由此确定出被审计干部应负的直接责任和主管责任。对被审计干部在组织经济活动中存在一般性问题并应承担领导责任的，由高校做出行政处理；对被审计干部和其他人员违反财经法规，或违反党纪、政纪，或触犯法律的，按有关规定移交高校纪检监察部门或送交司法机关处理。

（三）高校内部基建、修缮工程项目审计

基建、修缮工程项目审计的开展，主要是为了规范高校建设工程、修缮工程项目（以下简称工程项目）的审计监督与管理，保证工程项目质量，提高资金使用效益。基建、修缮工程项目审计，是指对高校及所属单位以国家拨款、自筹资金和需要审计的其他资金投资形式进行的建设修缮工程进行审计，具体包括：建筑工程、装饰工程、安装工程、修缮工程、园林工程等，自开始至竣工，对其成本及相关财务收支核算的真实、合法、效益进行的审计监督。

近年来，扩大招生的规模、投资新的基础设施、更新旧的基础设施、扩建校园等使高校处在基本建设的高峰期。如何更好地开展工程建设、维修项目的审计，保证各项工程费用的有效控制，提高工程投资效益，确保工程建设项目中干部优秀、工程质量优良，使工

程建设的管理水平向更高层次发展，已成为高校内部审计部门的重要工作。进行基建、修缮工程项目审计必须由工程项目管理部门，将经高校批准的年度工程项目计划送高校审计部门备案。审计部门按照工程的计划和实践进度进行相应审计。由于高校规模不一样，每所高校的项目审计也不同，而不同之处主要在于对基建项目金额大小的规定不同。这样对工程项目的划分定义就不同。

基建、修缮工程项目审计的内容包括：前期工作审计、实施过程审计、竣工结算审计。工程项目前期工作审计包括：参与前期论证、设计阶段审计、招投标审计、工程施工合同审计等。工程项目实施过程审计包括：隐蔽工程审查、设计变更审查、合同履行审查、工程索赔款审查、设备及材料价格审查、工程价款结算审查等。其中，重点开展的工程项目竣工结算审计包括：竣工结算资料是否齐全，编制依据是否符合国家规定；竣工工程内容是否符合施工合同条件要求，工程量计算是否正确；设备与主要材料价格是否符合核定价格，是否执行定额单价；隐蔽工程或重大工序的施工过程，其交验手续及现场验收、签证等相关资料是否完备；合同价款变更计算是否真实、准确，材料价差和结算费用计算是否正确，费用、利润、税金计算是否符合规定。

四、高校内部审计质量控制的意义与内容

（一）高校内部审计质量控制的意义

审计质量控制，就是在审计工作过程中，对相关工作进行不同程度的控制，不仅是对审计工作质量的总体控制，更是对审计业务工作的分别控制，从多方面提高工作质量。审计质量控制工作对于审计风险的降低是十分有效的，降低风险就会相应提高工作质量，从而促进高校的正常运转。中国内部审计协会曾出台具体的相关条例——《第 2306 号内部审计具体准则——内部审计质量控制》，这一条例中所提及的内部质量控制，实则是根据实际情况对内部审计质量控制的要求和标准。要求工作内容严格地按照所规定的程序和方法来执行，并且对这一部分的内容再进行细分，可以分为内部审计机构质量控制和项目质量控制两个方面。根据这一规定不难发现，条例中明确提出对高校内部进行的审计质量控制其实就是为了能够保证高校的审计质量过关，根据国家所制定的章程而进行设计的一系列的规章制度以及审计准则。目前，高校的审计质量控制主要就是对项目质量以及机构质量进行严格的控制，这两种控制方式看似不同，实则对审计机构的独立性以及审计工作人员的职业能力和专业能力都是一种保证，并且还要根据专业团队，进行审计计划的制订，严格按照规定执行工作流程，对审计资源也要合理分配，在工作的过程中执行审计复核制度，并依照制度规定对高校内部的工作进行适度的监督审计。

（二）高校内部审计质量控制的内容

高校是我国培养知识分子的摇篮，是我教育发展的重要输出地点，高校如果想走稳定的可持续发展道路，那么必然的选择就是要建立良好健全的监督体系。而高校内部审计工作不仅有利于提高高校的教育水平，更有利于提高国家基础教育的发展水平。新时代背景下，高校内部审计工作要覆盖面更广，贯彻落实国家各项相关政策，不仅要保证公共权力的规范性，还要保证体系内部的完整性，建立健全风险管理办法，提高高校绩效。

高校所推行的经济责任审计制度要符合国家同责同审的要求，推动审计工作的全面发展，并且在开展工作的过程中通过多方法来确保审计工作的评价具有一定的现实意义；审计工作中财务收支的相关内容要逐渐地过渡到内部管理中，与我国的审计大方向相符合；对高校内部审计工作中存在的问题及时处理及时解决，结合当前信息化进程的发展，在培养合理的审计思维的同时，树立审计意识，对工作中的内容要具备研究性的思维，对工作中存在的可能风险要及时预估并处理。

五、高校内部审计质量控制的加强方法

（一）增强高校内部审计的独立性

增强审计的独立性就是要增强其可行性，高校内部的其他工作人员要对审计工作予以配合，要严格尊重审计工作的独立性，并且给予充分的重视和支持，这样才能够保证审计工作的顺利进行。另外，高校要赋予审计委员会应有的工作权限，同时对于工作人员的职称评定、薪资评定等要做出相关的规定，并且对这类事务要直接负责，保证在审计人员福利待遇方面的绝对公平，避免出现审计人员因为这一类事务而焦虑以保证高校审计工作的顺利开展。

（二）加强高校内部审计管理的规范

高校应根据国家相关规定，制定适合本校的审计制度，工作人员要严格按照规章制度进行审计工作。例如，审计取证时可采取一些视听手段和工具，但必须严格遵守审计制度。具体的工作方案和工作内容中遇到的难题，可以与专家共同讨论解决。同时，审计工作人员要按照规章制度进行定期的工作记录，记录的方式可以采用日记或周记的方式，具体的记录方式可以根据不同高校的情况进行调整。这样的记录方式可以保证审计工作人员的工作效率，并且能够通过记录的问题及时发现工作中存在的问题并尽快解决。

总之，在新时代背景下，高校内部审计质量控制也要不断更新，传统的审计质量控制

已经跟不上当今信息化高速发展的脚步。对于高校审计工作中存在的问题，要具有针对性地予以解决，同时要注重审计人才的合理分配以及公平待遇问题。审计工作中存在的风险问题也要及时规避，合理健全的规章制度是防范风险的最直接手段，而且能够保证审计工作质量的不断提升。保证高校内部审计质量控制水平，不仅能够提高高校的办学质量，更能够实现我国建设教育强国和文化强国的教育目标，推动我国教育事业的全面发展。

（三）加强高校内部审计人力资源统筹

审计署办公厅对于我国高校的内部审计工作也下发了相关的章程以及各类意见通知，其中明确指出，要加强对高校内部审计工作的统筹管理，要提高高校内部审计工作人员的专业素质，对社会中介机构的审计人员要有效利用发挥其效果，最好健全审计专家库，能够在高校审计工作中需要的时候，提供专业知识的支持和引导。人力资源统筹的第一步就是要解决审计工作人员的待遇问题，高校应该对审计工作人员进行编制，针对其工作性质的特殊性设置不同的职务条款，合理配备审计、财务、管理、工程、信息技术等专业的技术人员。

根据审计行业内的标准要求，规定审计工作人员都要遵从客观原则，履行其职务责任。高校应为审计工作人员设立特定的业务培训课程、考核课程以及继续教育课程。还可以实行审计工作人员的轮岗制度，这样能够给工作人员更多的时间来提高自己的专业素养。当前是信息化高速发展的时代，审计工作人员要对基本的信息技术做到熟练操作，将信息化技术投入审计工作中，提高工作效率与工作质量。同时，将引进审计人才工作纳入议事日程，例如聘请审计专家做顾问，或指导相关工作，解决审计工作中的重点难点问题。

第三节　高校经济管理与审计的联系

高校内部审计作为我国内部审计的一个重要组成部分，也应顺应国际内部审计发展潮流。我国高校也应参照该模式设置内部审计机构，以保障内部审计的组织地位，提高内部审计的独立性、权威性。

依法审计，适法而为是审计的原则。对于高校内部审计来说，国家有关法规具有极为重要的作用，它们既是高校内部审计存在和发展的依据，也是必须遵守的行为规范。我国有关法律法规和政府有关部门颁布的条例，都明确了内部审计的法律地位。相关法律法规在赋予内部审计监督职能的同时，给内部审计建立了良好的法律环境。这为高校内部审计的发展开辟了广阔的天地，对最大限度地减少工作的随意性，保障高校有关法规制度的有效执行，指导和规范高校经济活动，促进高校又好又快发展起着不可替代的作用。全面认识内部审计的法律地位，对维护法律尊严，树立内部审计的权威性，更好地履行法律赋予的职责，提高内部审计的“有为”意识，都具有重要的现实意义。

高校内部审计的作用和增加价值是通过关注高校管理过程中存在的问题、揭露漏洞、提出意见和建议的方式来实现的。内部审计要在高校经济管理中有所作为，就必须明确自己的“定位”。高校内部审计部门只有通过提高高校的整体价值来赢得高校领导和教职工的认可和重视，才能提升内部审计在高校组织中的地位，从而为内部审计的生存和发展赢得更多空间。充分发挥审计职能，内部审计要在高校经济管理中有所作为，具体内容如下：

一、防弊纠错，帮助完善治理

高校经济管理中，内部审计有利于防弊纠错，帮助完善治理。

第一，在常规审计中，保持应有的职业谨慎，关注高校内部管理可能引发舞弊的机会，做到主动审计，及时遏制。主动审计既是内部审计履行职能，堵漏防弊的需要，也是内部审计为高校减少损失，直接增加价值的体现。

第二，警惕重大舞弊事项，发现线索及时报告，并提出对舞弊进一步进行检查、纠正和完善相关制度的建议。通过防弊纠错，帮助高校管理者加强内部控制，完善治理。

二、体制改革，参与风险管理

内部审计通过评价单位内部各类资产质量及安全、完整性以及经营风险，帮助高层管理者积极防范风险，减少可能造成的损失，确保其实现经济管理目标。防范风险是内部审计的重要功能，随着高校体制改革的不断深化，高校经济活动日趋复杂化和外向化，这一作用在高校经济管理中就显得尤为重要。内部审计参与风险管理，就是要把审计监督融入目标实施的过程管理中。①通过对被审计对象的优势和劣势、机会和威胁进行审核，帮助其识别所面临的风险，并对风险来源、可能性以及后果进行分析。②根据现有管理、能力、技术、程序及风险偏好程度等对已识别风险进行评估，确定可控和不可控的风险，以便采取相应措施。③对可接受的风险水平，确定防范风险的措施和手段。

三、完善制度，评价并改善内部控制

内部控制评价是高校根据内部需要不断完善自我发展、自我约束的运行机制。内部审计既是高校内部控制的组成部分，也是监督评价内部控制的主要力量，在强化内部控制方面具有不可替代的作用，它独立于高校内部其他控制系统，同时又对内部控制的其他要素进行检查监督、评价。

内部审计通过日常的审计活动，以内部控制中的“控制活动”要素为重点，针对各个环节的关键点逐一进行评价，评价其运行机制健全性、合法性和有效性，寻找内部控制中的薄弱环节，向高校管理层提出强化内部控制建设的措施，以防范和化解各种风险。①评价高校制度建设是否健全，制定的规章制度是否符合国家相关政策法规的要求。②评价高校各部门执行内控制度的过程和结果的合理性和有效性。③对高校监管保障部门职能履行情况的评价。通过评价，促进高校加强对管理和经济活动过程的控制，完善内部控制系统，从而减少对资源利用不当和低效使用的情况而造成的浪费。

四、效益统一，实现可持续发展

绩效审计是在财务收支真实性、合法性审计的基础上，对高校教育事业经费、固定资产投资项目、科研经费以及专项资金项目等进行绩效审计，评价其资金使用的经济性、效率性和效益性。在国家投入资金逐渐增加的情况下，开展绩效审计不仅顺应了经济的发展，更重要的是通过对这些资金的经济性、使用效率和效益进行评价，来评价高校的业绩，促使高校不断提高办学水平，达到经济效益和社会效益的有机统一，实现可持续发展。高校绩效审计是高校生存和发展的内在要求，也是内部审计为高校管理增值的途径之一。绩效审计必须围绕高校的管理效益而展开，为此内部审计应做到：常规审、重点审、专项审。

第一，对绩效审计既要关注结果，又要关注过程。要从财务收支入手，跟踪教育资金的使用动向，检查有无损失浪费，评价资金使用效果，挖掘资金增效潜力。

第二，效益涵盖的范围广，内容综合，涉及经营、管理、投资等方面，基于高校内部审计力量，进行绩效审计应突出重点、有针对性。

第三，围绕管理目标，抓住经营和管理的重要环节，对管理过程中存在的突出问题或有潜在风险的事项进行专项审计，查找和解决管理上的薄弱环节，促进高校管理层加强内部控制，提高管理效益。

第四节　新时代高校经济责任审计创新发展

高校的经济责任审计作为内部审计的重要类型，主要对高校领导干部任期内的履职情况进行审计评价。“高校开展经济责任审计工作可及时发现存在的风险，采取有效措施规避风险。”①

新时代高校经济责任审计迎来了发展机遇，也面临着新的挑战。在理论研究上，针对审计创新与发展的研究主要集中在国家审计领域。由于高等教育的特殊性、高校资源配置的灵活性、高校管理体制的复杂性，对高校经济责任审计的研究需要循序渐进。在实践操作上，高校内部审计存在着权威高效与独立性不足的矛盾、审计全覆盖与人员短缺的矛盾、科技强审与信息化不足的矛盾、“一审多果”与资源配置不够的矛盾、“一果多用”与部门协同不够的矛盾。要想解决这些矛盾，只有通过不断创新才能实现。创新是发展的第一动力，在新时代背景下，我们只有贯彻新发展理念，走好高校经济责任审计创新发展之路，才能为高校的高质量发展把好人才关，切实增强领导干部干事创业的信心。

一、高校经济责任审计的重要性

第一，经济责任审计是对高校财务管理的一种有效监督。经济责任审计通过对高校经费使用的全面审计，可以检查高校财务管理工作中的问题，以此规范高校财务管理，增强高校经费使用的透明度和公正性。经济责任审计不仅可以监督高校领导干部的财务管理行为，还可以在发现问题时及时纠正，防止不正当的资金流转和损失，提高高校财务管理的效率和透明度，这对于高校领导干部的任期监督具有重要意义。

第二，经济责任审计可以检查高校的经费使用情况，预防和发现不良问题。高校经费使用问题一直是监管部门和社会舆论关注的焦点，高校开展经济责任审计工作，可以对高校的经费使用情况进行全面、客观、准确的检查，查找潜在的不良问题。经济责任审计工作可以通过对高校各项经费的支出、收入等情况进行审计，发现和防范经费管理中可能存在的不合理、不规范行为，如虚假报销、滥用公款等问题。及时发现和纠正这些问题，对于高校落实反腐倡廉工作任务和建立更加清廉的高校环境非常重要。高校的管理规范化是防范不良问题发生的重要保障。经济责任审计可以通过对高校内部管理体系的审计，检查高校的规章制度是否完善、执行是否到位，发现并指出管理漏洞，促进高校管理规范化。

二、高校经济责任审计的新要求

（一）全面遵守从严治党的新要求

高校内部审计作为监督力量，要充分发挥监督制约作用，规范领导干部权力运行。在进行经济责任审计时，不仅要关注经济领域，还应转变审计理念，把党风廉政建设放在突

① 彭嘉琪. 治理视角下高校经济责任审计现状及对策分析 [J]. 中国集体经济，2022，727 (35)：19.

出位置，使党员干部在政治原则和政治方向上始终与党中央保持一致，使审计监督为高校事业的高质量发展保驾护航。

（二）审计质量提升的新要求

审计报告质量提出的两方面新要求：

第一，被审计人员的责任界定要做到有章可循。对“领导责任”和“直接责任”进行了明确区分，详细解释了承担领导责任的具体情形。审计人员要按照党中央关于经济责任审计“三个区分开来”的要求，认真学习新制度新规定，增强业务本领，综合考虑历史和现实因素，对被审计人员进行客观评价，让敢于改革创新的领导干部没有后顾之忧。

第二，审计报告的内容要做到全面翔实。经济责任审计报告要由业绩、问题、责任认定和总体评价等内容组成。审计人员要在充分掌握职责权限、业务流程、历史背景的情况下，深入分析被审计人员在“三重一大”、党风廉政建设、资产管理、合同履行等方面的尽责情况，出具可读性强、审计建议切实可行的审计报告，为领导干部决策提供有力支撑。

（三）审计职能转变要求

进入新时代，审计事业迎来了发展机遇期。就高校经济责任审计而言，对领导干部任期内的履责情况进行评价，发现已经存在的问题。

针对已存在的问题，举一反三，从防范风险的角度提出切实可行的审计建议，不断完善体制机制，更好地促进治理水平的提高。因此，高校经济责任审计在新时期的职能，一方面要继续发挥监督职责，规范好权力运行；另一方面又要化解风险，促进高校教育事业的高质量发展。

三、高校经济责任审计的发展新路径

实现高校经济责任审计创新性发展，必须深刻理解新时代高质量发展的内涵，以新时代中国特色社会主义思想为指导，贯彻新发展理念，以审计人敢于担当的勇气，在完善审计管理体制、转变审计职能、优化资源配置、丰富评价指标、推行“1+X”审计模式、促进多部门联动上下功夫，不断开创高校经济责任审计发展的新局面。

（一）转变审计理念，促进担当

领导干部是事业成败的核心要素，我们要以严格的政治标准为党培养素质过硬的人才队伍，用审计的实质成效监督权力运行，促进领导干部干事创业。在审计方法上，要逐步实现离任审计与任中审计相结合，把事后的一次性审计和事中的持续性审计监督相结合，及时有效地纠正决策偏差，减少高校国有资产流失。

不断推广事前审计，把防范风险的关口前移，在项目立项、可行性分析、预算申报等前期阶段加强审计监督，从审计的专业角度提供政策咨询，在完善体制机制、堵塞制度漏洞上下功夫，更好地促进高校教育事业的发展。在审计重点上，要强化政治引领作用，重点关注领导干部党风廉政建设情况、贯彻执行党的重大方针政策情况、人才培养情况和廉洁自律情况，将党中央反腐倡廉工作融入审计业务工作，更好地营造风清气正的政治生态。要用好“三个区分开来”的标准，精准地界定领导责任和直接责任，增强审计报告的可读性和权威性，为领导决策提供信息支撑。

（二）利用数据技术，增强审计成效

新时代高校经济责任审计要实现全面覆盖、权威高效的目标，就必须紧跟时代发展趋势，利用大数据技术更好地发挥防范化解风险的作用。各高校应建立健全数据共享机制，通过数据集成技术，将审计内嵌到各业务部门数据系统中，审计人员利用数据挖掘、异常数据预警技术可以及时发现业务风险，实现审计监督关口前移，将风险隐患扼杀在萌芽状态。

在审计结果运用和审计整改方面，应建立健全审计结果公开制度，利用审计信息化平台将审计结果推送至组织、人事、纪委等部门，提高审计结果的及时性和使用率。应推动建立审计整改平台，明确整改期限，建立整改台账。整改责任人应及时上报整改信息，经审计部门审核通过后予以销号处理。对于不履行整改责任的，追究相关责任，并予以通报，切实提高审计影响力。

（三）优化审计资源配置，实现一审多果

在审计资源有限的情况下，应探索推行“1+X”审计模式，合理安排审计项目，优化资源配置，不断拓展审计监督的覆盖面，做到应审尽审，不留监督盲区，切实推动高校经济责任审计向纵深发展。在开展经济责任审计时，根据实际情况，可以探索同步开展预算执行审计、重大政策落实审计、国有资产绩效审计、专项资金管理审计等审计项目。

在制订审计计划阶段，要认真做好人、财、物的统筹工作，选派各审计领域的精兵强将组建审计小组，并在资源上予以大力支持，争取做到一次进场形成多项审计成果。在以经济责任审计为主线、融合开展多项审计任务的“1+X”审计模式下，各项目间重点突出、互为补充，一个审计线索可以被多个审计项目使用，能够做到有的放矢，大大节约审计成本。在提高审计效能的同时，也能有效减少重复审计的现象，大大减轻被审计单位及

人员的负担。

（四）强化审计联动机制，推动一果多用

高校内部审计要认真贯彻执行文件精神，推动实现审计成果“一果多用”，最大限度地发挥经济责任审计效能，走好审计的“最后一公里”。

第一，发挥审计委员会的作用，加强审计与高校党委的沟通。要建立健全审计工作汇合制度，及时将审计发现问题及审计结果向高校党委反馈。审计立足于当前问题，要举一反三，以点带面，从体制机制层面分析可能存在的重大风险隐患，并为化解风险提供切实可行的对策建议。高校党委应重视审计结果的运用，建立健全整改机制，认真督促相关责任部门和人员落实审计整改，对不认真对待整改的人员要追究责任，增强内部审计权威性，达到以审计促发展的效果。

第二，加强审计与纪委、组织、人事、财务等部门的联动。纪委监督和审计监督相互协同，能形成监督合力，是推动巡视巡察工作走向深入的重要举措，对于织密扎紧高校反腐防护网具有重要意义。在开展审计之初，审计和纪委部门可以共同商定审计计划，做到信息互通。纪委部门收到的举报信息可以为审计工作确定审查方向。对于审计发现的问题线索，纪委部门可提前介入调查，加强对党员干部的监督。审计结束后，纪委部门可将审计结果作为对领导干部党风廉政建设的考核依据。

此外，人事、组织部门可将经济责任审计结果作为年度考核、任免提拔的参考依据，财务部门应重视审计提出的资金使用、财务审核等方面的建议，加强内部控制建设，守好风险防控的第二道防线。

（五）完善审计管理体制，深化审计监督

面对新形势新变化，为谋求高校经济责任审计的新发展，我们必须解放思想，敢于攻坚克难，用充分的审计实践推动审计事业的创新发展。具体包括：

第一，加强上级审计机关对教育系统内部审计工作的指导和监督，推动建立教育系统高校经济责任审计的操作指引和行为标准，增强审计工作的权威性。对内部审计发现且已经纠正的问题不再在审计报告中反映。做好内部审计，可以为上级审计机关节省人力、物力、财力。

第二，引进外部审计力量，充分利用社会审计资源。社会审计具有技术先进、独立性强的特点，可以率先培养一批业务能力强、信誉度高的社会审计人员，在开展高校经济责任审计时，融入内部审计队伍，带动高校内部审计人员理念和技术的更新。

第三，参照纪委部门垂直管理的做法，探索将内部审计人员纳入上级管理部门。高校

内部审计独立性较弱，实行派驻制可相对提高审计独立性。内部审计直接将审计结果向上级主管部门报告，上级主管部门根据审计工作的开展情况对审计部门和人员进行考核。第四，加强各高校经济责任审计的交叉审计。抽调不同高校的内部审计人员组成审计组实施审计，一方面可以缓解本校人审计本校人、只提成绩不提问题的尴尬局面；另一方面也可以增强高校内部审计的交流互动，创造思想碰撞的火花。

（六）完善审计评价指标，突出教育价值

高校以人才培养、科学研究和服务社会为主旨，因此经济责任评价指标体系在体现科学性的同时，还要致力于体现高校的教育价值。在进行审计时，应根据被审计领导干部的岗位性质来确定评价指标。以职业本科院校为例，在对二级学院的院长开展经济责任审计时，建立人才培养评价指标，可用学生数量、学生代表性成果数量、获得技能证书数量来定量评价。

在对校办企业负责人进行审计时，建立经营管理评价指标，可用内控建设执行有效性来定性评价，可用经营目标完成率、利润额、净资产收益率、增产增值率等财务指标来定量评价。在对党群行政部门的负责人进行审计时，建立廉洁从业指标，可用民主评议结果、服务师生满意度来定量评价，用有无违反师德师风情况、经济合同执行的合规性等要素来定性评价。

参考文献

[1] 财政审计读本编写组. 财政审计读本 [M]. 北京：中国时代经济出版社，2016.

[2] 陈珏. 经济管理知识在企业经营管理中的应用——评《经济管理概论》[J]. 人民长江，2023，54（01）：256.

[3] 陈清明. 关于审计证据与问题定性的法律思考 [J]. 中国内部审计，2023（03）：87.

[4] 程霖，岳翔宇，夏艳秋. 宏观经济管理理论创新与中国式现代化：标识性概念演进的视角 [J]. 经济研究，2023，58（01）：18-37.

[5] 复旦大学审计处. 经济责任审计知识读本 [M]. 上海：复旦大学出版社，2018.

[6] 盖德才. 企业经济管理中的思想政治工作探究 [J]. 中学政治教学参考，2022，856（16）：103.

[7] 郭檬楠，孙佩，王晓亮，等. 国家审计信息化建设如何影响国有企业高质量发展？[J]. 外国经济与管理，2023，45（04）：54-69.

[8] 黄溶冰，陈慧婷，倪静怡. 领导干部经济责任审计与自然资源资产离任审计的整合审计研究 [J]. 财会通讯，2022，887（03）：111-116.

[9] 贾国柱，张人千. 经济管理概论 [M]. 3 版. 北京：机械工业出版社，2021.

[10] 贾云洁，王会金，胡苏. 经济责任审计能力提升研究：基于一个三维分析框架 [J]. 审计研究，2022，226（02）：52-59.

[11] 姜永英. 中国财政审计制度研究 [M]. 北京：中国时代经济出版社，2011.

[12] 寇理. 新时代财政审计发展研究——基于党的十八大以来中央预算执行和其他财政收支的审计工作报告的分析 [J]. 审计研究，2022，230（06）：15-20.

[13] 李文瑾，俞燕，刘兰. 医院经济责任审计 [M]. 北京：中国纺织出版社，2018.

[14] 李学伟. 领导干部考评视角下强化经济责任审计及成果应用的策略探析 [J]. 领导科学，2022，818（09）：146-149.

[15] 李雪. 经济责任审计 [M]. 上海：立信会计出版社，2020.

[16] 刘雷，王心煜，倪秦怡. “双碳”目标下经济责任审计功能创新思考 [J]. 财会通讯，2023，913（05）：112-117.

[17] 刘晓鸥，靳晓丽. 医院经济管理中内部审计发挥的作用与研究［J］. 纳税，2018，12（21）：145.

[18] 马丽莹. 领导者经济责任审计［M］. 哈尔滨：黑龙江人民出版社，2007.

[19] 门韶娟，陈蕾，姜欣. 审计［M］. 沈阳：东北财经大学出版社，2017.

[20] 莫求，王永莲. 医院行政管理［M］. 上海：上海交通大学出版社，2019.

[21] 彭嘉琪. 治理视角下高校经济责任审计现状及对策分析［J］. 中国集体经济，2022，727（35）：19.

[22] 綦好东，何源睿，彭睿，等. 国有企业经济责任审计制度的演进历程及基本经验［J］. 审计研究，2022，229（05）：3-10.

[23] 荆晶. 审计［M］. 北京：中国商务出版社，2020.

[24] 上海公务员考试研究中心. 经济管理［M］. 上海：上海财经大学出版社，2010.

[25] 施现秀. 浅析审计信息化在行政事业单位领导干部经济责任审计中的应用［J］. 现代经济信息，2017，（09）：167.

[26] 史安平，陈艳娇，潘佳佳. 公立医院领导干部经济责任审计评价体系研究［M］. 北京：中国商业出版社，2022.

[27] 宋夏云，蔡颖. 经济责任审计全覆盖的目标和运行机制研究［J］. 会计之友，2020，644（20）：31-35.

[28] 王海兵，张明翔. 新时代经济责任审计全覆盖的实现路径研究［J］. 财会通讯，2021，875（15）：108-111，136.

[29] 王乐青，宋夏云. 经济责任审计全覆盖的现状与改进对策研究［J］. 财会通讯，2021，883（23）：115-118.

[30] 武金陵. 高校经济责任审计研究［M］. 重庆：重庆大学出版社，2013.

[31] 夏军，贾延，谢平. 基于内部控制管理的医院经济管理年活动实践——以陕西省第四人民医院为例［J］. 会计之友，2022，682（10）：99-104.

[32] 徐荣华，何小宝，王祥，等. 经济责任审计定责与评价：内在关系、存在问题及对策［J］. 财会通讯，2022，903（19）：15-20.

[33] 杨斌. 市场营销中的财务管理的运用［J］. 中外企业家，2020，（08）：47.

[34] 尹亚涛，骆娜. 学习新修订审计法体会之财政审计［J］. 新理财（政府理财），2022，（Z1）：88.

[35] 张会敏，安文煜，吴文果. 经济责任审计研究领域的文献计量分析［J］. 内蒙古科技与经济，2023，515（01）：71.

[36] 张健龙. 公立医院经济责任审计问题与对策探讨［J］. 中国卫生经济，2021，40

(09)：86-88.

[37] 张勇. 现代医院经济管理模式与经济活动分析 [J]. 财经界，2021，588 (17)：52.

[38] 赵耿毅. 高校领导干部经济责任审计指南 [M]. 北京：中国时代经济出版社，2011.

[39] 赵茂林. 基于法治视角的经济责任审计功能 [J]. 山西财经大学学报，2022，44 (S1)：35-37.

[40] 赵荣秀. 基于大数据的财政审计系统构建 [J]. 财会通讯，2022，893 (09)：144-148.

[41] 郑清海. 基于内部控制的企业经济责任审计方法 [J]. 现代企业，2022 (12)：190.

[42] 郑石桥. 宏观审计方法论：一个理论框架 [J]. 财会通讯，2023，915 (07)：3-9.

[43] 周彪. 高校发展战略与区域经济发展的互动研究 [J]. 产业与科技论坛，2022，21 (13)：85.

[44] 朱伏平，杨方燕. 经济管理 [M]. 成都：西南交通大学出版社，2018.

[45] 邹艳红，郑石桥. 政府审计能促进企业经济高质量发展吗？[J]. 财会通讯，2021，881 (21)：21-26.